决胜

丁宗皓　刘玉玮——主编

辽宁人民出版社

© 丁宗皓　刘玉玮 2021

图书在版编目（CIP）数据

决胜 / 丁宗皓，刘玉玮主编 . —沈阳 : 辽宁人民出版社，2021.9
ISBN 978-7-205-10213-5

Ⅰ . ①决… Ⅱ . ①丁… ②刘… Ⅲ . ①小康建设—成就—辽宁 Ⅳ . ① F127.31

中国版本图书馆 CIP 数据核字（2021）第 117082 号

出版发行：辽宁人民出版社
　　　　　地址：沈阳市和平区十一纬路 25 号　邮编：110003
　　　　　http://www.lnpph.com.cn
印　　刷：辽宁新华印务有限公司
幅面尺寸：185mm×260mm
印　　张：32.75
插　　页：4
字　　数：500 千字
出版时间：2021 年 9 月第 1 版
印刷时间：2021 年 9 月第 1 次印刷
责任编辑：娄　瓴
装帧设计：丁末末
责任校对：吴艳杰
书　　号：978-7-205-10213-5

定　　价：168.00 元

编委会

主　编

丁宗皓　刘玉玮

副主编

李增福　张小龙

编　委

（按姓氏笔画排序）

王　研　刘立纲　杨　东　柏岩瑛　高　爽　徐晓敬

主　创

（按姓氏笔画排序）

王　坤	王岩頔	王晓波	王敏娜	王歆瑶	孔爱群	卢立业
田　勇	朱忠鹤	刘大毅	刘冬梅	刘芊彤	刘明昊	刘　佳
刘　璐	关艳玲	许　凯	许　科	孙大卫	孙海涛	李万东
李江天	李　波	李晓玉	李　海	李　越	杨靖岫	张　旭
张春红	张　威	张晓丽	张　颖	陈博雅	苑　莹	郑新煜
郑　磊	赵英明	赵　雪	赵　铭	赵博文	赵敬东	赵婷婷
赵　静	胡海林	贾知梅	徐铁英	高华庚	唐佳丽	黄瀚博
隋文锋	葛传东	董昌秋	董翰博	韩卓航	窦芳平	

序

千年梦想　历史承诺

2020年初夏，北京。全国两会，举世关注。

会议期间，习近平总书记再次就决胜全面建成小康社会、决战脱贫攻坚发表重要讲话、作出重要指示，为各地区各部门如期完成任务目标进一步明确了努力方向。

小康，一个充满传统文化色彩的概念。

《诗经·大雅》有云，"民亦劳止，汔可小康。"

《夷坚志》中说，"久困于穷，冀以小康。"

万古江河，奔腾不息。

这是中华民族孜孜以求的千年梦想。

这是中国共产党初心不改的百年拼搏。

时光如逝，岁月如歌。

"全面建成小康社会"，党的十八大，承诺掷地有声。一字别于"建设"，是自信，是笃定。

全面建成小康社会，重在"全面"、难在"全面"。此中，贫困地区、贫困人口是最大短板。于是，消除绝对贫困，成为实现第一个百年奋斗目标的底线任务与标志性指标。

脱贫攻坚，是习近平总书记心里最牵挂、花精力最多的一件大事。"全面建成小康社会，最艰巨最繁重的任务在农村，特别是在贫困地区""要精准扶贫，切忌喊口号""要做到对症下药、精准滴灌、靶向治疗""决不能搞数字脱贫、虚假脱贫""要坚持扶贫同扶志扶智相结合""脱贫摘帽不是终点，而是新生活、新奋斗的起点"……一声声、一句句，广为传诵、温润人心，成为中国战"贫"的行动指南、根本遵循。

思想领航，号角催征！

辽河之畔，黑土之上。沿着总书记指引的方向，辽宁人以昂扬的斗志，投身火热的实践，对暂囿于贫的乡亲伸出手、倾注情、用足力。

这是一组代表着幸福、浸透着汗水的数字。

15个省级贫困县摘帽、1791个贫困村销号、124万余人脱贫，贫困发生率由建档立卡之初的5.4%下降至0.06%，贫困地区、贫困群众生产生活明显改善。

辽宁脱贫，已取得决定性成就！

然而，我们仍不能停顿、不能大意、不能放松。虽然全省仅剩1.42万贫困人口，但都是贫中贫、艰中艰。此外，尚有21万已脱贫但年收入低于5000元的人口，随时可能再迈进"门里"。更何况，突袭的疫情，给我们带来了一道毫无准备的"加试题"，成为"撞线"之年的第一大不确定性因素。

贫有百样、困有千种。如何高质量收官，考验着我们的担当与智慧。

冲锋时刻，愈显奋勇。唯有立下"扎根蹲点摘穷帽"的决心，扬起"不等不靠站起来"的信心，坚持"咬定青山不放松"的恒心，立足夯实产业扶贫之基、厚植就业扶贫之本、增强内生动力之源，才能形成贫困群众持续增收、稳定脱贫、逐步致富的"完美链条"。

全面小康，梦想照进现实；伟大复兴，现实辉映梦想。

我们，站在"两个一百年"奋斗目标的历史交汇点。每个人，都在融入时代的洪流、见证国家的进步，这是何其幸运、何等荣光！

记录历史，媒体之责。

为全方位、多角度展示党的十八大以来，辽宁冲刺小康、决战脱贫、推进振兴的奋斗历程及巨大变化，今起，辽宁日报推出覆盖全媒、贯穿全年的主题策划——《决胜》。

谨以此，献给拼搏的你，祝福伟大的国。

目录

序	001	千年梦想　历史承诺

第一章　总攻

002	攻坚八年 ｜ 金句来"习"
011	辽宁战"贫"大事记
016	决战四要
022	万众一心

第二章　突围

032	答好抗疫"加试题"
034	争分夺秒
040	播种希望
048	全力以"复"
056	山货进城
064	端稳饭碗
072	自强自立
080	掌握幸福

第三章　下乡

086	扎根泥土自芬芳
088	效 ｜ 驻村　驻心
090	旗 ｜ 一个支部　一座堡垒
099	智 ｜ 授人以渔　从"头"开始

Complete Victory in the Fight against Poverty

108	业	拴在"链"上　四季增收
117	美	颜值更高　气质更好
126	情	付出真心　收获感动
135	旧貌新颜	

第四章　携手

142	共圆小康梦	
144	数据说话	牵手脱贫　硕果累累
146	山海相约	滨城·凉都　情谊相连
153	东北西北	东北·西北　同心圆梦
160	雪域三县	雪域情暖　共奔小康
168	三峡库区	诗城奉节　辽宁印记
176	共建班级	新疆班、西藏班　用爱育人
184	希望开花	

第五章　望年

192	奋蹄踏新程	
194	最美逆行	战疫情，我先上
200	奔向小康	脱贫了，一个不少
206	宜业宜家	环境优化，营商"一站通"
212	第一动力	飞天入海，亲历圆梦
218	好戏连台	文化兴起来，百姓乐起来

第六章　硕果

226	守望初心从头越
228	总书记的牵挂
236	辽宁的答卷
242	十五县"志"
248	把乡亲们的新期待带到北京

第七章 大地情书

258	发展转型	梨树正新
270	产业振兴	一棒玉米
282	乡村文明	就叫新村
293	生态文明	第三个梦
304	制度改革	花海重生
318	回访五村，喜见新气象	

第八章 界·献

330	西沟村：背靠长城吃上"旅游饭"
338	王台子村："小菌棒"扶贫又扶志
344	蘑菇沟村：养肥"金猪" 鼓起腰包
350	北甸子村："熊"日子"牛"起来了
356	田庄台镇："小吃不小"成集群
360	黄大寨村：种瓜种出"甜秘密"
365	老达杖子乡："卖风景"卖出"好钱景"
370	北四家乡："致富羊"领跑"羊光大道"
375	三家乡：没用宣传就成"网红"打卡地
380	正北沟村：庭院"方寸地" 致富"增收园"
386	东江沿村：让千年"好米"变"名米"
390	于杖子村："金饽饽"，想买全靠"抢"
395	兴盛村：套起"三驾马车"奔小康
400	佛指山村：过去种地现在种"阳光"
406	小甸子村：村民种大棚全有党员帮
410	姜家村：河蟹坐上专机"飞"全国
414	沙河村：漫山遍野种上"摇钱树"
419	英杰村：海洋"牧场"大有作为

Complete Victory in the Fight against Poverty

第九章 第一书记

- 428　我是来过日子的，不是来混日子的
- 435　"我的心已经扎根在这片热土上"
- 441　带领百姓蹚出致富路
- 444　为乡亲们铺上一条"致富路"
- 448　二进拉各拉
- 454　为乡亲铺就致富路希望路
- 456　"挑担子的小伙"带着二道河村闯出生态循环农业新路子
- 461　到任不到半个月，村民就送来了锦旗！
- 464　让每个村民的生活更有奔头儿

第十章 战贫微镜头

- 468　零投入，当股东
- 469　油菜花开"金"满园
- 470　"团团小集"公益助农卖货忙
- 471　昔日"被扶"，今朝"帮扶"
- 472　扶智"三剑客"
- 473　"后浪"回村了
- 474　放下锄镰拿起笔，大山深处丹青浓
- 476　一条路解开三村愁
- 477　"金凤凰"飞回小山村
- 478　一个产业"链"百村
- 479　修起一条小路，飞来一只"金鸭"
- 480　一样的山，不同的路
- 482　"杏府"托管，幸福脱贫
- 483　从"三无"特困村到致富明星村
- 485　酒高粱醉了好日子
- 487　六村结伴谋富"鹿"
- 489　"王老汉"富了王老汉
- 490　"沙海"筑路，染绿生金

491	汩汩甘泉润人心
493	一双袜子巧解脱贫"方程式"
495	一只鸡解开两个愁
496	"病根"不再是"穷根"
498	拎笤帚上炕
500	在"安""营"扎寨,育"安营杂斋"
502	两套房里看脱贫
504	因为这只"战斗鸡",2000多个家庭脱贫
506	"莓"好产业 美好未来
507	"公害"成了财源
509	车厢里的集市

总攻

第一章

金句来"习"

脱贫攻坚是习近平总书记心里最牵挂、花的精力最多的一件大事。

党的十八大以来,总书记多次在重要会议、重要时点、重大场合反复强调脱贫攻坚,做出了一系列新决策新部署,提出了一系列新思想新观点。总书记关于扶贫工作的重要论述,构成了习近平新时代中国特色社会主义思想的重要内容,是我们打赢脱贫攻坚战的根本遵循和行动指南。

辽宁日报"决胜"专题报道组根据新华社公开报道,对总书记关于脱贫攻坚的重要论述进行了摘录,供广大读者重温学习。

消除贫困、改善民生、实现共同富裕,是社会主义的本质要求。

全面建成小康社会,最艰巨最繁重的任务在农村,特别是在贫困地区。没有农村的小康,特别是没有贫困地区的小康,就没有全面建成小康社会。

——2012年12月29日至30日
在河北省阜平县考察扶贫开发工作时的讲话

扶贫要实事求是,因地制宜。要精准扶贫,切忌喊口号,也不要定好高骛远的目标。三件事要做实:一是发展生产要实事求是,二是要有基本公共保障,三是下一代要接受教育。

——2013年11月3日至5日
在湖南考察时的讲话

只要还有一家一户乃至一个人没有解决基本生活问题,我们就不能安之若素;只要群众对幸福生活的憧憬还没有变成现实,我们就要毫不懈怠团结带领群众一起奋斗。

——2014年1月26日至28日
在内蒙古调研考察时的讲话

我们实现第一个百年奋斗目标、全面建成小康社会,没有老区的全面小康,特别是没有老区贫困人口脱贫致富,那是不完整的。这就是我常说的小康不小康、关键看老乡的含义。

幸福美好生活不是从天上掉下来的,而是要靠艰苦奋斗来创造。

——2015年2月13日
在陕甘宁革命老区脱贫致富座谈会上的讲话

40多年来，我先后在中国县、市、省、中央工作，扶贫始终是我工作的一个重要内容，我花的精力最多。

通过扶持生产和就业发展一批，通过易地搬迁安置一批，通过生态保护脱贫一批，通过教育扶贫脱贫一批，通过低保政策兜底一批。

扶贫必扶智，让贫困地区的孩子们接受良好教育，是扶贫开发的重要任务，也是阻断贫困代际传递的重要途径。

——2015年10月16日
在2015减贫与发展高层论坛上的主旨演讲

全面建成小康社会、实现第一个百年奋斗目标，农村贫困人口全部脱贫是一个标志性指标。

脱贫攻坚已经到了啃硬骨头、攻坚拔寨的冲刺阶段，所面对的都是贫中之贫、困中之困，采用常规思路和办法、按部就班推进难以完成任务。

——2015年11月27日
在中央扶贫开发工作会议上的讲话

西部地区特别是民族地区、边疆地区、革命老区、连片特困地区,贫困程度深、扶贫成本高、脱贫难度大,是脱贫攻坚的短板。

　　抓工作,要有雄心壮志,更要有科学态度。打赢脱贫攻坚战不是搞运动、一阵风,要真扶贫、扶真贫、真脱贫。

——2016年7月20日
在东西部扶贫协作座谈会上的讲话

　　脱贫计划不能脱离实际随意提前,扶贫标准不能随意降低,决不能搞数字脱贫、虚假脱贫。

　　一切工作都要落实到为贫困群众解决实际问题上,切实防止形式主义,不能搞花拳绣腿,不能搞繁文缛节,不能做表面文章。

——2017年6月23日
在山西省太原市主持召开深度贫困地区脱贫攻坚座谈会上的讲话

脱贫攻坚期内，扶贫标准就是稳定实现贫困人口"两不愁三保障"、贫困地区基本公共服务领域主要指标接近全国平均水平。要始终坚持，不能偏离，既不能降低标准、影响质量，也不要调高标准、吊高胃口。

贫困群众既是脱贫攻坚的对象，更是脱贫致富的主体。要加强扶贫同扶志、扶智相结合，激发贫困群众积极性和主动性，激励和引导他们靠自己的努力改变命运。

——2018年2月12日
在打好精准脱贫攻坚战座谈会上的讲话

贫困县党政正职要保持稳定，做到摘帽不摘责任；脱贫攻坚主要政策要继续执行，做到摘帽不摘政策；扶贫工作队不能撤，做到摘帽不摘帮扶；要把防止返贫放在重要位置，做到摘帽不摘监管。

——2019年4月16日
在解决"两不愁三保障"突出问题座谈会上的讲话

今年脱贫攻坚任务完成后，我国将有1亿左右贫困人口实现脱贫，提前10年实现联合国2030年可持续发展议程的减贫目标，世界上没有哪一个国家能在这么短的时间内帮助这么多人脱贫，这对中国和世界都具有重大意义。

到2020年现行标准下的农村贫困人口全部脱贫，是党中央向全国人民作出的郑重承诺，必须如期实现，没有任何退路和弹性。这是一场硬仗，越到最后越要紧绷这根弦，不能停顿、不能大意、不能放松。

——2020年3月6日
在决战决胜脱贫攻坚座谈会上的讲话

乐业才能安居。解决好就业问题，才能确保搬迁群众稳得住、逐步能致富，防止返贫。

人不负青山，青山定不负人。绿水青山既是自然财富，又是经济财富。希望乡亲们坚定不移走生态优先、绿色发展之路，因茶致富、因茶兴业，脱贫奔小康。

——2020年4月20日至23日
在陕西考察时的讲话

把黄花产业保护好、发展好，做成大产业，做成全国知名品牌，让黄花成为乡亲们的"致富花"。

共产党是一心一意为人民谋利益的，现在不收提留、不收税、不收费、不交粮，而是给贫困群众送医送药、建房子、教技术、找致富门路，相信乡亲们更好的日子还在后头。

——2020年5月11日至12日
在山西考察时的讲话

数据2020
SHU JU

全国

2012年底
9899万人

2019年底
551万人

贫困人口从2012年底的9899万人减少到2019年底的551万人；贫困发生率由10.2%降至0.6%，贫困村从12.87万个减少到2707个，贫困县从832个减少到52个。

贫困发生率 由10.2%降至 **0.6%**

辽宁

2012年底
126万人

2019年底
1.42万人

贫困人口从2012年底的126万人减少到2019年底的1.42万人，贫困发生率由5.4%降至0.06%，1791个贫困村全部销号，15个省级贫困县全部摘帽。

贫困发生率 由5.4%降至 **0.06%**

辽宁战"贫"大事记

2020年

1月3日	召开全省脱贫攻坚会议,部署2020年脱贫攻坚任务,确保如期打赢脱贫攻坚战。
1月9日	召开全省扶贫办主任工作会议,指出将在完成剩余1.42万贫困人口脱贫任务的同时,重点巩固扶持年收入低于5000元的已脱贫人口。
2月12日	召开全省脱贫攻坚工作电视电话会议,动员各地区各部门坚持一手抓疫情防控,一手抓脱贫攻坚。
2月24日	省脱贫攻坚领导小组出台《关于做好新冠肺炎疫情防控期间脱贫攻坚工作的意见》。
2月28日	召开积极应对新冠肺炎疫情决战脱贫攻坚会议。
3月21日	召开决战决胜脱贫攻坚推进会,全面贯彻党中央决策部署,进一步统一思想、统一认识、统一行动,确保如期高质量完成脱贫攻坚任务。
4月29日	印发《关于加强扶贫资金风险防控和扶贫资产监管的意见》《关于深入推进精准扶贫决战决胜脱贫攻坚的意见》。

2019年

1月22日至23日	召开全省扶贫办主任工作会议,安排部署2019年工作任务。
1月26日	召开全省脱贫攻坚大会,明确2019年脱贫攻坚任务。

3月7日至8日	召开全省已退出（摘帽）省级贫困县脱贫成效巩固工作座谈会。
4月8日	印发《辽宁省促进产业扶贫提质增效实施方案》《辽宁省建档立卡贫困家庭子女就业扶贫实施方案》《辽宁省建档立卡贫困人口医疗保障实施方案》。
5月7日	召开解决"两不愁三保障"突出问题电视电话会议。
5月8日	召开全省产业扶贫现场会，对深入推进产业扶贫工作进行安排。
7月16日	召开全省脱贫攻坚季调度会议暨省脱贫攻坚领导小组第八次全体会议，对全省脱贫质量大普查大排查大督查工作进行再动员再部署。
9月27日	印发《关于做好2019年度扶贫对象动态管理工作的通知》，组织开展年度全省扶贫对象动态管理工作。
11月1日	召开全省扶贫办主任座谈会，研究谋划2020年工作任务。

2018年

1月3日	召开全省扶贫开发工作会议暨省脱贫攻坚领导小组第四次全体会议。
1月17日	召开全省扶贫办主任会议，安排部署2018年工作任务。
1月23日	召开全省大规模选派干部到乡镇和村工作动员会议，选派1.2万名党员干部充实到乡村任"第一书记"。
4月12日	召开省脱贫攻坚领导小组第五次全体会议，指出要科学合理把握脱贫目标，并加强东西部扶贫协作。
4月19日	省政府召开扶贫开发工作座谈会，通报了全省扶贫领域问题清单、部署脱贫成效"回头看"。
5月11日至6月30日	实现全省贫困户信息公开"三上墙"，并建立了年度信息公开机制。
5月18日	发布《辽宁省打好精准脱贫攻坚战三年专项行动方案

（2018—2020年）》，明确由开发式扶贫为主向开发式扶贫与保障式扶贫并重转变。

5月28日	召开全省"五个一批"精准扶贫工作现场会。
8月10日	召开全省建档立卡贫困户危房翻建改造工作现场会。
8月30日	召开2018年上半年全省扶贫开发工作总结会议暨省脱贫攻坚领导小组第六次全体会议，强调确保全面建成小康社会不漏一村、不落一人。
11月4日	省委办公厅、省政府办公厅印发《辽宁省扶贫开发领导小组办公室职能配置、内设机构和人员编制规定》。

2017年

1月12日	召开全省扶贫办主任会议，安排部署2017年脱贫攻坚工作任务和要求。
3月9日	印发《辽宁省"十三五"脱贫攻坚规划》，阐明"十三五"时期全省脱贫攻坚总体思路、基本目标、主要任务和重大举措。
4月7日	召开全省医疗扶贫工作推进现场会。
4月25日	召开全省精准扶贫座谈会。
6月1日	召开全省产业扶贫工作现场会。
7月8日	印发《支持15个重点贫困县提升基本公共服务水平行动计划》，明确集中力量突破15个重点贫困县的基本公共服务瓶颈，保障所辖乡镇、贫困村、贫困人口基本公共服务均等化。
8月4日	印发《关于进一步深化省内对口帮扶的工作方案》，明确在做好市级对口帮扶的基础上，向县级对口帮扶延伸。
9月11日	召开全省脱贫攻坚工作推进会议暨省脱贫攻坚领导小组第三次全体会议，指出要进一步推进全省精准脱贫工作，聚焦贫困根源，加强产业带动。

2016年

1月11日	省委、省政府出台《关于全力打赢脱贫攻坚战的决定》，明确到2020年要确保全省现行国家标准下农村贫困人口全部脱贫，15个省级扶贫开发重点县和1791个贫困村全部脱贫摘帽。
1月13日	举行全省农村工作暨脱贫攻坚电视电话会议，强调要坚决打赢脱贫攻坚战。
1月27日	召开全省扶贫办主任会议，研究部署"十三五"和2016年全省脱贫攻坚工作，出台"1+N"政策攻坚文件。
4月7日	召开省脱贫攻坚领导小组第一次全体会议，明确要扎实推进"精准扶贫、精准脱贫"重点工作。
6月13日	召开全省贫困退出工作会议，就贫困人口、贫困村、贫困县退出工作进行部署。
9月7日	印发《辽宁省产业精准脱贫规划（2016—2020）》。
10月21日	召开东西部扶贫协作暨省内扶贫工作座谈会，明确要实施好对口支援规划。
10月27日	召开全省产业扶贫暨贫困退出工作会议，指出各地要立足资源，扶持特色产业，实现贫困人口就地脱贫。

2015年

2月6日	召开全省扶贫办主任会议，动员各级扶贫部门统一思想，确保全面完成当年扶贫开发目标任务。
4月9日	下发《辽宁省扶贫开发领导小组关于改革财政专项扶贫资金管理机制的意见》。
4月20日	出台《关于加强全省乡镇扶贫队伍建设的意见》，推进精准扶贫工作的实施。
4月21日	召开全省扶贫办主任座谈会，部署加强全省乡镇扶贫队伍建设工作。

5月21日	出台《产业扶贫示范项目建设指导意见》，对建档立卡情况进行抽查调研。
8月28日	召开全省扶贫攻坚动员电视电话会议，强调以精准扶贫推进脱贫工作。

2014年

3月14日	省委办公厅、省政府办公厅印发《关于创新机制扎实推进农村扶贫开发工作的实施方案》的通知。
3月31日	出台《辽宁省产业扶贫示范项目建设指导意见》，推进全省产业化扶贫规模化、规范化。
6月26日	召开全省扶贫开发工作推进座谈会，对加快扶贫步伐做出新的安排部署。
9月23日	召开全省扶贫办主任会议，就下一步工作进行部署和推动。
10月17日	召开全省社会扶贫工作电视电话会议，启动扶贫日活动。
11月26日至27日	召开全省互助式扶贫现场会，推广、实施互助式扶贫模式。

2013年

2月20日	召开全省农村工作电视电话会议，就做好各项扶贫工作进行部署。
3月29日	召开全省扶贫办主任会议，部署2013年扶贫开发重点工作和任务。
5月23日	下发《关于做好新时期全省定点扶贫工作的意见》。
5月28日	省政府办公厅印发2013年移民扶贫整村（屯）搬迁集中安置工作实施方案。

1 1.42万人全部脱贫

完成
WAN CHENG

坚持靶心不偏、焦点不散、标准不变，全力推进剩余贫困人口脱贫任务。坚持年人均收入超过4400元的脱贫标准，确保高质量实现"两不愁三保障"。

对于无劳动能力和弱劳动能力者，要逐人逐户认真研究分析，精准落实保障措施，持续盯办落实，坚决防止降低标准、搞数字脱贫，确保脱真贫、真脱贫。

建立信息管理平台，对1.42万人脱贫进度、帮扶措施实行动态监控，落实点对点、一对一、叠加式扶持措施，实施月调度、月统计、月报告。结合实际，聚焦重点地区、重点任务，实施脱贫攻坚分级挂牌督战。

由于因病因残致贫比例大、人数多，基本医疗保障仍是"两不愁三保障"工作难点。近期，我省将对全部建档立卡贫困人口（含稳定脱贫人口）的参保情况开展新一轮全面排查，将稳定脱贫人口参保信息纳入扶贫台账管理，实现贫困人口参保监控范围全覆盖，确保不落一户、不漏一人。

发展产业是稳固脱贫的根基。针对剩余的1.42万贫困人口，我省提出"宜养则养""宜种则种""宜工则工""应贷尽贷"，确保有劳动能力的贫困户全部自主发

截至2019年末，我省还剩余1.42万贫困人口，这些都是贫中之贫、难中之难，是"硬骨头"。在这些贫困人口中，因病、因残致贫的比例偏高。

从区域分布来看，我省剩余贫困人口主要集中在辽西北地区，重点是朝阳市，占到总人数一半，脱贫任务依然比较艰巨。其次超过500人的城市有铁岭市（1819人）、鞍山市（1754人）、营口市（1169人）、葫芦岛市（689人）、阜新市（659人）、锦州市（529人）。

从自身发展条件来看，1.42万剩余贫困人口中有劳动能力、弱劳动能力、半劳动能力的为7053人，无劳动能力或丧失劳动能力的为7175人，绝大多数依靠自身发展脱贫的能力有限。

展项目,没有劳动能力的贫困户全部有代养代种等项目,年内实现每个贫困户至少有1个以上的实体项目,实现贫困户产业扶贫项目100%全覆盖。

此外,我省提出加大贫困地区新型经营主体培育力度,鼓励采取土地流转、订单保底、股份合作、生产托管等联结模式,让贫困户与现代农牧业发展衔接。通过优先聘用、特设岗位、公益岗位等广泛吸纳有劳动能力、半劳动能力或弱劳动能力贫困人口,形成带贫减贫长效机制。

加强产业指导队伍建设,建立贫困户产业发展指导员制度,督促产业指导员履行好贫困户产业发展指导责任,帮助贫困户解决生产经营中的问题。

2 扶上马　送一程

巩固
GONG GU

截至 2019 年末,我省 15 个省级贫困县全部摘帽,1791 个贫困村全部销号。

同时,我省已脱贫人口中有 21 万人人均年可支配收入低于 5000 元,虽然其已达到脱贫标准线,但因病、因灾、因疫等突发情况返贫和致贫的风险仍然较高,巩固脱贫成效是今年乃至未来一段时期的重点工作。

我省明确,对已摘帽贫困县、已销号贫困村,要做到摘帽不摘责任、摘帽不摘政策、摘帽不摘帮扶、摘帽不摘监管,持续巩固脱贫成果。

进一步梳理已建立起来的行之有效的扶贫工作制度措施,加强巩固和完善,形成长期有效的机制。把制定好"十四五"巩固脱贫攻坚成果规划作为重要抓手,鼓励市县大胆探索、大胆突破,力争在建立解决相对贫困的长效机制上率先取得重大突破。

继续坚持基本标准,把包括稳定脱贫人口在内的全部建档立卡贫困人口纳入基本医疗保险、大病保险和医疗救助三重保障范围,作为医疗保障脱贫攻坚硬任务来抓。

民政部门将加强与扶贫部门信息共享，对暂时脱贫但不够稳定的建档立卡贫困人口，继续给予 12 个月以上"渐退帮扶"。对遭遇突发性、紧迫性、临时性困难的建档立卡贫困户，则根据不同困难类型第一时间给予临时救助，着力防范返贫问题。

住房保障方面，以 4 月 15 日统计汇总最新查验出来的危房存量 6779 户，作为今年全省建档立卡贫困户危房改造任务，确保 6 月 30 日前全部完成。

稳就业是当前巩固扶贫成果的关键举措，就业稳住了就稳定了收入的大头，稳定脱贫就有了坚实的支撑。一是要深化职业技能培训，提高贫困群众就业能力；二是拓宽就业安置渠道，依托种养基地、扶贫车间、产业园区、乡村旅游等，帮助贫困劳动力就近就地就业；三是结合乡村振兴、林草管护等，合理开发、规范管理公益岗位，优先解决贫困劳动者就业；四是建立完善的劳务对接、就业服务平台，实行常态化的岗位信息共享和发布机制。同时继续开展贫困家庭大学毕业生就业工作，确保不落一人，政策落实到位。

通过发挥村规民约，引导贫困人口破除陈规陋习，破除"等靠要"思想，将产业分红和捐款捐物变为自主劳动的资金或物质奖励，增强贫困人口内生动力；积极创新扶贫方式，以消费扶贫为抓手，通过"政府引导、市场动作、社会参与"等形式，将贫困地区产品供应与市场需求直接联系起来，稳定贫困户增收渠道。

3 拔掉穷根

贫困地区的产业发展有了良好开端，贫困人口的收入水平有了较大的提高，要坚定不移地推进下去，实现贫困人口持续稳定有质量的脱贫。

发展产业是根基，各地要把发展产业作为巩固成果、提升质量的主要抓手，重点抓好项目主体、市场销路和可持续发展三个关键点。要注重选好项目，立足本地资源禀赋、产业基础，结合乡村振兴和农村实际，培育一批有特色、效益高、可持续的产业扶贫项目。

提升
TI SHENG

多年持续的脱贫攻坚工作，给贫困地区贫困群众的生产生活条件带来巨大改善，贫困地区基础设施和公共服务水平大幅提升，特色优势产业有了发展，生态环境不断改善，农村发展能力和活力明显提升。

去年，我省对"两不愁三保障"突出问题进行了全面严格排查，发现了7.4万人存在"两不愁三保障"问题，经多方努力，这些问题得到全部解决。

脱贫不返贫，才是真脱贫。当前，我省贫困县已全部摘帽，贫困村也全部销号，2020年的主要任务就是要推动扶贫工作重心由注重脱贫向稳定脱贫和巩固提升并重转变。

发展壮大村集体经济。近两年通过调整乡村级领导班子，实施县乡财政体制改革，充分调动了乡镇发展经济的积极性，带动了农村发展集体经济，增加了农民收入。下一步，要依托资源禀赋、产业基础和市场需求，因地制宜发展特色产业，培育龙头企业、专业合作社等新型经营主体，逐步增强村集体经济实力。要加大对集体经济薄弱村产业发展的扶持力度，盘活用好扶贫产业项目资金，切实增强村集体"造血"功能，使贫困人口获得持续稳定的收入来源。

要加强基层组织建设。通过选派干部到乡村工作，加强基层组织建设，推动乡村振兴，助力脱贫攻坚。基层党组织要巩固主题教育成果，加强村"两委"班子建设，充分发挥战斗堡垒作用。选派的驻村"第一书记"和驻村工作队要继续扎根脱贫一线，指导加强村级组织建设，推动贫困户脱贫致富。

今年继续开展脱贫攻坚质量大普查，6月至8月，各市要启动对各县的自查，发现问题边查边改。9月至10月，省脱贫攻坚领导小组将组织抽查，发现问题立查立改。各地各相关部门要建立问题台账，倒排工期、责任到人，一项一项抓好整改落实，为高质量脱贫夯实根基。

强化作风建设，切实解决形式主义、官僚主义问题，深入整治"推、虚、浮"特别是"一发了之""一股了之""一分了之"等突出问题。

4 不让一人再掉队

预防
YU FANG

针对这部分群体实施有效帮扶、精准帮扶，通过农户申请、乡村报警和部门大数据分析预警等方式，建立健全返贫监测预警和动态帮扶机制，做到及时发现、及时帮扶，坚决防范出现返贫风险。

各县（市、区）要负责统筹，及时将监测预警和帮扶情况录入建档立卡信息系统，实施全程记录、动态管理，及时跟踪，全面推进。

对易返贫人口进行监测，随时发现随时帮扶。

要注重解决贫困地区农副产品销路，加大扶贫产业销售人才培育和品牌打造力度，整合全省机关企事业单位资源，大力推进消费扶贫和电商扶贫，搭建更多元、更宽广、更便捷的销售渠道，帮助贫困地区、贫困群众的农畜产品实现优质优价。

2020年，全省重特大疾病救助比例全面提高到70%，加大对各市医疗救助资金配套的绩效考核权重，推动各市增加医疗救助资金投入，进一步增强医疗救助的托底保障能力。同时，采取措施减轻贫困人口和易返贫人口常见病、慢性病的日常用药负担。

已经对稳定脱贫人口参加城乡居民基本医疗保险予以资助的市，要稳定现有资助渠道，合理确定补助标准，继续做好参保资助工作。尚未对稳定脱贫人口参加城乡居民基本医疗保险予以资助的市，医疗保障部门要摸清稳定脱贫人口参保底数，拿出切实可行的办法，确保稳定脱贫人口应保尽保，防止稳定脱贫人口因失去医疗保障而导致返贫。

我省年收入低于5000元的已脱贫人口超过5000人的市有10个，而葫芦岛市和朝阳市任务最重、压力最大，人数分别达7.1万人和5万人。

今年，我省要求各地、各部门把这部分人员的预防返贫工作提到重要日程，建立健全返贫监测预警和动态帮扶机制，有效防止返贫。

当前和今后一段时期，防止返贫是扶贫工作的特殊重要任务，要加强建档立卡动态管理，实时动态监测，及时将新致贫返贫人口纳入帮扶。

要依托资源禀赋、产业基础和市场需求，因地制宜发展特色产业，培育龙头企业、专业合作社等新型经营主体，逐步增强村集体经济实力。要加大对集体经济薄弱村产业发展的扶持力度，盘活用好扶贫产业项目资金，切实增强村集体"造血"功能，使贫困人口获得持续稳定的收入来源。

妥善应对相对贫困。从现在开始，研究帮扶相对贫困群众的思路举措，把乡村振兴战略与建立解决相对贫困的长效机制有机结合，通盘考虑、综合施策。

今年俺家盖新房

村民说
CUNMIN SHUO

我没有右臂,丧失劳动能力,两个女儿都在上学。以前,家里的生活大多靠妻子养蚕、种地的收入支撑。几年前,村里的产业扶贫力度加大,2018年我家"摘了帽"。

连着好几年了,开春时,我家都能收到仔猪、小羊。去年光卖生猪就赚了一两万元,加上羊绒啥的,收入四五万元呢。咱从以前的建档立卡贫困户,变成村里的富裕户。兜里有钱,咱腰杆也硬了,今年又准备花上十多万元翻修房子。要想让以后的日子更好,咱也不能总想着让人家帮扶,自己必须肯干。

如今,俺家有110多只羊,养猪进项也不差。产业、种地都有收入,俩女儿也都出息,咱家好日子上道了。往后,日子肯定越过越红火。

▲ 李万成
岫岩满族自治县
苏子沟镇古龙山村脱贫户

终于圆梦了

你看咱这三间大房子多敞亮,屋顶是彩钢的,窗子是铝合金的,这大玻璃窗太阳一照,冬天屋里都不能冷

▲ 唐海忠
绥中县西平乡南平村脱贫户

了。这几天我没事就站在这儿瞅瞅，就跟做梦似的。

我今年73岁了，原来的房子还是结婚时盖的，都破得快塌了。早些年我也攒钱想翻盖房子，但11年前老伴儿得病钱都花光了，翻盖房子的事就成了一个梦。前年，我干不动活儿了，身边的老闺女也有病，就成了建档立卡贫困户。今年春天，县里来人看房子说给改造，一个星期就给盖起了这3间新房，把我这做了一辈子的梦给圆了。

在咱农村，房子是天大的事儿，现在政府把房子给盖好了，我和闺女的日子也就好了，我现在做梦都能笑醒。

我"站"起来了

▲ 王炎
辽阳县柳壕镇
罗套村建档立卡贫困户

没想到我还能站起来，这日子真看到亮了！从卧床十多年，到可以独立行走，现在还开起了小超市，真多亏了医疗扶贫这项好政策。

18岁那年，我患上了类风湿，连累我们好好一个家，戴上了穷帽子。父母为我四处举债，掏空了家底，那时，我绝望了。没想到还有转机，辽阳市中心医院的精准医疗扶贫工作队通过入户筛查，给出了"可以治、免费治"的结论。

于是，我在3年内接受了5次手术，置换了髋关节、膝关节、肘关节，40余万元的治疗费用，自己没掏一分钱，在住院期间，医院还免费为我提供可口的饭菜。这在以前，想都不敢想。治好了病，今后要自食其力。在各级政府的帮助下，我兑下了村里的小超市，可以凭自己的能力赚钱了，相信未来会越来越好。

Complete Victory in the Fight against Poverty

纳入兜底，心里有底

▲ 张国风
北票市南八家乡
八家子村建档立卡贫困户

我和老伴儿都70多岁了，身体不太好，地种不动，工打不了。去年，我又被查出了直肠癌，为治病，花光了家里的钱还欠了债。生活重担都落在老伴儿一个人身上，白天拾掇地，晚上还得伺候我。地不出钱，儿女也不富裕，日子越过心越虚。

得知我的情况后，北票市民政局的同志来到家里，根据专项政策把我和老伴儿都纳入兜底救助范围，每年能领低保金4800元，我的后期治疗费用还能报销90%。民政局还把我家的1.9亩地流转到八家子和四家子大棘爱国主义教育基地，每年能得分红1000元、流转费528元。

听说，周围还有几户和我情况差不多的人也进了兜底，这可真是脱贫路上，不落一人。

这回我来养家

▲ 焦阳
新宾满族自治县
永陵镇何家村就业帮扶对象

去年，我大学毕业了。为了供我读书，家里卖掉了唯一的房子，搬到姥爷家同住。由于爸爸失去劳动能力，全靠妈妈打零工养家。这些年，妈妈最期盼的就是我能有出息，找份好工作。

去年底，政府的工作人员到家里走访，告诉我有专门面向建档立卡贫困户家庭大学生招聘的事业单位考试。紧接着的几天里，扶贫办、村里的一拨又一拨人上门告诉我这场考试怎么报名，什么时候考。被这么多陌生人惦记，帮我想办法、出主意，我感觉自己太幸运了！我顺利通过了考试，现就职于家这边镇子上的新宾县永陵镇退役军人服务站。稳定的工作让家里的经济负担一下子减轻不少，而且离家近，下班回家后能帮妈妈做些家务。我想，向往的生活应该就快来了。

模范说
MOFAN SHUO

村不富 我不走

离开农村十多年后，再回到农村带领大家脱贫致富，最大的压力，是怕自己工作干不好辜负了乡亲。这两年，我们村发展菊芋种植、养牛等项目，效益不错，贫困村摘了帽，但离富裕差距还不小。

我到省外一些发展较好的村庄学习，发现想要村子富起来，关键还是在于发展产业。眼下，我们的万亩酸枣林项目已经启动，今年还要有个30栋棚的樱桃项目落地。在传统种植、养殖业的基础上，我们开始谋划发展二、三产业。这几天，已经安排规划部门做整体设计，山地赛道、文创、民宿等项目也列入规划，多条腿走路才能保障我们更快发展，实现富裕村目标。反正，我把回村当作人生第二次创业，哪怕困难再大，也要拼一场，见到花开果熟。

▲ 魏春柏
辽宁易道营销传播控股集团董事长
全国脱贫攻坚奋进奖获得者

果子甜 心更甜

在一线科技扶贫不容易,要耐得住寂寞。

挂职义县科技副县长12年,我跑遍全县18个乡镇,239个行政村,累计培养了68名乡村果树专家、236名果树技术员,我带领团队在义县建成果树专业合作社44个、果树农场22家、省级果树示范园2个,引进果树新品种36个,推广应用果树新技术17项,科技帮扶义县3.8万名贫困人口,其中,约4000名贫困人口通过果业带动实现脱贫。

扶贫重在扶智,现在义县的果树面积由当初的5万亩发展到27万亩,已形成了寒富苹果和优质梨产业带,将来会有更多农民走上致富路。去年9月,我荣获"2019年全国脱贫攻坚奖",成为辽宁唯一获此殊荣的人,非常自豪!

▲ 王宏
省农科院果树所副所长
全国脱贫攻坚贡献奖获得者

让"空壳村" 实起来

干部说
GANBU SHUO

榆树屯村虽在医巫闾山脚下、凌水岸边,但因风沙大、雨量少、路难行,村贫民弱。两年前我刚到村里时,看到"没进项、有外债"的村集体和贫困户艰难的生活,很是心酸。

如何让"空壳村"鼓起钱袋子,并带动贫困户摘帽,招商贾、上项目是一举两赢的路子。

去年,通过考察调研,我针对镇里花生资源丰富的优势,引进一家榨油企业,做起花生深加工。这一项目

▲ 史复兴
义县张家堡镇
榆树屯村"第一书记"

每年能给村集体带来 20 万元收入，同时，还能吸纳贫困户就业，在家门口赚钱。今年，咱村还要建 45 栋食用菌大棚，采取"村集体 + 合作社 + 农户"的形式，继续为村集体"造血"，助村民增收。

有了这两个项目做支撑，壮大村集体经济，巩固脱贫成果就有抓手了。

授人以"渔" 脱贫更稳

▲ 张仁平
大石桥市建一镇
黄丫口村驻村工作队队长

咱黄丫口村有 490 多户村民，贫困户有 146 户，因为生活不富裕，从前有些贫困户平时连块豆腐都不舍得吃。2017 年，用了不到两个月时间，我们辽渔集团投资 120 万元完成了高标准食用菌大棚建设。贫困户可以免费使用大棚，合作社提供技术支持及产品回收，每栋大棚年获利 2.4 万元，村民每人每年仅劳务收入就达 1.5 万元。

虽然大家日子比以前过得好了，但我觉得肩上的担子没轻。年初，我和村里一起确定了咱村要推行以贫困户为主的大棚生产承包制。

今年，我们还要扩大冷库和烘干车间规模，增加产品附加值，形成"基地 + 合作社 + 贫困户和农户"的模式，相信，大伙儿的日子能越过越好。

电商进村带货出山

现在,我带着乡亲们在忙着"新农活",就是"直播+电商"。

不久前,我们县长化身"带货一哥",在抖音直播间为公司生产的本地特产代言。一场直播下来,卖了1万多单小米。去年,借力电商平台,我们销售额达2000万元,同比增长20%。

这样的成绩,离不开贫困户的重要贡献。土地流转、农产品种植、物流包装……各个环节,我们用人都在向这个群体倾斜,用实际行动和真金白银来激发他们的干劲儿和信心。

电商新业态在脱贫攻坚和乡村振兴中大有可为。今年,我们将会更多地利用这款增收致富的"利器",让每户贫困户更有获得感,活得更有尊严。

▲ 王新文
喀喇沁左翼蒙古族自治县
兴隆庄镇头道洼村致富带头人

今年咱村"清零"

经过几年努力,我们村的贫困户已从122户减至2户,我刚给这两户送去了猪崽儿,估计今年肯定都能摘帽。

我是土生土长的村里人,让大伙儿都过上好日子,是我从小的理想。为此,我把贫困户分成了几类,有针对性地帮大伙儿致富。能干体力活儿的,让他们到村里的工程队去打工,学点儿手艺一年赚几万元钱没问题。年纪稍大的村民,就借助村里的自然资源优势放蚕,现在村里的路通了,东西不愁卖。如今,村里已经有50

▲ 刘峰
宽甸满族自治县
毛甸子镇洼子沟村党支部书记

多户人家放柞蚕，初步形成规模。剩下劳动能力稍差的，就在村里的养牛场打工，一年能挣3万来块，吃喝肯定不愁。还有几户家里有病人的，我们就送去家畜家禽，让他们在家养，到时候村里帮着卖。看着大伙儿日子好了，我这村党支部书记比谁都高兴。

石佛村 "牛"起来

▲ 段国军
建昌县石佛乡
梅杖子村党支部书记

养牛是村里重点打造的脱贫项目，牛多了，就得着力解决购销难题，这是巩固脱贫成果的关键。我们通过积极争取资金和政策支持，精心选址，在去年9月建立了以交易牛、马、驴等大型牲畜为主的交易市场，占地面积50亩，建有数百个大牲畜圈舍，可同时容纳4000头左右大牲畜交易，免收交易费。

现在每逢农历一、五、八的日子，市场都特别热闹……各有收获，不仅辐射到辽西10县市，还吸引了河北、北京、山东的客户。

对养牛农户的服务还得升级，我们村干部每人都包扶几户，帮大家建牛舍、跑贷款、买母牛、做防疫，加强养殖指导，牛生病了帮治、下牛犊时帮接生，有事打个电话就到场，一直帮到牛出栏卖个好价钱。

突围

第二章

答好抗疫"加试题"

庚子鼠年,意义非凡。

全面建成小康社会目标实现之年,脱贫攻坚战收官之年。千年梦想,将变成现实画卷,这注定是要载入史册的高光时刻。

然而,决胜之际,大考之年,新冠肺炎疫情来袭,打乱了"总攻"节奏,迫使一系列扶贫工作按下"暂停键"。

"必答题"要完成,"加试题"要出彩,如何破局,重重考验,接踵而至。

仲夏,辽宁,14.8万平方公里的土地上,冲锋的号角响彻耳畔。

客观而言,形势紧迫。

贫困人口,多在农村;疫情防控的重点,亦在农村;实现第一个百年奋斗目标,要啃的硬骨头,还在农村。

1.42万人待摘帽,均是贫中贫,困中困;21万已摘帽但年收入低于5000元的人口,极易因灾返贫,亟待稳定收入。

受疫情影响,部分地区曾农资调运不畅、农畜产品销售困难、劳动力外出务工受阻、项目建设停滞。诸多因素交织,拖慢减贫进程。

愈难愈进,撸起袖子加油干。

全省上下,保持战略定力、冷静分析形势、压实工作责任,咬定目标任务,对标"完成、巩固、提升、预防"要求,奋力攻坚克难。

辽沈大地,闻令而动。

积极因素在聚集。

多年来,我们完善政策,夯实家底儿,积累经验,为决胜做了充足储备。

全省脱贫攻坚已经取得重大进展,剩余脱贫任务年初已经明确解决办法、完成途径。再加把劲儿,大事可成。

把失去的时间抢回来!

"任何地区都不能以疫情防控为借口不抓脱贫攻坚工作""抓紧清除对脱贫攻坚工作的不合理限制""加快推进扶贫干部返岗、扶贫项目复工、帮扶措施落实"……

辽宁,步伐稳健,招招扎实,确保攻坚进度、力度。

扶贫车间、种养基地、公益岗位,助贫困户家门口就业;产销对接、化解卖难,让贫困户有了进项;抢抓农时、播种希望,稳定了贫困户收入预期;密切帮扶、落实兜底,脱贫路上不落一人……

主战场上,"暂停键"不断变成"快进键",将短板不断补齐,基础不断打牢。

历史长河奔腾不息,有风平浪静,也有波涛汹涌。辽宁人不惧风雨,不畏险阻,面对挑战,加速奔跑。

我们,有幸身处这一伟大时代,用笔触和镜头,记录千万贫困家庭的发展变化,感受他们触手可及的幸福。

| 2月12日 | 2月24日 | 2月28日 |

全省召开脱贫攻坚电视电话会议 | 省脱贫攻坚领导小组出台《关于做好新冠肺炎疫情防控期间脱贫攻坚工作的意见》 | 全省召开积极应对新冠肺炎疫情决战脱贫会议

全省召开决战决胜脱贫攻坚推进会 | 印发《关于深入推进精准扶贫决战决胜脱贫攻坚的意见》 | 我省再次召开脱贫攻坚推进会

| 3月21日 | 4月29日 | 6月4日 |

向最后一公里，冲刺！

2020年是我省脱贫攻坚"巩固提高年"，是收官收尾、决战决胜的一年。

我省决战决胜脱贫攻坚到了关键的"倒计时"时刻。然而，疫情突袭给我们带来了一道毫无准备的"加试题"，成为"撞线"之年最大的不确定性因素。

2020年，消除绝对贫困是全面建成小康社会的底线任务，面对必须完成的硬任务，我省认真贯彻落实习近平总书记重要指示批示精神，狠抓工作落实，坚持一手抓疫情防控，一手抓脱贫攻坚，确保疫情防控和脱贫攻坚"两

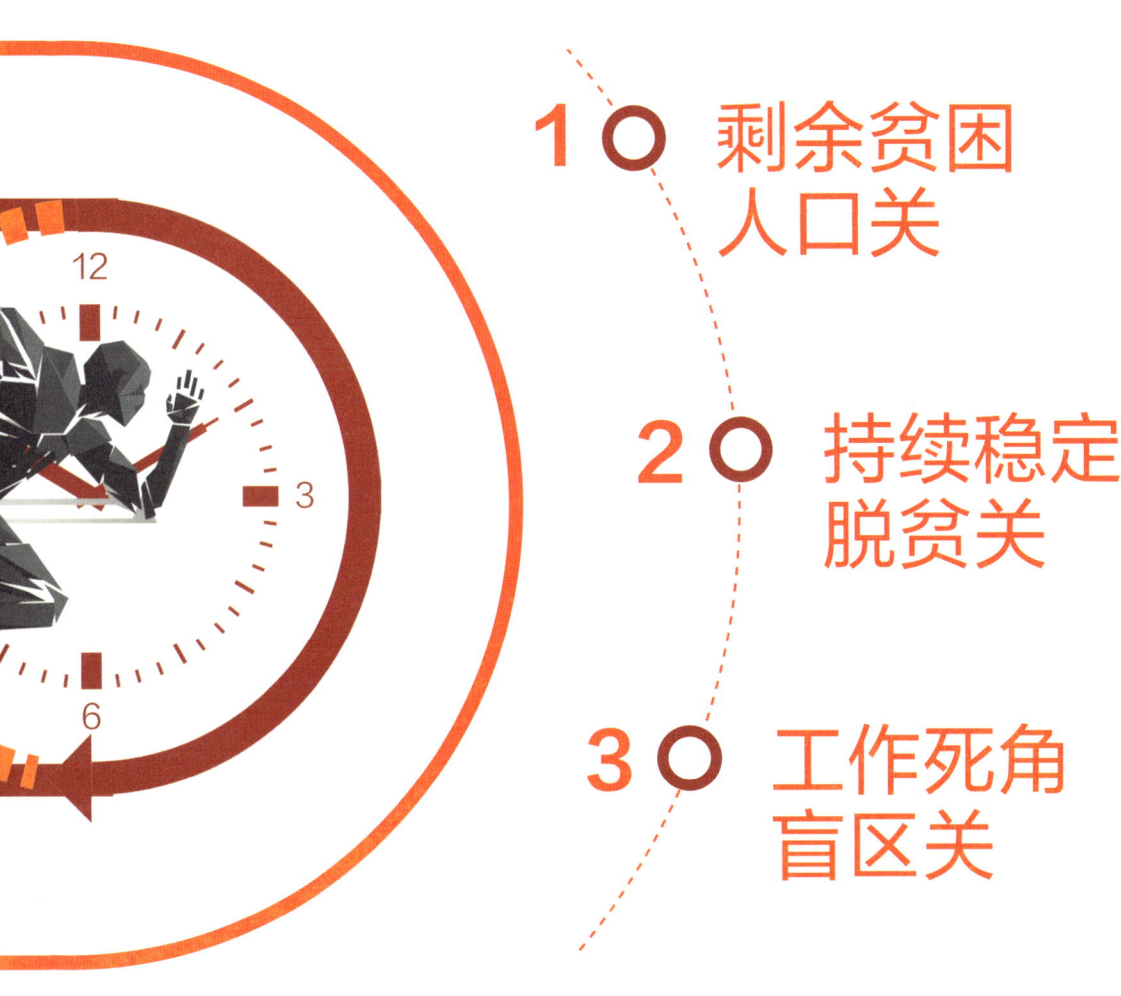

不误、两促进"。

2月12日,全省召开脱贫攻坚电视电话会议,动员各地统筹"两手抓";

2月24日,省脱贫攻坚领导小组出台《关于做好新冠肺炎疫情防控期间脱贫攻坚工作的意见》;

2月28日,全省召开积极应对新冠肺炎疫情决战脱贫会议,再动员、再部署;

3月21日,全省召开决战决胜脱贫攻坚推进会;

4月29日,两办印发《关于深入推进精准扶贫决战决胜脱贫攻坚的意见》;

6月4日,我省再次召开脱贫攻坚推进会……

一次次会议、一个个文件、一件件部署,为全省打赢疫情防控战和脱贫攻坚战奠定了"四梁八柱"。

闻令而动,听令而行。全省各地各部门统一思想、坚定信心、狠抓重点,争分夺秒、夜以继日,坚持问题导向,分析形势和任务,努力克服新冠肺炎疫情影响,继续保持攻坚态势,强力推进脱贫攻坚各项收尾工作,确保完成今年脱贫攻坚任务目标,为全面建成小康社会贡献力量。

三个完成

数说
SHU SHUO

"到2020年确保我国现行标准下农村贫困人口实现脱贫、贫困县全部摘帽、解决区域性整体贫困问题,是我们党对人民、对历史的郑重承诺。"

对我省来说,答好今年的脱贫攻坚大卷,关键是要落实"三个完成":完成剩余1.42万人脱贫的任务;完成21万人巩固提升的任务;确保完成全库84万建档立卡贫困人口脱真贫、真脱贫。

76.57% 因病10900人
14.17% 因残2017人
3.82% 因学544人
1% 因灾143人
0.69% 缺技术98人
0.96% 缺资金137人
1.85% 缺劳力263人
0.94% 其他133人

1.42万人 致贫原因

五项措施

1. 抓党建促脱贫

发挥基层党组织作用,进一步选优配强村党支部书记。

抓好农村脱贫致富带头人培育,统筹整合多部门资源,培育农村致富带头人。

壮大村级集体经济,结合乡村振兴,全面提升集体经济带贫致富能力。

发挥驻村干部和"第一书记"在脱贫攻坚中的作用，建成抓党建促脱贫攻坚的生力军。

2. 夯实产业扶贫基础

创新产业扶贫模式，推动实现县有扶贫支柱产业、乡有扶贫主导产业、村有优势扶贫产业、户有至少一项有效产业扶贫项目。

落实贫困户到户扶贫项目，年内实现每个贫困户至少有1个以上的实体项目，实现贫困户产业扶贫项目全覆盖。

切实防范产业扶贫风险，各地区要加强产业扶贫风险监测。

3. 提高兜底保障水平

提高低保标准，将农村低保标准在现行基础上继续有效提高，确保持续高出省定贫困标准。

深化制度衔接，将符合低保条件的贫困人口全部纳入低保范围。

加大救助工作力度，优化部门信息共享，对贫困家庭遭遇急难变故的及时给予临时救助。

4. 增强贫困人口内生动力

补齐精神短板，将产业分红和捐款捐物变为贫困群众自主劳动和文明行为的资金或物质奖励，树文明新风。

加大就业扶贫力度，通过扶贫企业、专业合作社、产业扶贫基地等多渠道，积极开发扶贫岗位。

鼓励开发多种形式的农村扶贫公益岗位。

以消费扶贫为抓手，将贫困地区产品供应和市场需求联系起来，稳定贫困户增收渠道，巩固脱贫成果。

5. 提高建档立卡精准管理水平

强化动态管理，建立防止返贫监测预警机制，对收入不稳定的脱贫户实施跟踪和动态监测。

确保退出精准，有效落实脱贫措施，确保达到脱贫条件基础上，严格按政策规定履行退出程序。

确保档案规范，保证扶贫档案、明白卡和建档立卡数据信息无差错。

十大行动

为确保到2020年底全省现行扶贫标准下农村贫困人口实现全部脱贫，开展十大专项行动

1. 健康扶贫专项行动

主要任务　完成10900名因病致贫人口、2017名因残致贫人口和8989名患病、残疾人口精准帮扶工作。全面排查1.42万人中上述情况，确保精准帮扶不落一户、不落一人。

2. 教育扶贫专项行动

主要任务　实施台账细化精准控辍，确保建档立卡贫困家庭学生全部应学尽学，义务教育有保障。

3. 住房安全专项行动

主要任务　6月30日前完成建档立卡贫困户危房改造工作；全面排查1.42万人中上述情况，确保精准帮扶不落一户、不落一人。

4. 饮水安全专项行动

主要任务　全面排查1.42万人中是否有未解决安全饮用水贫困人口情况，确保饮水安全问题出现一人、解决一人。

5. 产业扶贫专项行动

主要任务　完成1.42万人每人至少1项产业扶持措施全覆盖，解决创业致富带头人带动人口、加入合作社人口、龙头企业带动人口不足问题；全面排查1.42万人中上述情况，确保精准帮扶不落一户、不落一人。

6. 兜底保障专项行动

主要任务　完成1.42万人综合保障性扶贫措施全覆盖；全省未脱贫人口中整户无劳动能力户，要逐户核实，利用低保政策争取全部纳入；全面排查1.42万人中上述情况，确保精准帮扶不落一户、不落一人。

7. 交通扶贫专项行动

主要任务　全面排查1.42万人中因交通条件落后致贫人口情况，确保精准帮扶不落一户、不落一人。

8. 科技扶贫专项行动

主要任务 完成98名缺技术人口精准帮扶工作；全面排查1.42万人中上述情况，确保精准帮扶不落一户、不落一人。

9. 党建扶贫专项行动

主要任务 加强贫困人口所在村党建扶贫工作，完成106名自身发展动力不足致贫人口精准帮扶工作；全面排查1.42万人中上述情况，确保精准帮扶不落一户、不落一人。

10. 就业扶贫专项行动

主要任务 完成4234名普通劳动力、2833名弱劳动力中有劳动能力、有就业意愿的贫困人口精准帮扶工作；全面排查1.42万人中16周岁以上、有劳动能力有就业意愿但未就业的情况，确保精准帮扶不落一户、不落一人。

"转"出新门路

人物　江福昌

地点　新宾满族自治县木奇镇下湾子村

天蓝山绿,地广人忙。辽宁东部山区,大田上春播正酣。

6月5日,抚顺市新宾满族自治县木奇镇下湾子村,村民江福昌正和乡亲们在大田里种红薯。

"前阵子总下雨,没法种,这几天得赶紧抢时间把地种完。"说话间,江福昌又把一株红薯苗栽到地里,"这是咱讨生活的希望!"

虽说干劲儿十足,但每忙活一阵,江福昌就要坐地头歇歇。

因为,他只有一条腿。

"我家祖祖辈辈都是农民,家里仅2亩多地,难以维持生计。多年前外出打工,因受伤左腿截肢,不但没了经济来源,看病抓药的开销压得我喘不上气。"江福昌说,家里还有正读书的孩子,那日子真叫一个难。

开销大,没进项,贫困户的帽子一戴就是几年。那时候,只得拼命做豆腐,贴补家用。

正琢磨咋增加来钱道儿的时候,去年,江福昌发现,原本同村在外打工的赵玉嵩回乡了。赵玉嵩不是空手回

春耕备耕关系农业增产和农民增收,更直接关系贫困户当年的基本生活保障,是脱贫攻坚的"保底工作"和"第一战场"。年初疫情突袭,正值我省春耕备耕生产的重要时节。为战疫情抢农时保春耕,全省上下高度重视,对贫困村、贫困户加强帮扶。为确保贫困户能够种上地、种好地,不误农时、不误生产,全省驻村工作队、"第一书记"和帮扶干部,深入贫困户家中了解生产需求,有针对性地帮助他们解决实际困难;帮助贫困村、贫困户调整产业结构,发展经济作物、棚室生产,调减玉米种植面积;开展"一对一"专项培训、入户培训,指定技术帮扶人;帮着找市场、签订单、购农资、选好种……今春,无一户贫困户因缺钱、缺劳动力、缺农机具,或者缺技术而种不上地。

辛勤汗水,希望田野。

▲ 集中连片的红薯田确保了农业增值、农民增收。

来，而是成立了盈捷农业科技有限公司，开始流转土地，种红薯。

"咱村都是沙土地，种玉米不打粮，但种红薯特别适合。而且，经过一段时间考察，我发现高品质红薯很有市场。"赵玉嵩说，做好准备，开干！

第一年，打样。小范围尝试，不带农户，自己种。秋收时，亩产2500公斤、纯利3000元，刷新了村民对脚下沙土地的认知。

而后，赵玉嵩向全村贫困户发出"邀请"：盈捷农业公司负责流转土地，提供种苗和技术，贫困户负责种好地就行。秋收时，盈捷农业公司再负责包销所有红薯，确保贫困户旱涝保收。

本就有意"入伙儿"的江福昌，一听条件这么优厚，马上找到赵玉嵩，表示要跟他干。

"终于有能赚钱的地儿了。"江福昌说，这种模式，自己除了春种时出点儿体力，基本就是"零"投入，秋收时还不用找销路，比种玉米赚钱多，还省心。

不仅江福昌，村里还有10户贫困户积极加入。赵玉嵩算好面积，一下流转了60多亩地,搞起了"扶贫种植基地"。

"我这项目,还有'后招',做农副产品深加工。地里的红薯,当地的中药材,都就地从原料'升级'为产品,再向外销售。"赵玉嵩说,这样既帮助当地的贫困户增收,又促进了农产品增值,一举多得。

"今年种好了,明年我还想再多种几亩。"江福昌说。

"明年项目还要再扩大,带动更多贫困户增收。"赵玉嵩干劲儿十足。

种子好,秧苗壮

人物 刘文辉

地点 凌海市翠岩镇前田村

"我去地里,一会儿就回来,你在家看着点儿前后院啊!"院里养了一些鸡,刘文辉下地前不放心地嘱咐站在一旁的老伴儿。

"你让我干啥我干啥。"高高瘦瘦的老伴儿机械地重复这句话。

刘文辉从院里拿起除草的铲子,边向外走边指着自己的头向记者示意:"老头子脑子不太好用了。"

年近六十的刘文辉是凌海市翠岩镇前田村建档立卡贫困户,老伴儿患脑血栓七八年,家里上有82岁的婆婆,下有30多岁尚未成婚的儿子,主要经济来源就是山坡上的几亩玉米地。"全家就指望我一人,儿子在外打工,赚的钱勉强够养活自己,得亏这两年扶贫政策好,

▼ 刘文辉在自家地里除草。

一家人生活才有了保障。"刘文辉高兴地说:"村里有啥好事都想着咱,这不,今年春耕因为疫情出不去,村里3月初就给送来了玉米种子。"

"这种子可特别了,出苗好,一棵苗也不缺。"走上村东头的山坡,就是刘文辉家的玉米地。6月中旬,青青的玉米苗已有20厘米高,她除草的空隙站起身,指着紧挨着的邻家玉米地说:"咱家的苗明显长得高、长得壮,主要就是种子好。"

"这是玉米新品种A898,一家种子公司免费赠送的。"驻翠岩镇第一副书记李霞去年下派到镇里,因为有过几年驻村经历,加之在锦州市农业农村局工作,更了解农业和农村。疫情期间,为了让农民买到优惠的好种子,她借工作之便联系了一家种子公司,公司负责人了解情况后,决定送100公斤玉米种子给贫困户。

"这个玉米品种产量高,品质好,抗倒性强,适应性广,比农民从市场上买的要好。"李霞说,全镇13个村,每个村挑最困难的贫困户送,前田村是移民村,地少,刘文辉家得了2.5公斤种子。

"咱也不懂,听人说这种子20元一斤,自己可舍不得买。"刘文辉乐呵呵地说,"这一种就知道真好,以前我撒几粒种子才出一棵苗,今年撒一粒就出苗了。"

除了送种子,李霞还帮助贫困户联系化肥等农资,给的都是最低价。

前田村过去紧挨着锦凌水库,怕水库积水淹到村子,四五年前全村搬到了现在这个更高些的山坡上。"移民补助每年每人600多元,加上低保、养鸡等收入,家里2017年就脱了贫。"刘文辉一脸幸福地说。

他治病,他种田

人物　李明强
地点　灯塔市铧子镇小东台村

见到灯塔市铧子镇小东台村村民李明强那天,他刚做完乳腺方面的手术从医院出来，身上还缠着纱布。"我这个人命苦，大男人得了这种病，以前还得过胃癌，一条腿因为车祸残疾了，没了劳动能力，前些年一直是贫困户。"他苦笑着说，"幸运的是，我去治病，水田里的农活儿一点儿没耽误。"

游新龙是村里的当家人、小东台村党支部书记。这天早上，他扛着铁锹去给李明强的稻田放水引流，春耕期间李明强地里的活儿，他全包了。"村支书不光出力，还给我省了不少钱。"李明强感激地说。

今年受疫情影响，化肥农药运输不畅，价格水涨船高。如果等农资降价，又怕误了农时。好在游新龙过去曾在供销系统工作，认识一些供货商，村里总共买了60吨复合肥，不仅没涨价，每吨还便宜了10元。

农资备好了，游新龙又帮着李明强育苗。李明强给记者算了一笔账：买现成的水稻苗一盘要7元，自己用种子育苗成本仅1元，种一亩地需要50盘水稻苗，他家6亩地，自己育苗能省1800元。一旁的游新龙补充道："都是土里刨食的人，能省点儿是点儿。"

在李明强的眼里，这位村支书不是干部，而是从小一起长大的朋友。这些年从备耕到秋收，一直是他帮衬着。李明强过去是失地户，游新龙帮忙给他家分了地。可是有了地以后，却不太会种，曾经包出去，也自己种过玉米，一年下来挣不了几个钱。游新龙便张罗帮李明强种水稻，教他怎么育苗，帮他雇人插秧，告诉他什么时候打药、什么时候施肥。

渐渐地，李明强的日子好起来了，水稻田一年有6000元收入。游新龙又帮他找了份打更的工作，还给李明强有病的儿子找了份零工。去年，他家就脱了贫。

李明强家的院子里，一盆盆月季花、长寿花整齐摆在墙边，迎着太阳盛放，地里的果蔬也已种下。家里新置办的电动三轮车停在屋后的背阴处，"有了它，我就能拉着老伴儿去地里干活儿了。"虽然大病初愈，但李明强精神头儿十足，脸上堆满了笑。

"大红袍",满山坡

人物 徐得柱
地点 盖州市卧龙泉镇义和村

"老徐啊,赶紧把院里这几棵旧李子树抠了,换成今年咱村统一发的新品种。都6月上旬了,再不种来不及了。"盖州市卧龙泉镇义和村驻村"第一书记"金一鸣,一大早站在村里建档立卡贫困户徐得柱家门口喊道。

徐得柱腿脚不好,一听是金书记的声音,立马快步迎出,边走边回话:"好,一会儿就抠,这不是村里给的李子苗刚栽地里,合计歇歇再整。"

"歇啥!脱贫致富可不能等。"话音未落金一鸣已走向路口。

义和村地处盖州东部山区,平地少、沙质土特别适合种果树。但因交通不便,劳动力缺乏,品种不佳,始终未形成规模,更谈不上收益。

作为驻村"第一书记",金一鸣看在眼里,急在心上。咋办?学!他带着几个村干部分别到普兰店市、岫岩满族自治县、大石桥市等地学种植技术,看大棚、挑品种,最终选定营口农技部门推荐的品种"大红袍"。

一开始,种惯了玉米的村民都在观望,不敢干,更别说贫困户了。那就村里先示范。金一鸣在村里流转了部分土地,建起160亩扶贫果园,一年过后,长势喜人。"大棚李子5月上市,一斤8元,一亩能收2500多公斤,效益得多高!"

眼看树苗长大就要结果,村民急了,都想跟着种,却不料赶上了疫情。

"人走不出去,苗还比往年贵,钱也凑不齐,真急坏我了。"4月初,就在徐得柱最上火的时候,村里送来了400棵"大红袍"李子树苗,金一鸣还带来技术员手把手地教技术。徐得柱家地不多,都在坡上,放苗、打理都有"讲究",技术员的每一句话他都细细记着,还让女儿帮着记。

不仅管苗,村里还管种、管收、管卖。金一鸣说,每个时间节点,他都会到徐得柱的地里看看。"老徐身体不好,老伴儿还病重,总怕他误了农时影响李子结果。"

为稳定脱贫,村里给贫困户发的都是去年扶贫项目预栽的苗,已经长了一年多，移栽后明年就能结果，早收获一年半。

为了帮贫困户度过"等果期"，村委会让徐得柱先在扶贫果园务农，一天100元，不仅增加收入，还能学栽种技术。

"您看我这芽掐得对不对？"徐得柱只要在地里看见金一鸣总不忘讨教一二，而金一鸣则立即示范。

李子树苗种满山坡，这是义和村致富的新希望。

行·思

XING·SI

一样，也不一样

每年，当春的脚步临近，春耕画卷就会在辽沈大地徐徐展开。

今年，当春遭遇疫情，一样的春耕就变得不一样了。

一样，是因为活儿还是那些，备种、购肥，翻田、犁地；不一样，则是因为疫情防控，人员隔离，各地一度交通封闭，全民"宅"在家中。农资运输受阻，农业科技人员下乡受限，随着春的脚步越走越近，战疫情抢农时保春耕成了全省上下的一致行动。2020年的春耕，因一场疫情而变得不再寻常，令人难忘。

保农资供应，省供销社发挥农资供应"主渠道"作用，千方百计备足货源，稳定市场，社属化肥公司防疫复工两手抓，生产车间24小时连轴转，半个月抢出两个月产量；送科技下乡，全省科技特派员们线下转线上，网上授课、微信直播，让农民及时掌握各种种植技术，预防病虫冻害，保证春耕生产；大年初二初三，各地驻村"第一书记"没接到任何通知，舍小家顾大家，第一时间逆行回村，备防疫物资，领村民防控疫情；基层干部防疫的同时，帮助解决农产品滞销，联系价格优惠的种子、化肥，为贫困户送货上门。

"今年春耕，除了农资比往年买得晚点儿，啥都没耽误。""一开始化肥涨了点儿价，后期就降了，甚至比往年还便宜。""我身体不

▲ 村民在果园务农，每天能赚百八十元。

好，地里的活儿都是村干部帮着干的。""咱的化肥和种子都是村里免费送的。"……

春耕时节，记者进村入户，听到的都是这样朴实真诚的话语，看到的都是建档立卡贫困户脱贫后的笑脸。无论是普通农户，还是贫困户，一场疫情，并没有挡住他们奔向幸福的脚步！

患难见真情。农民的感激之情洋溢在言语间，更体现在行动中。

住上政府给盖的新房，70岁的尹大爷格外珍惜，把家里家外收拾得干净利落。小院里的两垄毛豆长势喜人，"种这个是给大家吃的，农村也没啥好东西，就一点儿心意。"出门时，他这样对记者说。

"没有村书记领咱干，哪有这一片李子树。"种惯了玉米的穷山沟，有了村集体产业，看到致富希望的村民对驻村"第一书记"由一开始的不信任，变成了"不舍得让走"。

2020 年，不一样的春耕，一样的感动。

Complete Victory in the Fight against Poverty

厂子开工了 致富就有底了

人物 石运

地点 开原市中固镇新屯村

"老刘,先把这些鸭子装车发走。""张哥,这批鸭崽儿送进棚,打灯再少添点儿料。"……6月14日下午,石运在自己的养殖大棚间来回穿梭,不时地交代工作,不时上手添料喂鸭。

在开原市中固镇新屯村,石运是有名的养殖大户,50栋鸭棚里装满了不同批次的鸭子,"嘎嘎"的鸭叫声在棚内此起彼伏。

虽然有十多年的养鸭经验,其间经历过各种各样的困难,但今年的疫情冲击,还是让石运感到"前所未有"。他说:"从各地实施封闭开始,饲料运输、肉鸭出栏等具体问题都是我需要面对的。"

事实上,最让石运紧张的,是自己熟悉的一些养殖同行,因合作的屠宰公司有意"压栏",原来40来天应收购的肉鸭常被拖延到近60天。"这不单是时间问题,肉鸭42天过后食量增大还不长重,投入与产出不成正比。"

那段时间,石运时时关注着合作企业开原市亚辉牧业有限公司(以下简称"亚辉牧业")的动态。只有链

扶贫项目的开复工情况不仅关系到贫困地区、贫困群众的生产生活,也是社会经济运行的重要一环,关系到国计民生、千家万户。在做好疫情防控的同时,我省各地正紧盯任务目标,多措并举、争分夺秒,加快推动扶贫项目建设和经营主体复工复产。为降低疫情造成的不利影响,推动扶贫项目尽快落地见效,我省备足了"粮草",全年计划投资23.97亿元开展扶贫项目。同时,派驻干部千方百计帮助发展产业、引进项目;相关职能部门简化流程、提高效率,为扶贫项目实施开设"快捷通道"。一系列"组合拳"之后,扶贫项目开复工不断提速。截至5月,全省实有扶贫龙头企业348家,复产339家,复工率达97.4%,吸纳劳动力总数为30411人,带动贫困人口6162人;实有扶贫车间295个,开工279个,开工率为94.6%,共吸纳贫困人口就业2060人。

复工复产,全力以赴。

条转动起来,他才觉得安心。作为一家生产能力达2000万只,集代种鸭繁育、代肉鸭养殖和回收、生产加工、销售及冷链仓储于一体的综合型农牧企业,亚辉牧业也为尽早复工复产下足了功夫。

疫情防控期间,开原市扶贫办与动监所组成指导组,对亚辉牧业生产过程全程督导管理,涉及对进出人员、返岗管理人员、装卸队、隔离人员等9类人进行体温监测;检查各场点消毒情况和人员分餐情况;核实复工人员未外出证明等。亚辉牧业相关负责人表示,公司往年正月初二就会复工,今年虽然有疫情影响,但公司在配合做好疫情防控的前提下,也加快了复工复产步伐,这样一来,才能保障上游端养殖户的利益不受损害。"尽管销售端需求减少,公司扩大了冷冻库存,但压力不能传导给他们。"

"事实上,企业复工复产受益最大的群体是公司员工。"驻企服务专员张新泉说,中固镇15个行政村中,就有11个村的村民在公司务工挣工资,人均月收入2600元至5000元。

亚辉牧业复工复产期间,还带动贫困户就业15人。梁家台村的李惠敏就是其中之一,"厂子开工了,我们脱贫致富就有望了。"

机器转起来 日子好起来

人物 包丽丹
地点 葫芦岛市南票区缸窑岭镇

"这叫'守得云开见月明',挺过了三四月份的艰难,现在我们服装厂的生产经营都恢复了正常,今年我们的收入争取再上一层楼。"6月10日,站在服装生产车间里,该厂负责人包丽丹开心地对记者说。

2018年5月,葫芦岛市南票区投资88.4万元建起了缸窑岭镇服装厂。作为镇扶贫项目,厂子主要给兴城的中国泳装基地做带料加工。由于他们加工生产的泳装质量好又讲诚信,很多企业都愿意与他们合作。服装厂经营得有声有色,第一年仅半年时间就收入13万元,第二年收入27万元,成为全

▲ 缸窑岭镇的扶贫车间里，缝纫机都转起来了。

镇十几个村建档立卡贫困户的"金饭碗"。

今年年初，在疫情冲击下，交通阻断，布匹等原材料无法进货，更要命的是原来的订单也都取消了，服装厂复工面临困难。

眼见得从十里八村赶过来干活儿的妇女们眼睛里的热切和希望渐渐地暗淡下来，作为该项目负责人的缸窑岭镇妇联主席包丽丹"急得火上房"。她一次次地跑到兴城市泳装生产基地，一家一家地寻找订单，可经常一无所获。

无奈，包丽丹找到南票区妇联、葫芦岛市妇联，经过协商，最终，葫芦岛市妇联通过竞标方式为服装厂争取到了一批做公益马甲的活儿，并保证按时足额给付加工费。镇党委书记吴春雷、镇长李辉也都积极为他们建平台、拉订单，使厂里的生产走上正轨。

3月12日，春寒料峭中，伴着一张张喜盈盈的笑脸，缸窑岭镇服装厂200多平方米的厂房里，响起了咔嗒咔嗒的缝纫机转动声。

"这个厂可是救了我，也救了我们一家人啊！"说这句话时，47岁的徐军眼里有泪光闪过。

徐军一家四口，两个女儿都在上学，家里仅几亩薄田，种玉米年收入不足千元，一家人的生活仅靠徐军的丈夫在外打工支撑。2017年徐军家被纳入建档立卡贫困户。今年春节后受疫情影响，丈夫失去了工作，一家人生活陷入困境。"到了这个时候，借钱都没人敢借你。"徐军说。

就在这时，村干部找到她，介绍她到服装厂上班。"现在我每天从早7点干到晚7点，每月可挣3000元至3400元，而且都是按时开支。"徐军说，有了这笔钱，再加上丈夫在外打工的收入，今年一家人就可以稳稳地脱贫了。

浆果溢香　扶贫良方

人物　郎庆利
地点　凤城市宝山镇岔路村

枝繁叶茂，生机盎然。

在丹东凤城市宝山镇岔路村的14个蓝莓大棚里，7000余棵蓝莓树长得正壮。

一头钻进大棚，眼中却不是预想中蓝莓串串、压弯枝头的景象：树叶间，空空荡荡；枝梢头，一果难寻。

绿枝蔓叶间，宝山镇岔路村党支部书记、村委会主任郎庆利道出原因：盛果期已过，每个大棚1500公斤蓝莓早已销售一空。

不只如此，30个草莓大棚，每个大棚7500公斤草莓也已售罄。

新冠肺炎疫情之下，销售不受影响？

采摘体验暂停、物流运输不畅……岔路村"第一书记"李明哲坦言，疫情之初，销售遇阻。

"一年受损，承包户可能几年翻不过身来，不仅影响承包户收益，而且影响今后产业发展。"看着村里大棚中的蓝莓、草莓，当时的郎庆利、李明哲跟着着急。

一系列"保生产"措施迅速出炉。

防疫不能松，发展不能停。为了保证正常生产，防疫用口罩、消毒水、酒精向产业大棚倾斜，每天进行消毒，大棚工作人员必须戴口罩上岗。

增强流动性，减免承包金。村里通过"四议一审两公开"减免大棚的承包金，每个大棚拟减免 1000 元至 2000 元，缓解承包户经营压力。

技术指导，延期上市。当地邀请农经局技术人员到村指导，延迟草莓上市时间 3 到 5 天，尽量错开因疫情影响的困难期。

集中收购，定点销售。村里主动联系草莓、蓝莓中间商，确定两家中间商为主销商，设立集中采摘放置收购点，集中上车运输销售，减少流通环节。

由于策略及时，草莓、蓝莓种植户的恐慌心理逐渐消除。销售渠道打通之后，草莓与蓝莓的销量与价格很快恢复正常。在大棚里打工的 200 多名村民，也由满面愁容转为一脸笑容。

岔路村的蓝莓、草莓卖得好，"脱贫果"也发挥出多重效应。

宝山镇政府相关负责人介绍，今年，凤城市在整合当地扶贫产业资金基础上，集中扶贫产业资金 426 万元，紧紧依托岔路村产业优势、技术优势、人力资源优势，集中建设小浆果大棚 24 个，促进当地贫困户增收，同时用于全市建档立卡贫困户差异化分配，预计带动全市建档立卡贫困户 1418 户、3134 人增收。

眼下，新的产业发展计划已经摆在了郎庆利的案头。"我们要创立自己的浆果品牌，商标和名称已经有了初步设想。而且，我们已经联系了专业的电商公司，通过时下最热的'直播带货'，让我们的产品走向更广阔的市场。"郎庆利说。

一针一线　织就幸福

人物　轩德强
地点　朝阳县根德营子乡根德村

"听见缝纫机又这么响动起来，咱心里可踏实呢！"6 月 10 日，朝阳县

▲ 德强服装制造厂里，工人们在为新订单"打版"做样。

根德营子乡根德村头，朝阳德强服装制造厂内，说起工厂复工的事，村里建档立卡贫困户李亚海放下手里的活计，止不住地笑："每月2000元的收入又能落定了。"

去年，乡里以近58万元的扶贫资金为主要资本投入，建成这家扶贫工厂后，李亚海就开始在厂里打工。"前阵子受疫情影响，厂里停工，可把我上火坏了。"

"我那火，上得比她还大呢！"说起停工的事，厂长轩德强话不多。德强服装制造厂，是根德营子乡政府为加大产业扶贫力度建设的扶贫项目。按规划，企业的收益将全部用于建档立卡贫困户的分红，同时部分有劳动能力的贫困户，也可以在厂里打工。年初，受疫情影响，企业原有订单被取消，服装厂被迫停产。"订单撤了，设备停了，市场没了，一堆人眼巴巴看着我，我可明白了什么叫煎熬。"一提起当时，轩德强就难受。

关键时刻县扶贫办出手了。派专业人员研究企业经营方向和市场环境后，

"上级给咱俩建议,提升生产能力、转产。"乡党委书记邰志民接上话头。

4月,在乡党委、乡政府的介绍下,朝阳浪马轮胎有限公司来厂调研,迅速决定,利用公司2000多名职工工服的生产订单,激活服装厂。召开协调会议,确定生产事宜,采购、试运行新设备,进布匹原料,召集工人开工……很快,厂里的机器又重新运转起来。

"这会儿还上火不了?"看大伙儿唠得欢,邰志民故意问道。

"这会儿,不但不上火了,干活儿还上劲儿呢!"李亚海的话,又激起一片笑声。"以前,咱厂设备单一,承接订单能力也受限。如今,咱们订单不但稳定,生产能力也提升了,外接订单时更有底气了。"轩德强的介绍,让工人们不禁围过来,七嘴八舌地说,"看来,往后的日子只会越来越好了。"

"那是必须的!"和着大家的笑声,县扶贫办主任钱德志肯定地表示。疫情发生以来,朝阳县夯实领导力量和包保责任,建立了五级网格化管理模式,加快推进包括扶贫车间在内的企业复工复产。除落实一系列上级政策举措外,县里的"项目管家"特派员还主动上门服务,全力协助企业破解复工复产的制约要素。

"复工复产不是终点,达产达效,让大家在扶贫工厂的帮助下,把日子过得越来越好,这才是我们的根本目标。"钱德志表示。说话间,厂房内裁剪、刺绣、缝纫、钉扣、码边……机器运转之声,和着大家的笑声,飞出窗外。

行 · 思

XING · SI

办法总比困难多

"有活干,心才安。"

采访时,这是我们听到建档立卡贫困户们表达最多的一句话。

这个往常看来简单、朴素的表述,在新冠肺炎疫情冲击之下,实现起来却困难重重。这句话背后,是一个分量颇重的社会议题。

在做好疫情防控的前提下,不失时机地推动复工复产,事关经济社会健康稳定发展，事关脱贫攻坚如期全面收官。对各级党委、政府来说，这既考验执政能力，也体现服务水平；对各地产业、企业来说，这既决定眼下效益，也决定未来发展。

行走于全省，在田间地头、厂房车间，我们欣喜地看到：省内企业顶住压力、自挖潜力，正在逐步"满血复活"；各地党委、政府主动作为、靠前服务，正在寻找发展路子、多想致富点子。

在铁岭开原，得益于当地扶贫办与动监所组成的指导组，亚辉牧业加快了复工复产步伐，疫情防控期间带动贫困户就业15人；在丹东凤城，宝山镇岔路村"两委"帮助承包户减免大棚租金，联系经销商，原本滞销的几十万斤浆果销售一空；在朝阳市朝阳县，朝阳德强服装制造厂借助县乡两级的资源、指导和"上门服务"，车间里的缝纫机又重新快速运转。

"出现100个问题，总能找到101个解决问题的办法。"这些"花式复工"、疫情倒逼下的各类创新措施折射出各地坚决打赢疫情防控和经济发展两场硬仗的昂扬斗志。在此过程中，大家都拿出了攻坚克难、创新求变、积极进取的开拓精神，也正是这种精神，汇成了决战决胜脱贫攻坚战场上一鼓作气、一往无前的强劲动力。

"其实，有些好办法，是因疫情而产生，却不会因疫情而消失。只要有转型发展的眼光勇气，有转型发展的智慧举措，就能在大浪淘沙的竞争中快人一步、先人一拍。"采访中，一位干部的感叹引人深思。一次疫情，如一次大考，在这其中经受住考验的措施办法，如果有效而且可复制推广，也许就会为一个企业、一个产业、一个地区留下宝贵经验。

我们期待更多的好办法涌现。

水蜜桃有了"保护人"

人物　李春军
地点　朝阳县北四家子乡唐杖子村

"雨这么大,大伙儿还能上山来认养桃树吗?"6月10日,朝阳县北四家子乡唐杖子村的桃林前,村党支部书记、春军土地股份专业合作社董事长李春军,看着从早上就一直未停的雨,拨通电话。听到电话那头朝阳市纪委驻乡副书记王程的肯定回答,李春军放下心来。

唐杖子村的果树种植量占全乡总量的50%,"柏山牌"水蜜桃全国有名,曾获昆明世博会铜奖。为了巩固全乡脱贫攻坚成果,今年,在市纪委监委的积极协调下,在原有种植面积的基础上,唐杖子村又新建了500亩扶贫果园。

原本,乡里准备在桃花盛开的时候举办桃花节,广邀客商,达成销售合同。然而,受疫情影响,桃花节不但搁浅,一些既有订单也被取消。收获季节的销售隐患隐约可见,全乡上下为此十分忧心。

北四家子乡的烦恼,让负责包乡帮扶工作的朝阳市纪委监委干部急在心上。经过调研、分析,他们提出"爱心认购"扶贫模式,发动党员干部认购"扶贫桃树",

消费扶贫,是巩固脱贫攻坚成果、建立长效脱贫机制的重要方式。

年初以来,我省积极落实《辽宁省开展消费扶贫助力打赢脱贫攻坚战行动方案》,多部门联合开展专项行动。线下,举办"第一书记"年货大集和首届消费扶贫年货节等活动,利用政府资源为贫困户带货。线上,在今日头条、抖音、西瓜视频等新媒体开展战"疫"助农活动,助力辽宁农产品顺利"出村"。

特别是疫情期间,全省上下齐心协力、多措并举,狠抓电商精准扶贫、拓展特色农产品网销渠道,推动电子商务成为脱贫攻坚新引擎。今年1月至4月,我省农产品网络零售额达50.8亿元,同比增长92.3%。截至目前,全省共建设县级电商仓储物流中心128个、电商服务中心41个、村级电商服务站超过2万家。

电商下乡,山货进城。

由合作社负责桃树的日常护理，待桃子成熟时，由认领人对"自己桃树"上的果实进行摘取认购。

该活动一经发起，就得到了市纪委监委全体党员干部的积极响应，短短几天内，230名党员干部、工作人员就认购了桃林10亩，桃树600余棵。刚才，李春军和王程的通话，就是沟通双方在果园现场签约的事。

"这下，我们再也不愁销售了。"聊起纪委干部认养果树的事，李春军话头刹不住，"他们不但自己来助贫，还将爱心认养的消息广做宣传，为果园带来更多'保护人'。如今，咱果园1/3的桃树，有了城里亲戚。"

说来也巧，办理认养手续的车队刚刚上山，雨就停了。果园前，朝阳市纪委党委办公室主任张怀宇和李春军这边刚签下"桃树认领代养协议书"，人们就急着把写有自己名字的认养证挂在相中的桃树上，并相约，"要经常来看看"。

"果树认养之举，不但为乡里解决了果实成熟期的销售难题，还带动了北四家子乡村旅游业和庭院经济的发展，村集体经济发展也得到有效的推动。"乡党委书记崔宪满笑着说："不但果子不愁销，连村民自家的土特产也不愁销了。巩固脱贫成果，实打实。"

▼ 朝阳市纪委的干部在为桃树挂认养牌。

有了订单　种养心安

人物　董庆吉
地点　盖州市暖泉乡乂尔岭董店村

6月9日，凌晨4时许，天蒙蒙亮，盖州市暖泉乡乂尔岭董店村的董庆吉就赶往自己家的地给苹果套袋了。一共就三亩多地，自己干虽然累，却多少能省点儿工钱。

进家门时已快9时，董庆吉没急着吃饭，而是开始为院里30多只大骨鸡崽儿准备早饭。"头回养大骨鸡，没啥经验，但好在村里帮订购了鸡崽儿和饲料，又做了培训。"董庆吉边干边说。

董庆吉是村里的建档立卡贫困户，母亲和妻子都患重病，干不了活儿。往年家里只有几亩玉米地，收入微薄。去年村里帮着种果树，今年又送来了大骨鸡崽儿，这才让董庆吉看到了希望。

以前咋不想着干点儿啥？"一来没本钱，二来怕赔。"董庆吉答得实在，"这回好了，村里杨书记给拉来了订单，还送来鸡崽儿、树苗，不管是地里种的还是家里养的，订单都包了，而且价格不低，俺心里有底，准备甩开膀子干了。"董庆吉嘴里的杨书记是乂尔岭董店村的扶贫"第一书记"杨建浩。

疫情期间，交通受阻，不少地区农产品滞销，这让本就保守的贫困户更加束缚了手脚，担心忙活一年，到时卖不上价，变成瞎折腾。眼看春耕在即，可不能让脱贫的脚步被疫情耽误了。杨建浩反复翻看"电话簿"，想通过自己的朋友圈拉几笔大单，打消大伙的顾虑。

"一说是为了帮扶贫困户脱贫，企业家都挺乐意。但是咱们也不能搞'硬性摊派'，最好是符合市场真实需求，让订单长久往来。"想到这儿，杨建浩开始详细计划。企业家的需求无非是福利、礼品、原料，因此包装、品牌很重要。最终，"营口有礼脱贫攻坚系列礼盒"问世。暖泉乡已成规模的庭院肉食鸡、生态鸡蛋、大红袍李子、苹果等农产品进入了首批扶贫公益活动产品目录。"目前，我们已经联系了辽宁嘉润发展集团有限公司、地利生鲜集团、融创中国沈阳公司等七八家企业，首批订单总金额约百万元，平均每家企业十几万元的订单合同已经拟好，就等着到时候去贫困户家收货了。"杨建浩说话时露出甜甜的微笑。

樱桃"触网"

人物　徐宏艳

地点　西丰县天德镇天来村

"我们这里昼夜温差大，樱桃口感独特，生长全程只施农家肥，卖得贵是因为物有所值……"

6月5日下午，西丰县天德镇天来村的樱桃大棚里，32岁的徐宏艳以樱桃树为背景，在直播平台上热情介绍着本村的樱桃，调皮的儿子则不时探过头来看看妈妈的手机屏幕。

往年，观光采摘是天来村樱桃的主要销售模式，而且从不愁卖。今年受疫情影响游客少，天来村"被逼"走上电商销售的新路。

去年，徐宏艳还是基地里的一名普通工作人员，今年，她和7个小姐妹已变身成电商销售员，把过去的线下销售转化为线上销售。

"开始也是什么都不会，就上网看别人怎么介绍产品，怎么给别人看果、采果和装果，以及怎么回答顾客问题。"徐宏艳说，出镜时偶尔还需给自己化个淡妆。

"疫情暴发后，我们主动降低棚温延缓樱桃成熟，把熟果上市期从往年的清明节拉到五一后。"天来村党支部书记付宝库说。

从顾客盈门到人不上门，樱桃保鲜期有限，最关键的是村里8栋樱桃大棚还是扶贫产业项目，关联着全镇建档立卡贫困户1456户3044人，卖好樱桃才能保障贫困户收益不减少。

西丰县相关部门还从外地请来网红歌手，在天来村开展直播带货销售。现场，徐宏艳等人看得如痴如醉，"原来网上卖货有那么多说道"。

过去，徐宏艳靠微信朋友圈卖樱桃，毕竟圈子有限，客户多是过去来采

▲ 徐宏艳正在大棚里直播。

摘的回头客,辐射范围一般就是西丰县、开原市和吉林辽源、四平等地。她说:"直播卖货后,我们的樱桃卖到了全国各地,最远我出过海南、新疆的单。"

广阔的网络为徐宏艳等村民打开了新世界,除卖得远外,销售期也明显缩短。去年,天来村的樱桃采摘期持续50余天,今年虽遇疫情,但线上销售后只用30多天就接近尾声。

天来村靠发展果树种植,从一个昔日的穷山沟变成了村美、民富的示范村,发展果树面积已达8100亩,水果成熟期覆盖一年四季,成为名副其实的"花果山"。

有了产业,村里返乡的年轻人越来越多。"年轻人,代表着活力和希望,以后,我们村还要发展旅游业,大家的生活会更上一层楼。"徐宏艳感慨。

香菇"瘦"了，身价涨了

人物　杨淑华

地点　绥中县加碑岩乡黄土梁子村

6月13日，越野车在连绵不断的大山里穿行了40多分钟后，到达了位于绥中县西北山区的加碑岩乡黄土梁子村。三面环山，一片坡地，7栋黑色大棚在苍郁的绿色中格外显眼。

这就是黄土梁子村扶贫香菇种植基地。位于燕山余脉的黄土梁子村，沟壑纵横，土地贫瘠，山梨野果，几亩薄田，靠天吃饭，全村295户1136人，建档立卡贫困户137户437人，曾是加碑岩乡的8个省级贫困村之一。

地远特色丰。2019年底，经过农业专家反复论证、村民集体讨论后，黄土梁子村利用得天独厚的气候和无污染优势，投入扶贫资金150万元，流转土地30亩，建起了长110米、宽12米的7栋现代化香菇大棚，启动了香菇种植项目。

村民用柞树等废弃杂木粉碎后制成菌棒，再进行真空包装、熏蒸后注入香菇菌，码在大棚里，40天后，黢黑的菌棒上便冒出了一朵朵、一簇簇胖乎乎的香菇。

"致富伞"刚刚撑起，疫情突袭。眼见每天采下的1.5万公斤香菇堆在库房里，几天就变了颜色，村书记马少华和不少村民着急上火，嘴上都长出了一串串小"蘑菇"。求援电话打到乡党委书记刘树来那儿，刘树来立

▲ 黄土梁子村的香菇价格今后还得往上涨。

刻联系了县城的 7 家连锁超市，每天销售 5000 公斤，又与帮扶合作单位——现代农业产业园"七彩绥中"沟通利用电商平台进行线上销售，终于使黄土梁子村的香菇项目渡过了危机。

56 岁的建档立卡贫困户杨淑华告诉记者，每天早晚两次，她在这里采摘香菇，既不耽误地里的农活儿，又能每年收入 2 万元，"到年底铁定脱贫了"。

"光香菇项目每年就可为我们村增加收入 15 万元以上，实现对建档立卡贫困户叠加覆盖。现在，我们又平整了 17 亩坡地，准备再建 6 栋大棚。我们还吸取今年初的教训，正在与浙江商会洽谈进行香菇深加工，制作干品并开始注册商标，到时候价格还得往上涨呢。"村书记马少华满脸兴奋。

行·思
XING · SI

搭把手也要架座桥

疫情突袭，令不少农产品滞留村中、销路不畅。农产品不比其他，若不能及时销售，就只能烂在地上。盼了一年的贫困户，眼看汗水变"憾水"，不少人着急上火嘴上都长出了"小蘑菇"。

关键时刻，政府部门多管齐下、社会各界慷慨解囊，扶贫订单从四方飞来，汇聚成对冲疫情影响的最强暖流，让贫困户吃了定心丸。

但此时也有人不禁担忧，订单因"爱心"而来，疫情过后咋办？脱贫并非"一时"，更需"一世"，如何借力特殊时期的"搭把手"，建起农产品与消费者互动往来的桥，更加值得关注。

建模式，让供销接上头。贫困村大多地处偏远，交通不畅，互联网平台缩短了产品与市场的距离，电商带货受到各地热捧。在西丰，剪枝的手拿起镜头，把樱桃市场从周边扩至全国；在朝阳，扶贫干部为散户操刀，让"团团小集"成为多家直销平台大 V。但采访中记者发现，电商也非万能灵药，有的月销万斤，成为爆款，有的却少人光顾，成交量惨淡。其实"触网"只是销售的第一步。产品质量过硬、包装结实、运输及时、售后服务细致贴心，才能让网店长红。

树品牌,让"锤子"永远敲不完。大额订单在消费扶贫中屡见不鲜。不少企业家以"承包"等形式,消除贫困户种养的后顾之忧。这种"扶上马还送一程"的帮扶方式让不少贫困户看见了希望,有了"第一桶金"。但授人以鱼不如授人以渔,只有在这一过程中,助力当地形成种养规模,建立地区品牌,才能让脱贫更有保障。盖州市暖泉乡建立"营口有礼"系列扶贫品牌,设计统一包装、标识,将产品逐步推向周边乃至全省。

长本事,让人才本地就能找到。消费扶贫,也需扶志、扶智。贫困户缺乏对市场的了解,观念也相对保守。在帮助其销售的过程中,扶贫干部应注意引导他们敢于独自走进市场,找准定位。通过全程参与,培养当地干部和群众的销售能力,实现离开"拐棍儿"后的自立自强。

稳端饭碗

家门口干　心里不慌

人物　付立新
地点　开原市八宝镇胡家窝棚村

6月4日早晨，开原市八宝镇胡家窝棚村51岁的付立新来到村里的葡萄大棚，为葡萄疏叶。阳光透过棚顶洒进棚里，将串串葡萄映照得更紫了，而她的脸上很快挂满了津津汗水。

"活儿轻巧，能在家门口找到活儿干有收入，我满意得很，多亏政府时时为我们着想。"付立新一边干活儿，一边轻快地说。11年前，丈夫因车祸双目失明，她成了家里的顶梁柱。

就在春节期间，突发疫情使周边设施大棚里的农副产品出现销售困难，用工需求也大幅缩减。这让付立新纠结起来，"没有来钱道，这家可咋办？"

付立新大女儿已出嫁，小儿子在外地上学，丈夫还需要照顾，家里除了7亩土地的流转费，其他收入只能依靠她就近务工。从往年"活儿不断流"，到今年以来零星有活儿干，付立新一度愁得睡不好觉。

虽然付立新家已经脱贫，但如果家里唯一的劳动力不能就业，全家很容易重新戴上"穷帽"。她家的情况，

就业，一头牵着千家万户，一头连着经济大势。"饭碗"端稳了，日子才能安定、踏实、有奔头。就业稳住了，发展才能从容、坚定、有底气。今年以来，针对就业有眼前之困，也有预期之忧，我省先从政策层面入手，推行降费减负等一系列援企稳岗措施，稳住了就业"底盘"。2月至4月，全省累计减免社保费109.2亿元；截至5月已为3.9万户企业支付失业保险稳岗返还资金22.9亿元，稳定岗位316.8万个。

我省把促进高校毕业生、农民工、下岗失业人员、就业困难群体等重点群体就业，列为稳定就业的重中之重。安排专车、专列、专机1945台次"点对点"保障农民工返岗，截至5月末全省已有51.8万名农民工返岗复工。与此同时，我省明确2020年全省贫困劳动力务工就业人数不少于13.35万人。

端稳饭碗，就业脱贫。

▲ 付立新在村子的基地里为葡萄疏果。

村里乡里看在眼里记在心上。

"疫情期间排查劳动意愿时,我们发现付立新家真等不起,在安排务工活儿时就可她优先。"胡家窝棚村委会主任兼开原市彦春种植专业合作社理事长谭彦春说。

彦春种植专业合作社的基地里,有韭菜、草莓、葡萄、花卉、西红柿等,一年四季都有活儿干,让当地有劳动能力的建档立卡贫困户可以就近务工增收,同时还可以产生收益为贫困户分红。

付立新说:"因为疫情,我们村基地里的蔬菜、花卉运不出去,销售不好,用工也少,但务工工钱没下降,村领导说即使亏也不能亏老百姓,我们特别感动。"疫情发生以来,付立新在家门口已挣了近万元工资。

在八宝镇,像付立新一样需要巩固的建档立卡贫困户并不少。

"疫情严重时,我们摸底统计有就业意愿的建档立卡贫困户人口就有100余人,当时的确压力不小,镇政府就先在本镇企业、合作社里寻找工作岗位,推动双方对接。"八宝镇副镇长金红说。

截至6月4日,八宝镇已有148名建档立卡贫困户实现了就业务工,比去年同期还多了14人。

能伺候妈　能贴补家

人物　李斌
地点　北镇市富屯街道新立村

虽然只干了两个多月，但李斌对辽宁途客凯业网络信息技术有限公司的这份线上客服工作非常满意，他说："每月能赚到4000多元，有五险，比在外地工作剩的钱多，更重要的是能照顾母亲和家里。"

26岁的李斌家住北镇市富屯街道新立村，母亲患尿毒症六七年，每周都要做两次透析。因为这病，原本经济条件不错的家庭不仅花光了积蓄，还欠下不少外债。

"爷爷患胰腺癌刚去世，母亲就病了，先后跑了沈阳、北京等地医院看病。"李斌说，父亲以前是货车司机，为了照顾母亲，不得不留在家里，全家经济来源就靠4亩多地的葡萄。"小时候家里四世同堂，所以房子才会这么大，现在就剩下奶奶和我们了。"李斌说。

李斌家有4间半平房，房子和家具很陈旧，但屋里屋外干净整洁。母亲屋子里一个梳妆柜子格外引人注意，表面红漆皲裂，一看就有些年头了。"这是太奶奶的嫁妆，得有六七十年了。"李斌解释说，过去舍不得换，现在换不起了。

母亲生病时，李斌刚上大二，帮不上家里的忙，只能干着急。2016年他从丹东机电学校毕业后，一直在沈阳一家汽车零配件生产企业工作。2019年刚入冬，为了提高收入，他辞职去华晨宝马公司应聘，在春节前回家等信。

▲ 李斌在新岗位上干劲十足。

没想到，没等来入职的好消息，却等来了疫情。

困在家里一边照顾母亲一边为工作发愁的李斌，4月初迎来了转机。北镇市扶贫办走访贫困户时了解到他的情况后，很快把他介绍到位于北镇新区的辽宁途客凯业网络信息技术有限公司做线上客服工作。这是一家集话务外包、娱乐直播、电商直播等多项业务为一体的电子商务公司，成立一年多来积极安置贫困人员，还与贫困村签订农产品销售协议，帮助贫困村和贫困户销售葡萄、苹果、梨等农产品。

6月11日午休，李斌工作的大平台一片安静，他告诉记者，从家到公司坐公交半小时车程，来回方便。"在沈阳工作收入也就四五千元，吃住还要一笔费用，剩的钱不如在这赚得多。现在母亲能天天看到我，我能补贴家用，再好不过了！"李斌说。

四季有活　增收有路

人物　于淑贤

地点　新宾满族自治县榆树乡蔡家村

71岁的于淑贤，是家里的"壮劳力"，靠着她勤劳的双手，摘掉了贫困户的帽子。

今年虽有疫情，也没能阻挡住她家的增收步伐。因为她的工作地点就在家门口。

6月5日，新宾满族自治县榆树乡蔡家村，天刚亮，于淑贤就起床做饭，照顾患有小脑萎缩的老伴儿吃饭，然后骑车10分钟，到村里的富强香菇种植专业合作社里打工。

"从2013年开始在这儿干，一年四季都有进项。这个季节主要是剪蘑菇。"于淑贤说，活儿不累，收入稳定，满足日常开支足够。

于淑贤家，因老伴儿受伤致贫。于淑贤说，家里仅有4亩地，靠种玉米难以维持生计，何况自己年龄越来越大，种不动地。

一筹莫展之际，富强香菇种植专业合作社理事长蔡振平主动找上门，询问于淑贤是否愿意到合作社打工，并掰着手指头帮她算账。

"一亩地，土地流转金800元，比你自己种地收入还多；你还可以到咱合作社来打工，日工资百元左右，一年能赚一两万元。"蔡振平说，建这个合作社，就是为了带动乡亲们脱贫，合作社有了收益，还给大伙儿分红。

"天大的好事落在我头上了。"于淑贤说，一边照顾家，一边打工，啥都不耽误。合作社还免费教咱技术，什么季节该干什么、怎么干，我都清清楚楚，心里特别有底。

合作社的"虹吸效应"在增加。不只于淑贤，附近十里八村的贫困户，大多"闻香而来"，加入合作社打工。

"最多的时候用工量达到400人，其中以贫困户为主要劳动力。"蔡振平说，自己有着多年的香菇种植经验，发现这一行业入门相对简单，劳动强度相对低，特别适合家里有负担，走不出村且有劳动意愿、想增收的人群。

"合作社提供了工作机会，让大伙儿聚在产业链上，致富创富。有些人干好了，有进一步发展的意愿，还可以承包大棚自己干。"蔡振平说，通过这个产业，不仅要助贫困户在短期内脱贫，还要建立造血长效机制。

"要是年轻10岁，我肯定包个棚子自己干。"于淑贤脸上的皱纹，因笑容渐渐舒展。

岗位到家　产业入户

人物：汪振东

地点：岫岩满族自治县红旗营子乡唐家堡村

天刚亮，家住岫岩满族自治县红旗营子乡唐家堡村的汪振东和妻子佟乃香就来到了离家不远的香菇种植大棚，开始一天的劳作。

走进棚内，一袋袋菌棒整齐排列，一朵朵浅褐色的香菇升柄展伞，阵阵菇香扑鼻而来。倒垛、扒袋、采菇……汪振东夫妻俩手法熟练，很快，就盛满了一个个箩筐。

"这些活儿，两口人，每人每小时10元钱，一天能挣200元。"采访时，汪振东边算账边感慨，"没想到这几年，收入提高了一大截。"得益于在村集体经济项目打工，汪振东家的日子逐渐有了起色。

以前可不这样。2016年之前，贫困一直纠缠着汪振东。

母亲身患重病，两个孩子上学，自己又患有腰脱，家庭开销大、收入渠道单一的汪振东一家一度陷入窘境。2016年，他被识别确立为建档立卡贫困户。

"最困难时，房子都要倒了。后来多亏了当年的危房改造工程。"谈起人生中的这段"至暗时刻"，不善言辞的汪振东低下了头。

局面也是从那一年起逐步转变。

工作向脱贫攻坚聚力、资源向脱贫攻坚聚集、力量向脱贫攻坚聚合，当地一系列精准扶贫政策接踵而至。汪振东不断获得看得见摸得着的生活实惠，一年一年间，职业身份也多了起来。

当地发展庭院经济，就地就近就业，汪振东在自家院子里养起了猪。"今年，两头母猪的猪崽儿还没分窝，已经订出去了。每只得卖1500元以上。"汪振东说。

发展产业是农村促进就业的最优选择。据介绍，在当地，全县安排资金1152万元，对所有像汪振东这样发展庭院小产业项目的建档立卡贫困户予以补助。目前，通过政策引导鼓励，已实施生猪养殖、家禽养殖、柞蚕放养、花生种植等项目带动建档立卡贫困户5105户、12362人致富。

当地增设公益岗位，实施兜底安置，汪振东成了村里的卫生保洁员。这又是一年7500元的一笔工资收入。

更多的"汪振东"正在受益。今年以来，岫岩县从县本级财政列支专项资金500万元，开发公益岗位2029个。截至目前，全县通过公益岗位安置保洁员、水管员、护林员、养路工、抄表员、安全员3000余人。

时至傍晚，忙活了一天的汪振东和妻子已经摘了30多筐香菇，衣服已被汗水浸透。

"不怕吃苦流汗，日子还能过得更好。"汪振东说。

行·思
XING·SI

有事干 穷根断

在西丰县振兴镇一间蘑菇加工车间里，78岁的刘焕功和老伴儿认真地剪着菇根，因身体不好和年龄偏大，他们的动作略显迟缓，但他们的脸上却透着平和。

"我们都这么大年纪了，地也种不动了，现在能有人要我们干活儿很不错了。"刘焕功道出了自己的满足，这样每天他们能有100元左右收入，活儿能接连小半年。

贫有千种，困有百样。如果不是了解刘焕功儿子意外离世，老两口独自抚养孙女从小学到上大学，笔者也很难理解这份离家不远的工作，于他们是多么重要。疫情袭来，我省不少贫困地区的农副产品出现滞销，在相关产业链条上的用工量也出现明显减少趋势，贫困户脱贫增收的压力也随之而至。

"往年一天能干上八小时至十小时的活儿，疫情期间一天只有三五小时的活儿，再说用工供大于求，工钱也可能会降。"开原市八宝镇胡家窝棚村付立新的这种担忧，在疫情期间是不少贫困户的共识。

就业从来都是最大的民生，直接关系到人民群众的"钱袋子"。尤其是在疫情期间，如何拓展、稳定贫困群众的就业，不仅会影响他们的日常生活，而且事关他们能否如期摆脱贫困。

行走在辽沈大地，我们欣慰地看到，各地各部门一手抓疫情防控，一手抓脱贫攻坚，创新举措，勇于作为，致力于化解疫情对脱贫攻坚带来的不利影响，千方百计为贫困群众谋就业，稳定了他们的增收和脱贫预期。俗话说"一人就业，全家脱贫"。新宾满族自治县何家村的焦阳，受益于贫困家庭大学毕业生就业帮扶政策，考取事业单位有了稳定工作，家里也脱了贫。她感慨，如果不是好政策，像她这样的家庭在疫情期间会更加困难。于是，通过发展产业创造更多就业岗位，通过劳动技能培训实现从"授人以鱼"到"授人以渔"，推动创业带动就业，开发公益岗位等方法被广泛应用。遍布全省的扶贫车间、龙头企业中，农村专业合作社等新兴市场主体中，随处可见贫困户务工增收的场景。

有事干，穷根断。在脱贫攻坚的实践中，就业帮扶有助于稳定贫困群体就业的基本盘，确保脱贫的质量和成色，同时倡导困难群众树立自立自强的意识，激发起他们脱贫的信心和活力，为"稳得住""能致富"夯实基础。

自强自立

我劳动 我光荣

人物 吴艳红
地点 朝阳县东大道乡奈林皋村

在朝阳县东大道乡奈林皋村，说吴艳红自尊、要强，没人有二话。

5年前，丈夫身患疾病去世时，吴艳红42岁，3个女儿，最小的还没上学。为了把孩子们培养成人，几年来，她披星戴月地不得闲。每天早早起床，给孩子们准备早饭，收拾院落、房前屋后，喂好家禽家畜，照顾女儿们吃完早饭，把大孩子们送去上学，小的托付给邻居和亲戚。家务事处理完，农忙时下地，农闲时，她就会赶到村东塔营子附近、在建的京沈高铁工地上，寻些勾缝抹灰一类的零工。

"孩子小，她没法走太远做俏活儿，自己力气又小，打工受限，挣的钱也不多。虽这么不容易，可她愣是一个人把曾经'塌下来的天'又撑了起来。"6月11日，在自家整洁的小院里，听大伙讲起她这些年来的艰辛、能干，娇小瘦弱的吴艳红，眼里有泪光，脸上有自豪。

2016年，她家被确定为建档立卡贫困户，当村干部把补助资金、扶贫产业项目分红送到她手上时，她却

扶贫，重在扶志；物质脱贫，首先要"精神富有"。

贫困群众是脱贫攻坚主体，只有让他们切实受益、乐意参与、主动融入，才能最大限度地激发脱贫致富的内生动力。多年来，我省各地区各部门在这方面持续发力、不断探索，比如凌源、喀喇沁左翼蒙古族自治县、北票、义县、凤城等地区的"道德银行"模式，朝阳县的"五比五争"实践活动。这些做法，都对调动贫困群众的积极性和创造性起到了很好的效果。"扶"，只是一种助力。要想始终挺直身躯，被扶的人也必须努力。为了确保脱贫攻坚路上困难群体不落一户、不落一人，党和政府想尽了办法，如今，更多的贫困群众开始自强自立，用自己勤劳的双手，开创美好生活。

精神自强，经济自立。

觉得"不好意思，打心眼儿里不想要"。

"我还年轻，有手有脚，伸手拿国家白给的钱，心里不得劲儿。"面对别人的不解，她解释说，如今，孩子上学的学杂费全部被减免，大病小灾看病拿药也不用自己花钱，"只要我肯干，做零工的收入够花了。村里还有其他贫困户，这补助钱应该先紧着别人用。"

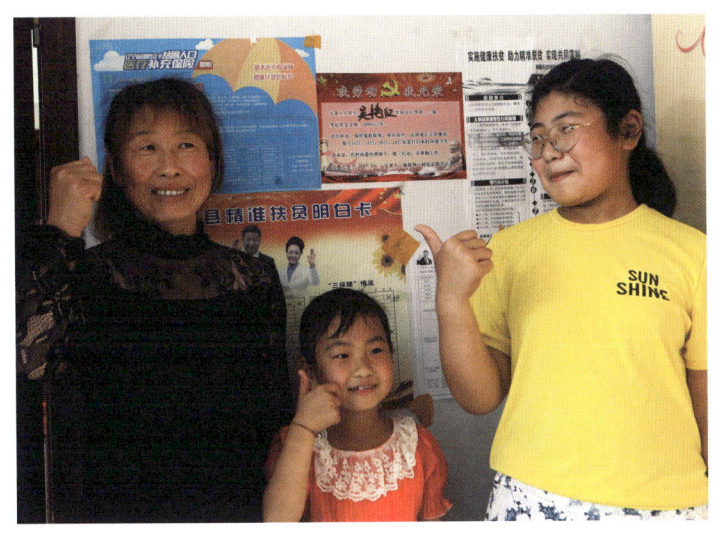

▲ 家里的"光荣墙"前，两个女儿为吴艳红点赞。

年初，疫情突如其来，吴艳红和朝阳县许多建档立卡贫困户一样，无法出去打工，收入减少。为此，县扶贫办推出扶贫项目，为相关人员发放鸡雏、鸡笼子和相关的配套设施，鼓励大家养鸡增加收入。

养鸡脏、累，还有病害等隐患，一些人嫌麻烦不爱干，盼着"国家出钱来解决难题"。可她却觉得，"国家也有难处，咱更不能添乱"。于是，她不但精心饲养自己的份额，还代养了其他贫困户的鸡雏，与对方平均分享最终收益。同时，按照县扶贫办制定的"五比五争"规划，吴艳红又做了一份村环境卫生综合整治工作，按劳取酬。

"事实上，在很多人看来，艳红做的事都太平常了。可这份人贫志强不服输、肯干的'志气'，太不平常。"作为工作多年的扶贫干部，乡扶贫助理盛晴，对"扶贫先扶志"的重要性，深有体会。

和大多数村民家不同，吴艳红家不大的院子中间，修了一个小花坛。花坛中，芍药、月季、百合会依各自花期，次第开放。"这样的话，不论哪个季节，我和女儿们就总有花看。"吴艳红说，"我相信，只要我肯干，以后的日子就能像这些花一样，越来越美。"

Complete Victory in the Fight against Poverty

很快就能小康

人物　白玉东
地点　葫芦岛市南票区沙锅屯乡大红石砬村

村边山脚下，白玉东家的4间新房子宽敞亮堂。门前，小桥流水，停着一辆二手微面；后院，菜绿瓜香，十几只波尔山羊咩咩笑，几十只肉鸽咕咕叫。这一切，与全家人的笑语欢颜交织，简直让人"怀疑"：他家是建档立卡贫困户吗？

"这么高兴，是因为咱如今日子好过了，要搁在以前，咱可笑不出来。"6月14日，提起今年肯定脱贫的前景，白玉东的快乐掩饰不住。

今年35岁的白玉东患先天性脊柱侧弯，不能进行重体力劳动，之前也一直未能成家。2010年，同村的秦丽丈夫去世，在村干部的撮合下，她带着3岁的儿子嫁给了白玉东，第二年家里再添一子。虽然添丁进口让白玉东的生活更为贫困，但他身上的责任感却随之增强。

2016年白玉东家被纳入建档立卡贫困户，享受政府统缴新农合与医疗保险等医疗扶贫、教育扶贫、产业扶贫政策，2018年，政府还补贴3万元将他家老旧的房子进行了翻盖，他家的日子明显好过了不少。可白玉东仍不满足，"咱不能当一辈子贫困户，我得给妻子和两个儿子一个幸福的家，让他们过上好日子。"拖着残疾的身躯，白玉东暗下决心，发狠地寻找挣钱的途径。

虽然身体不好，但白

▲ 白玉东一家人对未来充满憧憬。

玉东很聪明，他有养肉鸽的技术，也考上了驾照。所以，他不但在村里的公益岗位做生态管护员，还在村干部的帮助下，开车在村间接送各家孩子上下学，拉村民赶集进城等。为了方便他开车出入村里、搞小运输，村里在他家门前的河沟上，专门修了一座铁桥。看着丈夫这么能干，妻子秦丽也不甘示弱，开始学着做小买卖，到集市摆摊贴补家用。

年初，为了对冲疫情影响，区政府启动了一个扶贫项目，鼓励建档立卡贫困户养羊，每养3只奖励1000元，白玉东和妻子一商量，立刻联系购买了6只波尔山羊。翻书上网，多方求教，夫妻俩精心饲养，不到半年时间就繁育了6只小羊。

"到年底每只肉羊可卖七八百元。"白玉东掰着手指头算着收入账，"4亩地1600余元、50多只肉食鸽600多元、接送学生1.2万余元、当生态管护员5400元，再加上秦丽集市摆摊的4000多元，扶贫项目股东收益等，年收3万多元没问题。"

说起丈夫"聪明、能干、争气"，秦丽特别满足："他总说，好日子等不来，靠不来，要流血流汗干出来。"

白玉东则摸着儿子的头，望着妻子说："对，继续这样干下去，咱家很快就能'小康'。"

我申请退出

人物　张永坤　何玉兰
地点　绥中县加碑岩乡王家店村小香沟组

今年4月的一天，加碑岩乡政府扶贫办走进来一对中年夫妇，主管扶贫工作的乡党委副书记杨宝林认出来，他们是王家店村小香沟组的建档立卡贫困户，丈夫叫张永坤，妻子叫何玉兰，两人都54岁。

杨宝林刚问了一句"有什么需要帮忙的"，两口子就都哭了起来。好一会儿，何玉兰从衣兜里摸出一张纸递给杨宝林说："杨书记，我们要退出建档立卡贫困户,这是我们的申请书。"

做了多年扶贫工作,杨宝林还从没听说过有人要主动申请退出。他一边看着手里的申请书,一边听夫妻俩讲述事情的来龙去脉。之前,张永坤与妻子儿女一起与父母同住。1996年,两位老人相继突发脑溢血。此后,家里花光所有积蓄,保住了老人性命,但也债台高筑。为了还债,张永坤到城里当搬运工,没干几个月,就伤了腰椎,瘫在了炕上。

▲ 何玉兰想把养猪的技术传授给乡亲们,共同致富。

一家六口,三个瘫痪不起,两个在上学,全家只剩下何玉兰一个劳动力。2014年,他们家被纳入建档立卡贫困户,生活就靠政府和亲戚邻居救济维持。

2017年,乡里推广扶贫项目,建档立卡贫困户每人可分得一只猪崽儿。此时,家里的老人先后离世,他们家分得4只,其中3只是母猪。这4只猪崽儿就成了何玉兰的心肝宝贝,也成了一家人脱贫的寄托与希望。虽然还不能干重活儿,但张玉坤这时也能站起来了。在夫妻俩像养孩子一样的精心饲养下,8个月后,3头母猪下了30多只猪崽儿,其中一头"英雄猪"下了18只。

今年4月初,张永坤夫妻俩一次出栏了34头肥猪,抱回来13万多元现金。"一辈子也没见过这么多钱啊,我俩坐在炕上数钱,数着数着都哭了,然后又笑了。"何玉兰说。

将欠的饥荒还完了,夫妻俩还盈余几万块钱。"晚上睡不着,咱就想,'靠'了政府这么多年,现在咱有钱了,该让政府把给咱家的补助款拿去帮助其他的贫困户。想到这儿,我俩就爬起来写了这申请书。"何玉兰对杨宝林不好意思地解释着两人的激动。

6月9日，杨宝林来到小香沟检查工作，正赶上张永坤家要出栏16头肥猪。"这茬儿猪至少能卖六七万。今年，咱保守估计能收入20万。"何玉兰一边介绍着自己的满足，一边和领导们合计着找地，扩大养猪规模的事，"我有技术，有销售渠道，还可以为大家提供免费种猪。规模上来了，大伙能一起干，我想让别人和俺家一样富裕。"

往前奔的脚步停不下

人物：吴德喜
地点：桓仁满族自治县五里甸子镇老黑山村

6月8日，桓仁满族自治县五里甸子镇老黑山村，天蓝云白。站在自家的新房前，望着太阳下显得更加闪亮的黄墙红瓦、院子里蓬勃生长的绿树红花，吴德喜夫妇满是幸福的脸上，还掺有几分惊喜。

因为要忙活鸡场里的活儿，20多天了，两人都没顾上回家看看新房进度。虽然从鸡场到家，骑电动车不过20多分钟，但脱贫后的吴德喜夫妇，片刻时间也不想耽误。

"懒，就完了。"听人夸他俩勤奋，吴德喜"骄傲"得声音一下提高起来。种了十几亩大榛子，养了1万多只小鸡，每天，吴德喜夫妇都把自己的时间安排得满满当当。

老黑山村位于辽吉两省边界，人均耕地不足两亩，2003年以前，村民人均年收入不足2000元，是"全县最穷的村"。1998年，吴德喜开始带患癫痫病的大女儿辗转多地看病，前后花了数十万元，欠了不少外债，这让原本就不富裕的家陷入窘迫。那些年，为了看病、还债，两口子出国打过工、在家养过鹅，但都没能脱贫。

吴德喜是个不服输的人，但是"取不到致富的'真经'"让他特别着急。关键时刻，扶贫好政策让吴德喜一家受益。2015年吴德喜在乡里的帮助下，种起了大榛子，每年每亩净收入达到7000多元，收益比种玉米提高了6倍。

2019年，吴德喜腰包终于鼓起来，"贫帽子"也摘了下来。打那时起，两口子"往前奔的脚步"就更不肯停下来。

去年，越干越起劲儿的吴德喜夫妇专程跑到辽阳，考察现代化养鸡技术。"我算过了，如果有现代化厂房，干净卫生，我们两口子养五六茬小鸡一点儿不累。"吴德喜说。

如今，在老黑山村，尝到奋斗甜头的不止吴德喜夫妇。"许多当年的贫困户通过努力，现在成了村里致富的榜样甚至是带头人。"村党支部书记王福全说。疫情发生后，一些贫困户还学会了上起网课，天天捧着手机，直播卖货不得闲。

"现在，大伙都明白，脱贫摘帽不是终点，而是新生活、新奋斗的起点。"聊着唠着，新房前"参观者"多了起来，大家七嘴八舌地替王福全补充着自己的"奋斗感悟"。

"只要不歇气地干，往前奔，更好的日子在前头等着俺们呢。"吴德喜的总结，让大家都笑着拍起了巴掌。

行·思

XING · SI

鸡蛋从里面打破才是生命

决战脱贫攻坚年，要做的工作自然不少，这其中，哪些短板是亟待补齐的？对此，基层扶贫干部有个共识：必须加强贫困人群的内生动力。

吴艳红、何玉兰、张玉坤、白玉东、吴德喜……从这些正在脱贫、已经脱贫，甚至成为富裕户的"贫困户"的故事中，我们会发现，这样的内生动力大多源自他们参与脱贫的意愿、实现脱贫的能力以及巩固脱贫成果的决心。

贫困群众既是脱贫攻坚的对象，更是脱贫攻坚的主体，没有他们主动参与的意愿，扶贫事业不但难以成就，甚至已经完成的工作也会出现反复。

平心而论，甘于贫困并非常人所愿。现实中，一些贫困群众之所以"懒"字当头，"靠"字立身，表现得"不愿脱贫，不主动劳作"，究其根本，大多还是"怕"字作怪。细究起来，这"怕"字背后，则"藏"着他们实现脱贫能力不足的真相。受教育程度不高，曾经奋斗无果，致贫因素叠加，多重压力使其担心——不论如何付出，都难有收获，不如"认命"。

要化解这部分群众长期养成的"怕"的心理，还需"因材施教"，耐心引导，这方面，基层干部不乏实践经验。比如今年，朝阳县开展"五比五争创标兵"活动，方法之一，就是鼓励贫困群众，尤其是半弱劳力等，根据农村环境卫生整治要求，将自家环境做好，并根据结果获取相应的由产业扶贫资金等构成的奖励"工资"。尽所能，有所得，不再伸手"拿救济"，此举，既改善了其收入水平，还维护了他们的自尊，一些人甚至因此治好了长期养成的"懒病"。

当然，要想真正培养贫困群众的脱贫能力，巩固脱贫成果，还必须在尊重贫困群众主体意愿的基础上，根据本地资源、结合他们自身条件，鼓励其发挥长处，让他们看到付出即有收获的前景，从而敢于迈出与贫困告别的脚步。比如曾"依仗残疾"靠父母周济的白玉东，在扶贫干部的鼓励下，将自己善于养鸽、爱驾驶等"不务主业变成正业"，收入增加的同时，全家人的精气神都提升了。

马克思主义哲学的观点告诉我们，内因是事物发展的决定性因素。扶贫先扶志，贫困人群若想真正摆脱贫困，也必须明白，只靠政府的政策脱贫致富并不是长久脱贫之计，只有下定依靠自己的双手改变命运的决心，发挥出不怕苦、不怕累的传统品格，才能脚踏实地、一步一个脚印地走出贫困，走向发家致富之路。

鸡蛋从外打破只是一种食物，从内打破，才是新生命的开始。对贫困人群而言，脱贫路上，外部多元扶贫之策与内部自我脱贫之举，缺一不可。让我们祝愿，更多的"贫困户"能让两者长期保持互动，为自己创造美好的未来。

掌握幸福

这是我们在田间地头、进村入户采访时
用相机"偷拍"的瞬间
镜头的背后
总是感动不已
常有泪水落下
这是一双双布满老茧、粗糙皲裂的手
那指甲间黑黑的泥土
掌心上深深的"沟壑"
饱含着生活的艰辛
刻满了岁月的沧桑
这是一双双向贫困宣战、誓拔穷根的手
那紧握的种种工具
托捧的枚枚果实
讲述着自强的故事
传递着信心的力量
有人说：脚走的路是手修的
纵然贫有百种、困有千样
但理儿只有一个：幸福，就在手中

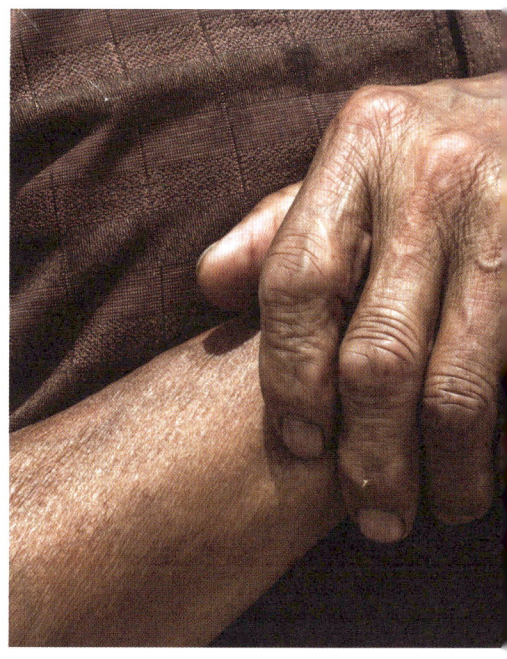

▲ 包长云　凤城市宝山镇岔路村
洒扫庭除，美了乡村，摘了穷帽

▲ 周学义　葫芦岛市南票区沙锅屯乡后富龙山村
喂下草料，育满幸福

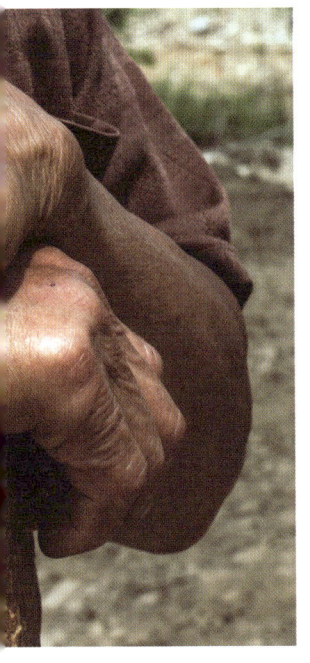

▲ 董庆吉　盖州市暖泉镇义尔岭董店村
养羊卖绒，鼓起腰包

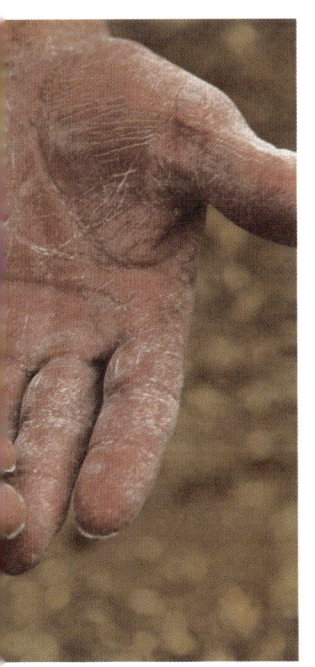

▲ 王广鑫　岫岩满族自治县三家子镇房身村
养好"脱贫牛"，日子有奔头

Complete Victory in the Fight against Poverty　　081

▲ **于淑贤** 新宾满族自治县榆树乡蔡家村
在家门口的香菇合作社打工

▲ **徐任珍** 盖州市卧龙泉镇义和村
果园除草工，拔掉穷根，收获甜蜜

▲ 郑绥芬 灯塔市鸡冠山乡刘家村
养起溜达鸡，走上脱贫路

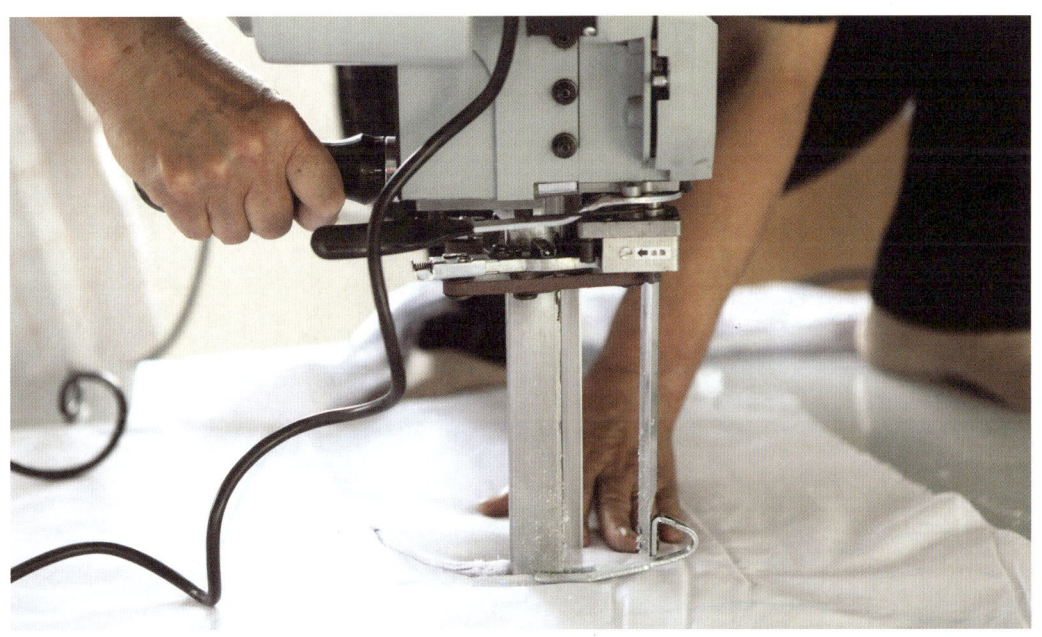

▲ 李亚海 朝阳县根德营子乡根德营子村
"织"出幸福生活

Complete Victory in the Fight against Poverty

下乡

第三章

扎根泥土自芬芳

决胜之年,一场硬仗!

剩余贫困人口,皆为最难攻克的"堡垒";

年初疫情突袭,又给"冲锋"的脚步增添了阻碍。

他们,是这场"历史性战役"中的尖兵。为了群众的好日子,义无反顾,离开城市,奔赴乡村,不辞千辛万苦,无畏万水千山。

他们就是选派干部。在辽宁,这样的"战士",共2.02万名,覆盖全省839个乡镇1.17万个行政村。

他们,住在条件艰苦的村里。

在火热的"战贫"一线,他们饱含真情,挥洒汗水,宛如"地基"中的"钢筋",沉得下、立得稳,与当地干部村民同甘共苦、播种希望。

来看两组数据:

2018年,全省选派干部为乡村引进致富项目5680个,协调投入各类资金35.5亿元,培育支柱、特色产业4276个,修建农田水利设施项目5400余处、村路2.3万余公里,带动15.43万人脱贫、519个贫困村销号、6个省级贫困县摘帽。

2019年,全省选派干部帮乡村引进、培育产业项目7900余个,协调投入各类资金69.9亿元,修建农田水利设施项目6900余个、村路近1.8万公里,帮助村集体增加收入4亿余元,减少建档立卡贫困人口13.25万人,带动128个贫困村销号、5个省级贫困县摘帽。

一个个数字,看着简单枯燥,背后却是一次次丰富的经历和难以想象的付出,是一张张摘掉穷帽之后令人动容的幸福笑脸。

他们,住进乡村群众的心里。

吃在村里,住在村里,忙在村里,把村里当家里。美化乡村、带富乡亲、发展产业、卖力直播,为拔穷根,他们殚精竭虑,起早贪黑,无私忘我。铁岭市西丰县营厂满族乡松岭村"第一书记"梁好友,驻村两年间,为松岭建了新村部、修了新村路、盖了蔬菜大棚,为了让山里的村民吃上自来水、摆脱土泥路,他不怕跑断腿、磨破嘴。一次开车回村的路上掉进沟里,肋骨骨折,他仍然第一时间赶到村里查看在建的村部施工现场。

锦州北镇市吴家镇徐姚村"第一书记"孙敬东,情系乡村教育和医疗,组织锦州医大附属三院进村义诊400余次,自掏腰包为村小学平整操场、为警卫室安装供暖设备。为了不影响驻村工作,他还在驻地租房,将患病无人照看的父亲带在身边。

……

守土有责、守土尽责,他们以真心换真情。当贫困户过上好日子,当贫困村脱贫摘帽奔小康,日夜奔忙、心系群众的他们以实干和担当,收获信赖与爱戴。

扎根泥土,一路芬芳。

驻村 驻心

为打赢脱贫攻坚战、深入实施乡村振兴战略，按照省委部署要求，我省从党政机关和企事业单位大规模选派干部到乡镇和村工作。2018年以来，分三批共选派2.02万名干部，实现全省839个乡镇和1.17万个村全覆盖。"中华民族千百年来存在的绝对贫困问题，将在我们这一代人的手里历史性地得到解决"，无数的党员干部响应号召，克服家庭、生活方面的困难，舍小家顾大家，在新的战场上尽力尽责扶真贫、用心用情暖民心，奋力书写高质量脱贫攻坚的时代答卷。

做建设的"奠基人"。发展需要基础，一些贫困村因自然禀赋差、基础设施落后、公共服务短板多而贫，摆在驻村"第一书记"面前，治贫的第一要务往往就是完善基础设施。他们用自己的辛劳和汗水，修补着贫困村的一个个短板，成为贫困村发展的奠基人。

做发展的"谋划人"。在发展中消除贫困，驻村"第一书记"发挥各自优势，因地制宜，为所在村发展引入新理念、新模式、新举措。他们在做好"领头雁"的同时，着力配强班子、积极争取资源，在摸索中寻求发展，在实践中谋划未来。

做群众的"贴心人"。群众利益无小事，一枝一叶总关情。驻村，就要"驻"到群众心坎里，把村民的事时刻放在心上，真心为群众服务，这既是驻村"第一书记"的共识，也是他们努力践行的方向。

我省选派干部驻村总体原则

- 科技干部配产业村
- 经济干部配贫困村
- 政法干部配乱村
- 党政干部配难村

派驻干部帮扶责任

- 建强农村基层党组织
- 打造过硬党员干部队伍
- 推动农村经济发展
- 完善乡村治理机制
- 提升服务群众水平

2018 工作数据

- 帮助乡村引进致富项目 **5680** 个
- 协调投入各类资金近 **35.5** 亿元
- 培育支柱和特色产业 **4276** 个
- 修建农田水利设施项目 **5400** 余处
- 村路 **2.3** 万余公里
- 减少村级集体经济空壳村 **1681** 个
- 带动 **15.43** 万人脱贫
- **519** 个贫困村销号
- **6** 个省级贫困县摘帽

2019 工作数据

- 帮助乡村引进和培育产业项目 **7900** 余个
- 协调投入各类资金 **69.9** 亿元
- 修建农田水利设施项目 **6900** 余个
- 村路近 **1.8** 万公里
- 帮助村集体增加收入 **4** 亿余元
- 减少建档立卡贫困人口 **13.25** 万人
- 带动 **128** 个贫困村销号
- **5** 个省级贫困县摘帽

2020 疫情期间工作数据

- 带头参与卡点值守 **30.9** 万人次
- 入户排查 **104.5** 万户次
- 累计筹措防疫物资 **90.3** 万件
- 走访慰问贫困户、五保户等 **6.1** 万人次
- 个人出资购买生活用品和防疫物资 **10.6** 万件
- 提供"代办""跑腿"等便民服务 **7.9** 万次
- 帮助 **12.2** 万农户，**2000** 个农民合作社销售农产品 **1.5** 万吨
- 帮助乡村企业解决用工、原料配送等问题 **5000** 余个
- 推动 **9000** 多家企业复工复产

Complete Victory in the Fight against Poverty

一个支部 一座堡垒

从"一盘沙"到"一团火"

"孙书记,有事吱声啊!"

"孙书记,村里的服装车间啥时候建?要人干活儿不?"

"孙书记,进来喝水啊!"

……

在葫芦岛市建昌县二道湾子蒙古族乡二间楼村,"第一书记"孙立新和村民们处得像一家人。

为啥能这样?"去年,俺挨家挨户摸底数,村人均收入过万元。过去,咱这可是每五家中就有一个贫困户的穷村,能过上好日子,孙书记功劳最大!"村党支部书记高春贺说。

在村里,要把事干好,没点儿威信可不行。孙立新认为,"信"比"威"更重要。来二间楼村前,孙立新是省工业和信息化厅纺织处副处长。初到这里,村民都以为他一定是来"镀金"走过场的,他第一次主持召开党员大会,等了一个多小时,一个人没来。

"这是大伙儿对党支部不信任,也是二间楼一直以来的脱贫软肋。"想到这儿,孙立新拎着背包到当时的老书记家一唠就是半宿,第二天挨个找党支部成员谈心。他又协调了10万元扶贫款为建档立卡贫困户买羊,

提示
TI SHI

能否高质量完成脱贫攻坚任务,关键在人。农村基层党组织,距离贫困群众最近,对群众亟待解决的问题了解最透,加强基层党建工作对维护群众切身利益,促进乡村发展至关重要。

几年来,我省积极选派优秀年轻干部、后备干部、国有企事业单位的优秀人员,以驻村工作队、"第一书记"的身份到贫困地区,决战地区脱贫攻坚目标。

搭好帮扶架子,优先推荐乡贤、致富能人等进入村"两委"班子,优化班子结构,抓好贫困村党支部建设,提升村级党组织的战斗力等,"第一书记"坚持基层党建与脱贫攻坚深度融合,党建引领,促进扶贫工作开展,使组织优势转化为扶贫优势。连日来,本报记者兵分几路深入我省部分贫困乡村,记录他们的实践探索,倾听他们的心里话。

▲ 郭凯（右） 国家税务总局辽阳市税务局驻辽阳市辽阳县八会镇宽厂峪村"第一书记"

心里话
XINLIHUA
———

  2015年7月，我初到宽厂峪村时发现，村里党建基础极其薄弱，为此，我在日记里写下"欲治穷根，先抓党建"的话语，激励自己。几年来，我协助村党支部书记抓好"三会一课"等工作，落实民主评议党员等制度，充分发挥村党支部在宣传国家惠农政策、引领大家脱贫方面的重要作用。

  在村党支部的带领下，如今，村里盖起了44栋香菇种植大棚，5年累计创收95万元，63户185名村民饮水难题破解，59户家庭实际生活困难得到解决……

  5年多来，老百姓从远远地观望，到拉着我的手唠家常的转变，让我明白一个道理：只要咱心里始终装着老百姓，老百姓就会把咱当自己人，那就没有我们做不成的事！

Complete Victory in the Fight against Poverty

搞"两小"经济。他还公开了自己的电话和宿舍位置,"扬言"有事尽管来找他。话说了,脚也没闲着。村里有90户建档立卡贫困户,孙立新一家家地入户了解情况,做思想工作,6年来共入户2400多次,几乎每天都和大伙儿在一起。在村党支部过了3个小年、3个元宵节。

孙立新入户有三大法宝:天亮出发、晌午进门、天黑唠嗑。"入户不能耽误大伙儿干活,村里人只有早午晚在家。"

公平、公开,这是村民对这位"第一书记"的普遍印象。一切按照规矩来,是孙立新的原则。谁最穷先帮谁,谁有困难多扶谁。时间久了,这位在村里没一点儿关系、总搭钱搭物、啥事都交代得明明白白的书记,让大伙儿信服。光信自己还不行,最重要的是信党支部。孙立新建立了"党支部+合作社+建档立卡贫困户"扶贫项目模式取得成效并在全县推广,还因此获得了省五一劳动奖章。动员村党支部成员用自家房产抵押贷款,参与建立养牛专业合作社。看见村干部都投了钱,贫困户也踊跃参与,如今该项目已带动54人脱贫。

有了值得信任的领头羊,二间楼村的人心聚成了"一团火",齐心合力奔小康。

让理论"过河到岸"

白云点缀天空,一阵微风吹过,鲜红色的党旗舒展飘扬。7月1日,阜新蒙古族自治县化石戈镇坤头沟村文化广场上,一堂题为"夯筑基石,永固初心"的党课正在进行。

"马书记,成天总听人说'小康',啥叫'小康'?"

"'小康'是个大概念,用身边人的收入衡量就是,咱村的建档立卡贫困户都实现脱贫致富了,已经脱贫人口的人均收入都在9000元以上。收入不是唯一标准。咱村越来越多的人文化水平在提高,文化生活进一步丰富,居住条件明显改善,这些都是步入小康生活的条件。"

"马书记,再解释解释,什么是'不忘初心、牢记使命'?"

"初心,就是做某件事最初的愿望、最初的信念。党的十九大报告中,

▲ 孙绪奇（右） 抚顺市档案馆驻抚顺市新宾满族自治县上夹河镇河西村扶贫工作队队长兼"第一书记"

心里话
XINLIHUA

  2018年2月，我受组织选派，驻新宾县上夹河镇河西村。从驻村的第一天起，我就始终牢记"抓党建、促脱贫"的责任和使命。协助村党支部书记抓好"三会一课"，组织党员开展义务劳动，开展"党员亮身份"活动等，党组织的战斗力、凝聚力得到提升，党员的荣誉感和责任心也大幅提高。如今，在党组织的带动下，村民思想转变，梅花鹿养殖、家庭农场等产业项目上马见效，随着产业结构的调整，村民的收入也提高了。2020年54户建档立卡贫困户135人全部达到稳定脱贫标准。说句心里话，从城市到乡村，组织选派了我，历史选择了我。我定不会辜负信任，奉献热血，无怨无悔。

指明了共产党人的初心使命,就是'为中国人民谋幸福,为中华民族谋复兴'。这就要求,共产党人要坚持全心全意为人民服务的根本宗旨,不断带领人民创造更加幸福美好的生活。"

党课上的这几段对话,提问出于当地村民,回答来自"第一书记"。如今在坤头沟村,类似的对话时时发生,"第一书记"马国柱的"乡村党课",已经成了当地村民的"精神大餐"。

转变始于2018年。

那一年,从省广播电视局初到坤头沟村时,马国柱发现了村里党建工作存在的问题——"人在党,思想不在党"。

意识到基层党建工作的重要性,马国柱将加强村"两委"班子建设作为扶贫工作的头等大事,将理论宣讲作为"必选动作"。

"实"的内容、"活"的方式、"鲜"的语言,契合了接地气、沾泥土、带露珠的百姓需求,让群众在听的时候不开小差,记得住、记得牢,成为马国柱宣讲的鲜明特点。

翠绿一片的南韩椒田地里,马国柱与村民们聊起了乡村振兴:"啥是振兴,就是既富裕又强大,扔掉落后的东西,把能挣钱的产业做起来。比如你家这块地种着这么多南韩椒,再养几头牛,多一笔收入,这都是乡村振兴的方法。"

"很多平时听得云里雾里的词儿,马书记一讲,我们就能听进去。"村民冷铁峰说。

"第一书记"带来的明显改变,村党支部书记李文辉看在眼里。"不少村民已经从最初对国家政策的不甚了解,转变为现在主动学习中央的方针路线。在马书记与村'两委'的共同努力下,村里的党建工作有了长足的进步。去年村党支部被评为县级'五星支部',就是证明。"李文辉说,在党建工作的引领和推动下,村里的产业发展空间正在逐步拓展,村民的腰包也鼓了起来。

过去是"后进",现在有"后劲"

别看张学龙长得魁梧高大,可在昌图县亮中桥镇八棵村,村民们都亲昵

▲ 刘宏志（中）　中国南方航空公司北方分公司驻葫芦岛兴城市郭家镇孙家村工作队队长

心里话
XINLIHUA

我是在 2016 年 3 月开始定点帮扶工作的。几年来，我和工作队的队友们一起，经常与村干部及党员同志交流思想，了解贫困户的需求和想法。我觉得，要想让群众脱贫，必须让建档立卡贫困户的心热起来、手动起来，让他们完成思想上的转变。为此，我们常邀请公司党支部到孙家村开展主题党日活动，同时，村"两委"干部及部分村民代表也受邀到公司开展党支部共建活动等。各项学习活动让村民们对幸福生活充满憧憬，脱贫意愿也很强烈，参加公司支持的帮扶项目的劳动热情也高涨起来。2018 年，孙家村实现了贫困村销号，2019 年，实现整村脱贫。

地喊他"小书记"。

"听起来亲近。"7月24日，村民娄海珍一边让张学龙帮着看看自己试种的蓝莓长势，一边解释着这个称呼的来历，"和咱村别的干部比，他人年轻，待人又亲，有啥事俺们都爱找他给拿主意。"

张学龙原本是辽勤集团下属的友谊宾馆前厅接待部主管，2018年5月，38岁的他来到八棵村任"第一书记"。

初到乡村，"七个党员八颗牙，一次开会来俩仨"等党建基础薄弱现状让他有些难过，"好政策不能有效落实，好措施难以有力度地推进"的现实让张学龙下了决心：加强村党组织建设，引领村民走向幸福生活。

"挨家走一遍，挨户问困难"，向村里老党员了解村内情况，学会"赶雨不赶晚"等农村工作经验，两年多来，他走遍了全村5个自然屯、9个村民小组的526户人家，更成为30个建档立卡贫困户、39个低保户家庭的常客。

问题摸清，工作有的放矢，"实在人"的作风赢得了尊重和信任，村里的党建工作也走上正轨。召开组织生活会，民主评议党员，举办党日活动，与党员谈心谈话……现在每次党组织召集活动，在家的党员全数参与，"学习全国各地的脱贫经验，研究致富办法，大伙儿在一起就爱合计事儿。"村会计冯勇说。

人心齐，泰山移。党员干部的作风上来了，村里的各项工作也开展得有声有色。八棵村的水质好，出产的高粱、大豆、玉米品质也高。早在清朝光绪年间，这些"双优"特色，就让当地的干豆腐生产和酿酒工艺远近闻名。同时，满地的溜达鸡、散养的大白鹅、冬日里的黏豆包也在当地响当当地"挺有号"。在集团的支持下，张学龙打开多种渠道，把这些"随处可见的宝贝"推介到市场上。不仅如此，他还结合各家实际情况，带着大伙儿在自留地种植经济作物，丰富村民收入路径。

"以前，分散在各家的特产，产量低，运输成本高，卖不上价。自打小书记来了，咱这穷村随处可见的宝就值了大钱。"冯勇说。

村里的致富前景，也吸引了一些游子"回巢"。去年11月，1992年出生的王刚带着在外打拼几年积攒的资本和人脉回家，在村集体的支持下，成立了农副产品销售公司。年初，张学龙和王刚带着村民参加在沈阳举办的年货大集，村里的干豆腐摊位前客流不断，16天的时间，每人净挣4500元。春节前，他们又拉上一大卡车农副产品，来到沈阳几家高端酒店售卖，原本预计两天售完的货品，两个小时便全部售罄。

如今，八棵村这个带动近百名村民参与的农副产品销售产业链粗具规模，已见效益。

"致富路上的每一次进步，都离不开村党组织的支持。"近日，王刚再次提交了入党申请书，他说，"我希望自己今后能成长为像小书记那样的党员，带领大家走向幸福。"

驻·悟
ZHU · WU

帮钱帮物，不如建个好支部

"农村要发展，农民要致富，关键靠党支部。"当前，脱贫攻坚已经进入攻坚拔寨的收官期，要攻克最后的堡垒，必须要进一步夯实脱贫攻坚的党建基础，全面激发基层发展建设的内生动力。

作为驻村"第一书记"，就抓党建促脱贫工作，笔者与村党支部进行过无数次的交流商讨。在大量的实践经验基础上，我们总结出三条六字"秘诀"：精准、联动、执行。

认识困难，贵在精准。只有瞄准目标，才能出拳有力，落在实处，扶贫工作更是如此。东北老话讲，"人上一百，形形色色"，建档立卡贫困户的致贫原因、脱贫路径也不尽相同。因此，不精不准的错位扶贫，不仅浪费了帮扶资源，还会延误了脱贫先机。

为此，村党支部必须棋先一步，组织帮扶干部、村干部、贫困户等共同建立帮扶责任体系，将帮扶的内容列清单、明步骤，可操作。同时，坚持党内各项例会制度，作为政策执行的保障，把任务和责任落实在一线、明确到具体人，摒弃"干和不干一个样、干好干坏一个样"的现象。

处置困难，重在联动。"独木不成林，握指才成拳"的道理，大家都懂。

扶贫路上，荆棘险阻，在所难免。此时，"各吹各的号，各唱各的调"显然会对脱贫攻坚工作带来极大的制约，而村党支部成员坚持团结，坚持各项工作联动前行则十分关键。

不言而喻，联动须在强有力的统筹指挥前提下展开，如何突出重点、多线兼顾，如何分类指导、分户施策，如何处理好局部和全局的关系，这些也是对党支部建设力度、党支部工作能力的考验。

破解困难，强在执行。再好的政策也需要人落实，再优的措施也要有人管理，强执行更需要村党支部找到破题的"金钥匙"。

"金钥匙"须通过村级党组织较强的战斗力打磨，这就要求"第一书记"、驻村干部主动参与贫困村党组织建设，规范"三会一课"制度，形成党支部带领、党支部书记带头、党员带动"三带"格局；"金钥匙"须依靠党组织有实力的引导力打磨，须在实施"党建+"合作社、电商、党员中心户、龙头企业等模式，以及建设"党员示范基地""党员样板产业""党员创新项目"等系列工程中，为贫困群众出点子、找路子、谋措施，激发他们的内生动力。

"帮钱帮物，不如建个好党支部。"几年来，我省基层党组织通过加强党建工作，引领脱贫攻坚工作取得成绩，不仅获得上级肯定，也得到许多走出贫困阴影的百姓的赞扬。他们的赞扬，就是对我们驻村干部的最大肯定。

智 授人以渔
从"头"开始

提示
TI SHI

扶贫必扶智。扶知识、扶技术、扶思路，是帮助和指导贫困群众提升脱贫能力的长效机制。

弱鸟可望先飞，至贫可能先富。但能否实现"先飞""先富"，关键要看人们脑子里是否有意识、有想法，靠自身努力、优势等在特定领域起飞，弥补"先天不足"。而为"盼飞者"输送智力，授之以渔，是助其从根本上摆脱贫困的关键。

脱贫攻坚的号角吹响以来，我省选派干部驻乡镇、到山村，让有想法、有办法、有方法的人们，于村屯把脉，于地头问诊，挖穷根，找出路，形成智随人走、人因智变的良性循环。以此，为产业赋能，助腰包丰满。随着农业新产业、新技术、新模式在乡间扎根，拓宽了农民的视野，燃起了他们"战贫"的斗志和决心。思想一变天地宽。看，脱贫攻坚主战场上，贫者们的造血机能在日臻完善。

创新思路，产业升级

正值伏季，岫岩满族自治县杨家堡镇团山子村，种植大户赵广宇家的大棚内，食用菌长势正旺。

"往年这个时候，正是食用菌'歇伏'的时候，自从张书记到咱们镇上后，帮大伙儿改进了管理和种植模式，伏季照样出菇，经济效益提升了20%多！"赵广宇说。

赵广宇口中的张书记，是省农科院驻岫岩县杨家堡镇第一副书记张季军。在他成为驻镇干部前，已是省农科院驻岫岩县科技扶贫队的队长。

"要用我的专业，让当地的食用菌生产提质、扩面，让更多农户走上'科技菌'种植之路。"张季军确定了目标，开始行动。

杨家堡镇，位于岫岩县南端，这个纯农业镇，以玉米大田种植为主。"靠天吃饭"，日子艰难。而已有的食用菌种植模式，因科技含量不足，效益受限。

如何让先进的食用菌种植技术更快更好地推广，张季军在摸清全镇食用菌现有种植规模的基础上，从针对现有种植模式的痛点入手，开启了典型示范模式。

优化栽培模式。"以前，岫岩食用菌种植，大多是'地摆袋'。顾名思义，将菌包一袋袋摆在地上。这样进行管理时，不仅人力消耗大，且贴在地面上的菌包，因湿度大，导致优质菇率低。同时，棚内的种植空间利用率不高。"张季军说，而在食用菌种植的发达地区，早已推广成架栽培模式。于是，他带领当地种植大户外出考察，用先进地区的成熟经验当教材，推动岫岩成架香菇的发展。

"土地利用率提升100%，劳动量减少20%，优质菇率提高30%，实实在在的效益看得见。"最先尝到甜头的赵广宇等种植大户，当上了成架菇栽培免费宣传员。如今当地成架菇栽培规模已达到60多万袋。

重磅接连来袭。

推广成架栽培的同时，张季军还针对食用菌伏季不出菇这一业界难题，进行了"革命性"破题。

"每年气温高时，也是食用菌价格的峰值期，有多少都不愁卖。冬季时延长出菇期，能提高转化率增加产量。"张季军说，如何抓好时间窗口期，实现食用菌伏季出菇，并延长冬季出菇时间，是提升种植效益的关键。

于是，双层棚模式开始应用。"夏季再上一层棚架，层间距50厘米以上，覆盖遮阳网，使棚温降低5℃至8℃，保证了食用菌安全越夏，正常出菇；冬季将外层棚架覆盖塑料膜，保温效果明显，出菇期可延长到12月末，较单层棚产量提高15%。"张季军说。

"困扰了我们大半辈子的难题，张书记一来就给解决了。"赵广宇连连竖起大拇指，学到了新技术，杨家堡镇乡亲吃饭的本事更大了。

升级了一方产业，带动了一方就业。当地食用菌大棚的增多，给贫困户提供了更多家门口就业的机会。在杨家堡镇兴开岭村食用菌基地，贫困户赵金的儿子赵云鹏已实现稳定就业。"一个月收入3500元左右，活儿不累，日子越来越有希望了。"赵云鹏说。

小小的食用菌，鼓了杨家堡镇乡亲们的腰包。行走于当地，明年还要继续扩大种植规模的声音不绝于耳。

技术到户，增收在望

"站在这里，你一眼就能看出农大的稻子与其他稻子不一样，有专家技术支持，我们这心稳当。"7月28日，铁岭市昌图县通江口镇孤榆树村的田

▲ 王久波（左）辽宁省农业发展服务中心
驻阜新市阜新蒙古族自治县十家子镇南甸子村"第一书记"

心里话
XINLIHUA

刚驻村时，我对66户贫困户挨家走访，看着每一位因不同原因致贫的村民，我心里总是酸酸的，感觉乡村振兴任重道远，更感觉驻村"第一书记"责任重大。我下定决心，这个担子，不管有多重，都要把它挑起来，让村民过上好日子。两年来，我带领村"两委"班子凝心聚力搞发展，几乎每天都会面对各种挑战和新问题。当然，村里也有了变化：桥梁修了，村路通了，村部装修了，广场扩建了，自来水入户了，产业基地建好了，村民腰包鼓了，秧歌扭起来了……忙碌而辛苦，却让我无比充实快乐。现在回过头来想一想，作为驻村"第一书记"，能多为百姓办些事情，是我的荣幸。驻村工作剩下一年时间，我将继续扎根基层，日夜兼程，为脱贫攻坚贡献力量。

埂上，种植大户付宏友难掩兴奋地说。

尽管种了几十年水稻，付宏友自认为是种稻的老把式，但沈阳农业大学驻村帮扶带来新品种和新技术后，他真服气了。

2018年11月，沈阳农大的吴丙功、吕涛、赵凤义三位同志被选派到孤榆树村驻村工作。在详细调研当地的自然条件、产业基础后，他们决定在水稻种植这个老传统上做好新文章。

"通江口位于北纬42°，是玉米等粮食作物的黄金种植带，由于这地方水稻生长期短，昼夜温差大，产量增收机会不大，只能重点提升品质。"吴丙功说。

2019年春，吴丙功协调免费提供沈阳农大水稻专家培育的优良水稻品种，在村里开展"沈阳农大优质水稻新品种示范种植项目"，示范种植230亩，给予日常技术管理支持。同时，工作队积极联合社会资本打造推广商业品牌，当年水稻收购价格比当地市价每斤高0.2元至0.3元，亩增收260元左右。

今春，村民周立友迫不及待地加入水稻示范种植。他掰起手指给记者算账："我家100亩水田，稻种一年能节省5000元左右，订单收购能增收2万多元。"

周立友最看重的是农大水稻专家的实力支持。今年7月初，周立友发现田里稻叶出现黄尖，紧急视频求助水稻专家，经诊断是高温引起的自然反应，按比例施洒"三环唑"，没几天就真见效了。"过去我们都是自己按经验来，如今有专家给我们开方子了。"周立友说。

前不久，驻村工作队再一次让当地村民大开眼界。原来，农户的示范田里出现二化螟病虫害，工作队协调来无人机生态治虫，按每亩5丸赤眼蜂投放。"每丸有蜂卵1万余个，孵化后的赤眼蜂以二化螟为食，起到生态种植的目的。"吴丙功说。

全程目睹无人机治虫害，种植大户谷艳明坦言科技力量强大："以前遇到这种情况，我们就是下田打药，虽然药钱不多，但人工消耗不起，稻叶划皮肤忒遭罪。"

今年，孤榆树村的沈阳农大水稻示范基地扩大至500亩，"公司+村（合

▲ 杨敬贤（左）省信息中心
驻丹东东港市菩萨庙镇祝家沟村"第一书记"

心里话
XINLIHUA

　　乡村振兴，产业先行。2018年来到祝家沟村，我通过实地走访调研，摸清了村里的产业基础状况，确定了走结构调整、发展特色产业之路的主攻方向。两年来，我帮助村里引进了"锦稻109"等十余个知名品种，协助村民选择"烟薯25"地瓜品种，并在丘陵旱田试验种植，实现产业新突破，同时大力推行"富硒+农业"的新模式，让村里单位土地面积上的产出再提升。村里的工作，没啥大事儿，却也都是大事儿，连着每个小家，关乎民生福祉。为了让百姓更加便捷地出行，我与村民群众投入义务劳动，让昔日坑洼不平的泥泞小道变成平坦顺畅的致富路、幸福路。

作社）+农户"产供销一体化的模式逐步成型。吴丙功说："水稻还有精深发展空间，比如认养、酿酒等，希望我们能为这里留下一条成熟的发展路子。"

用心浇灌明日之花

"王叔叔，我给你背诵一段古诗词吧，看我进步没。"

7月30日，葫芦岛市南票区黄土坎乡上松树沟村驻村"第一书记"王靖文刚走进朱雪萌家的小院，朱雪萌就忙着把他领到自己的新书桌前，从架上抽出书本，让王靖文考考她。

"以前，孩子趴在炕上做作业，写一会就累得揉眼睛。自打王书记给咱家送来书桌，她见天看书都不喊累。"看着女儿开心的样子，朱雪萌的妈妈在一旁不住地说着感谢话。

为"朱雪萌们"赠送书桌，仅是几年来王靖文为改善村里的教育条件所做的工作之一。

上松树沟村曾是省级贫困村，经济弱、底子薄。2017年4月，29岁的王靖文离开省公安厅警务督察总队的工作岗位，来此地驻村工作时，村里的贫困，尤其是教育资源的缺乏让他深感忧虑，"当时，走遍全村，买不到一支笔。"

"要想从根本上改变山村贫穷落后的局面，必须让村里的孩子们接受更多的教育，阻断贫困的代际传递。"立下此志，王靖文和驻村工作队的战友们一起，在致力村基础设施建设、开展产业扶贫、注重结对帮扶的同时，还把更多的精力，投向教育扶贫。2019年5月，王靖文成为省公安厅驻村工作队长、驻上松树沟村"第一书记"后，扶贫扶智的信念更加坚定。

村里的孩子大多在黄土坎乡中心小学就读，为了让孩子们有个好的学习环境，他带领工作队员多方努力，先后与南京中脉集团、中国福利基金会和社会爱心人士达成投资、捐赠意向，向雨天泥泞的操场、低矮的教室、陈旧的基础设施、落后的教学方式"宣战"。

粉刷围墙、整治操场、翻盖厕所、栽种花草树木；学校开通了美术兴趣学习班，迈出探索特色教学的第一步，乡下的孩子对着石膏像画起了素描；

▲ 吴昊　省现代农业生产基地建设工程中心驻沈阳新民市红旗乡扶贫工作人员

心里话

XINLIHUA

———

作为一名驻乡扶贫干部，我深刻体会到了基层工作的艰辛，同时也感受到了基层工作的重要性。驻乡以来，通过走访贫困户，我更深入地体会了精准扶贫的重要意义和实际作用。贫有百样，困有千种，因户施策即为"精准"。目前，红旗乡所有贫困户均已实现脱贫，我下一步的工作重点是让贫困户不返贫。要通过发展产业项目，建立长效造血机制，为村集体经济壮大提供动力。我们乡里的王岗村，西芹产业有一定规模，下一步我将协调企业在王岗村投资建设冷库，完善西芹产业链，让村民富在"链"上。

疫情期间，微信朋友圈里一则"一元捐，圆山村孩子的学习桌梦"的号召，24小时内127笔善款11858元资金到位，20名品学兼优的孩子有了自己的新书桌、护眼灯；去年6月22日开始，全校师生吃上了"免费的午餐"……

"从前，这是没人来的南墙根，现在成了学生课间的最爱。"站在柳荫下，拍打着体育健身器材，看着焕然一新的校园，副校长刘海堂很激动，他说："改变的，不仅是校园环境，孩子们也变得更加追求美好，努力向上，今年，我们学校学生全部以优异的成绩升入中学。"

闻听此言，王靖文欣慰地笑了。

驻·悟
ZHU·WU

智慧与智惠

"老师讲得可真好！能再来不？"作为驻村干部，笔者连续三年邀请省农科院专家，到村里举办"农业科技大讲堂"。每次课后，总有老乡问起这个问题。"挺管用、很解渴，希望能常来。"朴实的话语中，笔者感受到乡亲们对活动的欢迎和期待。

随着脱贫攻坚的稳步推进，"两不愁三保障"问题得到解决，但稳得住、巩固好，并非易事。办法无他，唯有极大地丰富农民的脑袋，进而惠及农业产业发展，让大家的口袋愈发富足。

贫困地区群众的脱贫，主要通过外出务工和本地生产实现。就业和产业，是提升自主脱贫能力、确保增收可持续的关键。

土地是农民安身立命的"命根子"，人才和技术则是撑起农业产业发展的"台柱子"。诚然，几年来鼓点紧密的脱贫攻坚，形成了一种倒逼机制。贫困地区根据本地资源禀赋和产业基础，用好扶贫政策，在相关单位的帮扶下，陆续形成了有一定规模和影响力、带动力的扶贫特色产业，但距离农业生产的机械化、规模化、集约化，还有很长的路要走。

农村天地广阔，到处是充满希望的田野。要不断巩固脱贫攻坚成果，必须在"扶志"和"扶智"上持续发力。后脱贫时代的"扶志",是彻底拔掉贫困的"根",让大家知道只有干才有希望。后脱贫时代的"扶智",则是栽下富裕的"苗",让农民知道该如何干,更有效率去干,干得更出效益。

给农民以智慧,需要拿出以恒心办恒业的劲头。这要求广大基层尽心尽责,不仅把农村孩子的学习教育做好,更要把农民的技能培训搞好。要把农业科技的培训工作常态化进行,解决好科学技术到田间地头的"最后一公里"。

俯下身子培育智慧农民,同时也是在做实"智惠"农业工作。科研机构要根据市场需求,不断推出创新实用的好技术、新产品,为农民夯实致富的康庄大道。

农业稳则天下安。大有可为的热土上,拥有智慧农民,实现"智惠"农业,机械化操作乐享农事,农业新产业遍地开花,抗风险能力、创新力、竞争力不断增强……那样的场景,想象起来就很美,真正做成会更美。

拴在"链"上 四季增收

牛犊壮了，家底厚了

"老书记，这头牛的毛怎么瞅着不顺溜？"

"还得给它驱驱虫。"

炎夏，薛钊疼爱地抚摸着躲进棚里乘凉的牛儿。解答他疑问的是鲁王杖子村前村党支部书记，如今是朝阳县鲁王杖子畜牧养殖专业合作社理事长、生态肉牛养殖项目技术顾问薛井林。

"以前村集体收入是零，没有胆量干这么大的产业。"望着牛场里 224 头壮实的肉牛，薛井林一脸满足。

鲁王杖子村是全省最后一批脱贫摘帽的贫困村之一。2018 年 3 月，薛钊来到这里任职。4 个月后，养牛场破土动工。

"没有产业做支撑的脱贫，是打折扣的脱贫，如果我离开时能给村集体留下一份产业，也算我没白来一趟。"这是薛钊建牛场的初衷。

由于薛井林和他的侄子、鲁王杖子村党支部书记薛宏铎有养牛经验，饲养、

提示 TI SHI

产业兴则乡村兴。作为乡村振兴的物质基础，产业兴旺是支撑乡村振兴的源头，更是引领乡村振兴的潮头。

"第一书记"是脱贫致富的"第一责任人"。我省从省、市、县党政机关和企事业单位选派 2 万名以上素质好、懂经济、有经验的干部，分层分批到县乡挂职或担任驻村"第一书记"，就是想让他们打通精准扶贫的"最后一公里"，带领当地群众走出一条脱贫增收的路子。

近年来，一批又一批的"第一书记"聚焦重点、聚集资源、聚合力量，挺起产业"主心骨"，培育项目"动力源"，我省农村创新创业环境不断改善，新产业新业态大量涌现，乡村产业发展取得了积极成效。据统计，自我省大规模选派干部到乡村工作开展以来，全省选派干部共协调筹集资金 105.4 亿元，引进培育致富项目 1.36 万个，为实施乡村振兴战略奠定了坚实基础。

行走于全省各地，我们欣喜地看到："第一书记"脚下沾满泥土，心中装满群众，为乡亲们的幸福和乡村的脱贫致富孜孜不倦地奋斗着，也为乡村振兴注入了新鲜血液和强劲动力。

▲ 姚铁石（左一）省财政厅
驻抚顺市新宾满族自治县永陵镇嘉禾村"第一书记"

心里话
XINLIHUA

　　驻村两年多，为村里做了些实事。这几年，我们牢牢抓住乡村产业发展的契机，将养殖业确定为壮大村集体经济的突破口，并在 2019 年初，争取到永陵镇的首个乡村振兴项目落户嘉禾村。截至目前，已完成全部投资 120 万元，并在去年实现赢利，今年预计实现利润 15 万元。在这个过程中，我的感想就是：作为"第一书记"，也要有"第一担当"。抓好脱贫攻坚、带动农民致富是主业主责，需要把"村"当"家"来看待，来"经营"，切实增强责任意识，持之以恒地在推进脱贫攻坚中举好旗、领好路。

打针、接生样样精通，薛钊便因地制宜地选择了养牛这个产业。

然而，最大的难题是村里没有一分钱。薛钊动员村民时曾说："不能等人雪中送炭，只有干起来了别人才能锦上添花。我们赊账建牛场，众筹来养牛！"

有了薛钊这个主心骨，薛井林与薛宏铎将家里30亩果树林全部砍伐，以土地入股合作社。

薛钊自己拿出12万元，主动做担保人并写进合同，厚着脸皮四处争取资金。两年来，通过社会帮扶、上级专项资金扶持、扶贫资金入股、社会众筹和认养、村民入股等方式，共筹集资金549.85万元。

今年2月，牛场第一批42头肉牛出栏，销售额82万余元，实现为贫困户分红15万元，为村集体分红3万元。预计今年底，牛场可以为村集体分红超过10万元。

"村里家底厚了，以后就有钱修路、打井、买垃圾桶，贫困户还可以在村里就业，不靠分红，也能找到致富路。"薛钊说。

鸭子养殖户李春军感慨道："我曾经是贫困户，能理解薛书记的苦心，村集体有钱了，长远来看，会惠及每个人。"

眼下，薛钊正在忙活村里的散养鸡和饲料加工产业，完善村集体、土地和个人入股合同，建立长效管理机制。

"人走不能茶凉！将来只要村里按照我规划好的路走，一定错不了。"薛钊说。

两社一厂，四台新貌

"你看我们这片儿地长势多好啊，都是自己浇的水。别看今年这么旱，我们村家家户户的地都能浇上水，家家都有收入，不会有返贫户，也不会有新增贫困户。"8月2日，在谈到今年辽西低山丘陵地带的旱情时，锦州市义县瓦子峪镇四台村党支部书记刘玉福底气十足。

刘玉福的底气来自于村中一年多来的变化，来自于发展村集体经济的三个载体——"两社一厂"。

▲ 张宇（左四）鞍山市先进装备制造和新材料产业发展中心
驻鞍山市岫岩满族自治县三家子镇房身村"第一书记"

心里话
XINLIHUA

这几年，我为贫困户家庭做家政服务、为贫困户家庭的孩子补课、为贫困户上门理发，做了一些力所能及的帮助。在他们的笑容与感谢中，我深刻地意识到：只有做好群众的贴心人，才能当好群众的带头人。作为驻村"第一书记"就要怀着对人民群众的深厚感情，做到身真入、心真沉、情真融，多跨群众家的门槛，尤其是要关心关爱留守儿童、空巢老人、残疾人等特殊群体。

去年4月,来自辽宁省现代农业生产基地建设工程中心的刘国权来到四台村,担任驻村"第一书记"。到任之后,他结合村里的实际情况引进了酒高粱种植项目,并拿着订单协助村集体成立了酒高粱产业种植合作社。

流转土地,种下186亩的酒高粱后,刘玉福有了底气,"以前,咱们也想给村民干点实事儿,但是村里没钱,花钱的事就不敢张罗。这高粱种子一下地,上秋后村集体肯定有收入,咱也敢花钱了。"

一片高粱地激发了干事创业的劲头,同时也为发展新产业铺平了道路。

3个月后,刘国权又协调省农业工程中心畜牧部,为四台村引进了辽宁绒山羊产业扶贫项目。

以12只种羊起步,四台村成立了第二个村集体经济组织——义县四台村绒山羊养殖专业合作社。目前,寄养在村民家的种羊已经产下了5只羊羔,合作社也已经完成了用地规划,即将进入扩大养殖规模阶段。

去年11月,刘国权和四台村"两委"班子一起收集散落田间的高粱穗后,与有成熟酿酒技术的企业合作,酿制了1100斤高粱酒。

市场的良好反响,再次坚定了村"两委"班子创业的信心,四台村又与一家民营酿酒企业合作筹建了高粱酒厂。

一年时间,成立种植专业合作社、养殖专业合作社和高粱酒厂,"两社一厂"也初步搭建起了四台村的产业框架。对于"两社一厂"带来的变化,刘玉福感触颇深,"'第一书记'驻村,不仅给村民带来了观念上的变化,还成为村集体经济的发展支点,连通外界的桥梁。以前咱们也有想法,但是村集体没有钱,越没钱越胆小,

▲ 李明哲（右）丹东凤城市住宅专项维修资金管理中心
驻丹东凤城市宝山镇岔路村"第一书记"

心里话
XINLIHUA

　　强化党建"领航"是"第一书记"的"核心职责"，更是衡量"第一书记"能力水平高低的重要指标。
　　近年来，我们开设了田间党课、庭院党课、微信党课等各种新形式的党课，同时，积极探索了党日活动模式，实现党日活动规定动作不走样、自选动作有特色见实效。在我看来，"第一书记"要跳出就党建抓党建的惯性思维，提高思想站位，以抓好党建为引领，建强班子、带好队伍，整合资源、借力发展，进一步摸门道、找窍门，创造性地开展工作。

根本不敢往前迈步。有'第一书记'带来订单、主抓销售,我们越干越有信心。"

村里的这些变化,正是刘国权期待的,他说:"发展'两社一厂'符合村里的实际情况,由村'两委'班子带头操作,这就确保这些项目具有持续性,能长久地发挥作用。"

接下来,刘国权还计划在四台村筹建帮助村民团购农资、打包销售农产品的供销社。"只有村里的带头人提高了经营和管理水平,提高了发展经济的能力,脱贫之后才不会返贫,才能持续向前发展。"刘国权说。

电商下乡,农货出村

8月的沈阳,暑热正盛。几乎每天,于森都在沈阳市和新民市各个相关部门间奔走繁忙,为的是让沈阳电商虚拟产业园尽早落户于新民市兴隆堡镇。

村镇搞电商,动因在哪?

去年11月,于森从省自然资源事务服务中心选派到新民市兴隆堡镇担任镇党委第一副书记。近年来,兴隆堡镇设施农业发展迅猛,拥有3356栋大棚、占地2.5万亩,生产的反季蔬菜、草莓、食用菌等农产品远销多地。

可到了今年,突如其来的新冠肺炎疫情来袭,农产品销售遭遇巨大冲击。眼看着鲜嫩的黄瓜、西红柿等蔬菜无人问津,农民们愁眉紧锁,于森焦虑万分。

苦苦求索之下,电商直播带货成为解决问题的"利器"。

4月29日,于森在镇党委的全力支持下,将兴隆堡镇西高力村的果蔬大棚变为网络直播间,利用沈阳虚拟电商销售平台,以"5G电商+合作社+农户"的模式,与电视台主持人、网络主播搭档,现场讲述沈阳农业大学成果转化基地生产的"艳丽"草莓、富硒麻酱鸡蛋、新民生态大米等当地特色农产品的特点、生产过程、品尝感受等,引发网友的下单热潮,仅仅2个小时就销售了8万余元。

"这种模式为我们当地农产品销售打开了新渠道,农民也可通过电商及时了解市场需求，清楚地里种什么可以赚钱，农业生产由政府引导推广转变为电商和市场引导，形成规模化、标准化种植，促进农民增收。"兴隆堡镇镇长尚德辉说。

这次直播收获好评，也让于淼意识到电商是展现农村新面貌，带动乡村经济、文化旅游发展的新抓手。于是，他积极与已运营5年、带动就业2.7万余人的沈阳电商虚拟产业园沟通，双方商定在电子商务飞地孵化中心共建、合作社农产品高附加值销售、供应链资源对接、电商服务站体系搭建等方面进行合作，为新民招商引资、聚才引智。

"我想通过合作的电商服务站，进行直播技巧培训，培养网红，带动更多的村干部、党员群众参与进来，以'党建+扶贫+品牌+5G电商'的全新模式，打造脱贫致富新引擎，助力全镇乃至新民市的经济高质量发展。"对于兴隆堡镇的未来，于淼信心满满。

驻·悟
ZHU·WU
——

兴产业需借三"力"

两年前，作为选派干部我来到抚顺县海浪乡松树嘴村担任"第一书记"。"两山夹一谷，河水门前过"，松树嘴村山多地少。山上除了原始森林以外，农民们在山腰下种植了一些苹果、梨、葡萄等水果；农田因为沙土地多，农民大多种植玉米、地瓜、花生，自然条件限制了当地农民发展的空间。

到村以后，我会同村"两委"干部开展了实地走访调查，确立了开展林地经济，依托设施农业，带动休闲旅游的总体发展思路。想搞产业发展，必须形成规模，还要有质量，有效益。山是松树嘴村的既有优势，但是多年来农民并没能实现靠山吃山的愿望。苹果、梨、葡萄等水果因为过于普通且产量过剩，农民辛辛苦苦劳作一年，并不能多收入几个钱，而由于这些水果不易储存，浪费现象也很普遍。经过调查研究，松树嘴村党支部立足山上资源，全力打造大流域生态农业，通过加速农村产业结构调整，开发了两个自然屯的万亩大流域，先后改造老果园3000亩，新建果园3000亩，栽植南果梨、苹果梨、尖把梨、南苹梨、金帅李子、秋红李子、寒富苹果、大红杏等品种13万株。平欧杂种大果榛子是当今最好的干果品种，产量高、品质好、营养丰富，村党支部又组织农民栽培2万棵平欧杂种大果榛子，建成了千亩大榛子园，成为省内栽培大果榛子面积最大的基地。这第一个力就是用好自身的资源，发挥自身的实力。

第二个力是借助党委、政府的力。这些年，政府的惠农政策很多，如何用好是个学问。省委组织部对农村发展集体经济有一个200万元的资金投入，前提是你得有好项目。松树嘴村依托设施农业的思路正与此不谋而合。经过努力，村里不到两个月就建起了25栋标准暖棚，争取到了省里资金的扶持。目前，在这25栋暖棚中，种植有草莓、李子、蘑菇、蔬菜等多种农产品，其中草莓、李子由于品质好、无农残，已经成为松树嘴村的拳头产品。暖棚产值去年超过300万元，村集体经济收入超过20万元。

第三个力就是科技之力。借助省农科院的科研力量，松树嘴村冷棚香瓜在已有经验的基础上，通过把黄豆炸熟了再加白糖做底肥的方法，不但增加了香瓜的甜度，还使香瓜吃起来更香更脆。2019年，松树嘴村通过举办香瓜节等活动，使香瓜销售收入比往年增加了60%。松树嘴香瓜不但成了一个品牌，而且带动了当地香瓜产业的全面升级。

发展产业要因地制宜，更要实事求是。像松树嘴村这样的小山村，我们不必要求大而全，也不必要求一村一品，要农民把鸡蛋都放在一个篮子里，是不切实际的。目前，松树嘴村生产的农产品春夏秋冬不重样，一年四季有收获，让农民时时刻刻都有一种获得感，也许这才是农民需要的。

颜值更高 气质更好

提示
TI SHI

每到傍晚，阜新蒙古族自治县阜新镇巴斯营子村的文化广场便热闹非凡，村民们跳舞、打球、健身，歌声、笑声不断。这里俨然成为村民休闲娱乐的最佳场所。

这里过去却是另一番景象。针对村环境脏乱差，村"第一书记"陈刚发动村民启动环境整治，亲自选树种为村里栽树，设计广场，扩建读书室和健身房，还制定村规民约。村民感叹"环境好了，心情都舒畅了"。

近年来，在我省各地实施脱贫攻坚的实践中，"第一书记"们尽己所能、亲力亲为，坚持完善农村基础设施，发展适宜产业助推脱贫攻坚，统筹推进美丽乡村建设，让不少乡村实现华丽转身。

道路硬化、围墙粉刷、垃圾集中处理、栽种花草……环境之美是美丽乡村看得见的变化。不少"第一书记"认为，改善村容村貌，提升人居环境，有助于改变人们的精神面貌，增强村民脱贫致富的底气和信心。

有了"面子"，也要"里子"。依托美丽乡村建设，"第一书记"们有意识地把文明和风尚之美引入农村，着重培育村民树立以务实、守信、崇学、向善为内涵的价值取向，为脱贫后继续实施乡村振兴注入强劲的动力。

身子往下沉，劲头往下使，"第一书记"成为美丽乡村的"工程师"。

鞠书记"操刀"，梯子沟"整容"

雨后，初晴。

从锦州南站出发一路向北，越接近翠岩山，天空越加湛蓝，泥土与花草的芬芳沁人心脾。

山脚下，凌海市温滴楼镇梯子沟村，粉刷一新的文化墙、新修好的柏油马路、村路两旁的花海，一步一景。

"你们来得正是时候，看，咱村的花开得多艳！"锦州市教师进修学院驻梯子沟村"第一书记"鞠野穿着高跟鞋，笑意满满地说。

教师出身的鞠野，在校园里时，高跟鞋、职业装是标配。下乡后，一双平底鞋"打天下"。如今，她又穿起了高跟鞋在村里"走家串户"。

底气，来自于这两年愈加坚实的村内基础设施建设。

梯子沟村，距离城镇较远，交通相对不便，经济欠发达，村容村貌也

▲ **李瑞鹏（左一）**朝阳市建平县林业和草原局
驻朝阳市建平县青松岭乡青松岭村"第一书记"

心里话

XINLIHUA

———

  青松岭村，村如其名。我们这个村，上世纪 50 年代党中央发出"植树造林，绿化祖国"的号召时，大家齐心协力把万亩荒山变成万亩油松林。当时，咱村涌现出像付秀英这样的造林英模。我到村里后，重点抓劳模教育，争取帮扶单位建平县实验高中维修了造林英模荣誉室，请来付秀英讲党课。在脱贫攻坚过程中，我们传承了这种精神引领。针对油松林内野生菌种类繁多，以及当地有发展食用菌产业传统的实际，我们在村里大力发展食用菌产业，将这一"白色产业"发展成农民增收致富的特色产业。

不尽如人意。

"以前，村里只有一条土路，连着6个自然屯，是村民出行的唯一途径。可这条路基础很差，下雨就积水，不穿雨靴寸步难行。那可真是晴天一身土，雨天一身泥。"鞠野说，路不好，人出不去，信息进不来，收菜的货车也不愿意进。好东西运不出村，卖不上价，着实急人。

不仅如此，多年来各家各户都忙着"自扫门前雪"，村里缺乏统一发展规划，村民心态较"散"。

如何让梯子沟村"由内而外"升级、变样，鞠野立足现在、放眼未来为村里做规划。通过对6个自然屯的深入调研，她摸清全村的地理风貌、历史文化、风土人情、农业生产等特点，在此基础上，绘制全村发展蓝图。

鞠野协助村"两委"班子，向上争取美丽乡镇项目建设，村里修上了柏油马路，通上了自来水；用"仁、义、礼、智、信"为村里的每一条街巷命名，并立起了路牌，小乡村越发精致美丽。

村子美了，生活也美了。

今年59岁的刘海泉是村里的建档立卡贫困户，因患病干不了重活儿，日子过得艰难。村里为他提供了清理路面垃圾的公益性岗位，在拓宽其增收途径的同时，也让村容村貌长期保持整洁。"村子更干净更整洁了，我也有了稳定收入，日子一天比一天好！"

"面子"美了，"里子"也厚了。

"锦州之秀在西北，西北之秀在翠岩。我们守着绿水青山，就要用好村里的自然优势，做好生态旅游这篇大文章。"鞠野说，村里已经起草了村旅游开发规划报告，将梯子沟村打造成历史文化与现代元素相融合的特色乡村，在推动本村经济发展的同时，带动农民增加收入。

"我打算把山下这一片都种上牡丹，到时候百花齐放，一定能吸引不少游客前来参观！"鞠野望着远山林海，仿佛看到了未来的热闹。

弃陋习，树新风

营口大石桥市老轿顶山下，黄土岭镇七一村被群山环抱，村民们过着安静祥和的日子。殊不知,两年前来驻村的"第一书记"王鹏在这里刮起一场"风暴",让大家从变味的随礼之风中解脱出来,才有了眼下的"小清新"。

2018年5月,王鹏来村后即和工作队成员一起走家串户访贫问苦。"当时重心还是了解村民的生活状况,帮贫困户想法子,没人说随礼的事儿。"王鹏说。

问题暴露出来,是在一次研究村经济发展的座谈会上。有人偶然提起村民办事随礼的事儿,大家便七言八语讨论开来。王鹏说:"当时可以用震惊来形容,没想到村里随礼风气那么重,名目繁多得闻所未闻,甚至出现'手指房',没在城里买房也要谎称'上楼'收礼。"

户年均随礼超过5000元,全村年随礼金额超过150万元,大部分钱在吃喝和攀比中浪费掉;随礼名目多达11种……一番调研下来,王鹏决定在村里推行"移风易俗"。

几十年形成的陋俗,说改就能改吗?村民们也在观望。往年,村民王福友种20亩玉米,去掉种子、化肥等成本,每年能剩七八千元钱,可每年花在随礼上的钱都要超过万元。"很多礼不是心甘情愿也得去随,怕别人背后指点。当时没觉得年纪轻轻的王书记能把这事办成。"

经过村民代表大会、党员大会讨论并统一思想,2018年7月26日,七一村的《禁止操办待客收礼随礼的村规民约》正式颁布。颁布的前一天,村里每户居民都"签名画押"。

村规民约禁止了除红白喜事之外的随礼,甚至不允许村民去外村随礼。村里还成立了监督委员会,明确各成员的工作职责,并接受村民投诉和线索举报。可刚过一个月,八组一户村民抱上孙子,有意办满月酒收礼。王鹏上门反复做工作,对方才终于同意放弃了办酒席的想法。次年3月,针对村民办红白喜事招待卷烟的习俗,村里再出"新规",要求一律取消招待卷烟的行为,仅此一项可为操办者节省2000元至5000元不等。

"两年多来,村里无一例违规办事随礼。虽然该规定没能给村民带来直接收益,但减少支出也是增收。"七一村在大石桥市率先禁止红白喜事之外的大操大办,其做法对其他乡镇也起到了带动作用。

如今,七一村大力发展香菇产业,建起100余栋大棚以及香菇周转箱加

▲ 石云峰　大连海洋大学
　　驻营口盖州市梁屯镇太平山村"第一书记"

心里话

XINLIHUA
———

　　驻村工作两年多来，我切身感受到发展产业在发展中消除贫困的重要性。可以说，发展产业占据着脱贫攻坚和乡村振兴战略中的支柱地位，我对两项工作认识深刻：一是敢于担当，引进产业，再有强大科研团队成熟技术的支撑，根据当地资源禀赋和市场需要，把贫困户的生产和经营植入产业发展增值链条，把产业规模做大，把产品做强；二是推进市场对接，任何产业项目，最终都是以产品是否被市场接受为检验标准，甚至销售渠道决定着整个产业项目的成败。所以，发展产业的同时要注重结合当地特色开发市场。

▲ **尹波** 省机关事务管理局
驻鞍山市岫岩满族自治县哨子河乡振江村"第一书记"

心里话

XINLIHUA

农村是个大舞台，如何登台演出，如何扮演角色，这是非常重要的必修课。扶贫两年零五个月，我一直在思考，我能为这里做些什么，能为他们留下什么？但真正的答案，终将落实在行动中，去帮助农村实现改变，写在百姓的心里。其实，每位"第一书记"都应履行帮扶责任和义务，坚持真扶贫，扶真贫；真办事，办真事，把为群众服务和解决难题作为最大的政绩，我相信只要这样做，困难群众由苦变甜的过程就会加速，脱贫的进程就会加快，困难群众的获得感、幸福感也会增强。全面打赢脱贫攻坚战的目标就要在今年实现，作为参与者、亲历者，我为自己有这段人生经历而自豪。

工厂，村民不再被烦琐的人情往来所累，一门心思谋发展。

文化广场上的歌声

8月3日晚的一场急降雨，丝毫未影响本溪满族自治县草河口镇茬草村的男女老少睡安稳觉，因为村里新建的河堤正派上用场。河畅、水清、堤固、岸绿、山高，第二天一大早，站在村里新铺的柏油路上驻足远望，好一幅乡村美景图。

这番美景，得益于周祥4年前下决心用环境治理来描绘美丽乡村画卷。

地处辽东腹地大山深处的茬草村是省级贫困村，2016年，从省水利水电勘测设计研究院有限责任公司初到此地的周祥，被这里绿山环抱的环境深深吸引。可后来发现，虽有这样一个漂亮"坯子"，环境问题却成了村里人的愁心事。

"以前河床淤积严重，池塘里浮着塑料袋，入村的路坑坑洼洼，有些房子出现了裂缝，甚至村里连一个垃圾桶都没有……"村民王梓对记者说。

要建设"美丽乡村"，就要从这些"烫手山芋"入手。4年来，带着"周队长"印记的工程陆续建设起来。

先后投入资金468万元用于"美丽乡村"建设，安装太阳能路灯115盏，建设垃圾投放点40个，修建村组路2000多米，修缮排水沟渠、疏通农田沟渠、旱厕改造、安装路沿石、粉刷街道墙体、栽种观赏树木；发挥公司水利设计专业特长实施"人畜饮水工程"和"河堤治理工程"，修建河堤1432米、供水管线9288米、入户管线1.25万米，解决村五、六、七组人畜饮水安全问题……一串串数字、一项项举措，使茬草村实现了蝶变。

80岁的老党员孟凡清感慨地说："刚开始，我以为村里的党员干部在做面子工程，可'周队长'日复一日地这样干，让我实实在在地感受到了他的诚意，也看到了村里的大变化……"

既要富口袋，又要富脑袋。党的十九大报告指出，满足人民过上美好生活的新期待，必须提供丰富的精神食粮。

2017年初，在对村庄深入调研的基础上，周祥发现村民的文化生活相对匮乏，村里没有可供娱乐休闲的场所，为此他多渠道筹集资金，帮助村里修建文化广场。就这样，安装体育健身器材、购置音响设备……苊草村的好事一件接着一件。

如今，每到晚上7点左右，村文化广场上就会有几十名村民伴随着动感的音乐跳起广场舞，儿童在旁边追逐嬉戏，歌声、笑声不断。"原来村里没有文化广场，没有路灯，天一黑就没人出门了。现在有了文化广场，村里晚上也热闹起来了，有时候还会有戏曲演出、广场舞大赛、趣味运动会，好不热闹。"村民李生洪回忆道。

"美丽乡村建设就像给自己家装修一样，要搞得漂漂亮亮，因为我把自己当成这个村的人，这儿就是我的第二故乡。"周祥说。

驻·悟
ZHU·WU

美丽乡村要"内外兼修"

正是盛夏好时节，走入翠岩镇牤牛屯村，环境整洁，鸟语花香，村中心5米多高的党徽在阳光的照射下熠熠生辉。乡亲们精神抖擞，让人体会到乡村之美。

笔者作为扶贫干部，在牤牛屯村美丽乡村的建设过程中，深深感受到美丽乡村不只需要外在美丽，还要从保护生态环境、发展产业经济入手，为美丽乡村注入源源动力，让乡村之美可持续。

党的十九大报告提出实施乡村振兴战略，并描绘了"产业兴旺、生态宜居、乡风文明、治理有效、生活富裕"的美好蓝图。让乡村成为生态宜居的美丽家园，是实现乡村振兴、建设美丽中国的重要举措。

近年来，牤牛屯村依靠良好的生态环境以及红色旅游资源，被评为中国红色旅游经典景区、第一批全国乡村旅游重点村、全国爱国主义教育示范基地先进单位。这个村仅2019年就接待全国各地党员干部30多万人次，旅游年收入达534万元。

牤牛屯村的样本启示我们，建设美丽乡村，保护生态环境是基本前提。良好的生态环境是人和社会持续发展的基础，美丽乡村的建设必须根植于优良的生态环境之上。

生态兴则文明兴，生态衰则文明衰。事实证明，只有树立起"咬住问题不放松"的鲜明导向，敢于动真碰硬才能找准问题，解决问题，同时，落实制度成为生态环境保护刚性的约束和不可触碰的高压线，让"绿水青山就是金山银山"的生态文明理念成为社会共识。

美丽乡村不能只有村庄美，百姓的生活也要美。发展产业经济是百姓生活奔小康的稳固支撑。

这些年来，很多贫困地区把产业扶贫当作脱贫基础工作，下了很大功夫，实现了村村有主导产业，户户有增收项目。但扶贫产业毕竟是产业，要遵循产业规律和市场规律。

逆水行舟，不进则退。农村产业只有面向市场，把粗放经营向"高标准、高质量、互联网"等方面转型升级，依托地方特色，立足资源禀赋，美丽乡村发展才能后劲儿十足。

美丽乡村建设，"外在美"只是第一步，以产业升级增强农村造血功能才是根本。既要有生态环境优良的"美丽于形"，还要有生产、生活的"富足于内"，美丽乡村才能真正"内外兼修"。

 # 付出真心
收获感动

站好职业生涯最后一班岗

提示 TI SHI

7月27日,西丰县营厂满族乡松岭村,刚进老支书刘兴江家门,院里一条大狗就汪汪地叫起来,驻村"第一书记"梁好友走过去,摸摸它的头,大狗立刻安静下来,像见到主人一样亲昵。"我总来吃饭,老给它好吃的,跟我可好了。"梁好友笑着说。

"从2018年3月来到松岭村,梁好友便成了老支书家的常客。"刘兴江介绍,即使他现在不干支书了,梁好友也总来。这个驻村"第一书记"不嫌农村条件艰苦,吃住在村里,几个礼拜也不回趟家,出勤率比他这个坐地户还高。

"梁书记来的这两年,新建了村部,修了水泥路,通了自来水,村里的基础建设基本都给解决了!"在刘兴江眼中梁好友可是村里的福将。

过去的村部啥样?"我打了19年更,跳了19年窗。"村里的打更人、82岁的

"第一书记",第一担当,情洒热土,业筑田间。从"客人"到"主人"再到"亲人",全省2万多名"第一书记"已成为千乡万村的主心骨。

情感之花的盛开源自汗水、泪水的浇灌。多少"第一书记"的春节与村民共度,一个多月未进家门却走访贫困户近百户次,帮老乡就医自己却病倒在桌案旁,掏自己腰包为村里置办家当……

沉下去、住下来。"身入"更"心入",同吃、同住、同劳动中,了解老乡的疾苦、倾听老乡的心声、解决老乡的困难。走在前、干在先。积极发挥帮带作用,出主意、找项目、帮技术,不断提升贫困村可持续发展的能力,在真抓实干中引领农民勤劳致富奔小康。

2019年,全省"第一书记"共帮助乡村修建农田水利设施项目6900余个、村路1.8万公里,帮助村集体增加收入4亿余元。

疫情期间,"第一书记"们带头参与卡点值守30.9万人次、入户排查104.5万户次;累计筹措防疫物资90.3万件;走访慰问贫困户、五保户等6.1万人次,个人出资购买生活用品和防疫物资10.6万件;帮助12.2万户、2000个农民合作社,销售农产品1.5万吨;帮助乡村企业解决用工、原料配送等问题5000余个,推动9000多家企业复工复产。

▲ 王连顺（右一）大连海洋大学
驻朝阳市朝阳县胜利镇于杖子村"第一书记"

心里话
XINLIHUA

———

　　从一名大学专业技术老师转变为基层贫困农村"第一书记"，从大城市来到贫困落后的小山村，常年研究海洋水产的我，在这山沟沟里能干什么？思考再三，技术仍是看家本事。我利用微生物及富硒养殖技术，指导村民研发出了富硒鸡蛋，价格翻倍不说，产蛋率还提高了8%。我又带领村民开展了富硒谷子、富硒水果玉米等特色种植、养殖项目。老百姓看到了实惠，就能动起来，产业就能发展起来，大家就能脱贫致富。

沈宝库告诉记者，老村部原是废弃小学校舍中的一间，破旧不堪，吃水也只有一眼压井，前面是山，后面是屯，进出就得跳窗户。

办公桌就在靠窗的位置，棚顶用一根木棍支撑，开关门时棚都掉"渣子"，平时村部根本没人来，基本就是锁头看家。梁好友驻村第一件事就是重建村部，在他多方协调下新村部在当年6月21日动工了。

在交通厅公路管理局工作，当兵时任过营房股长，专业是土木工程设计施工管理，梁好友的这些经历在驻村工作中有了用武之地。他检查工程质量，跟施工队沟通，仅两个月，300多平方米的新村部建成，还建了2000平方米的文化广场，过去的贫困村一下有了精气神。

建完村部，接着修路，引自来水。"咱村真是好福气，来了好书记！"梁好友干出的点点滴滴村民们看在眼里，记在心上。无论是村干部还是贫困户提起他都赞不绝口。

70多岁的建档立卡贫困户李廷义坐在刚搬进的新房里嘴角上翘："过去老房子破得棚都耷拉下来了，梁书记看咱家这情况，立刻给进了危房改造名单。现在屋里通了自来水，村里安了路灯，土路成了水泥路，环境美了，生活好了，哪个村也没咱村这两年变化大！"

干久了，情深了。村民们舍不得梁好友，梁好友更舍不得大家。经过投票，"第一书记"最终成了松岭村的支部书记。"这是我的最后一班岗。他们谢我，我还要谢他们嘞。"

要拔"穷根"先治"病根"

手机一端，二维码一扫，村里建档立卡贫困户的病历、健康状况跃然屏上。"有了它，以后不管谁来，村民治病都不会被耽误。"8月3日，北镇市吴家镇徐姚村"第一书记"孙敬东向记者展示他的"发明"——村民电子健康档案。

眼前村民的方便、快捷，来自孙敬东两年多坚持不懈的"步量"。2018年5月，孙敬东正式"入职"徐姚村，在锦州医科大学当了多年教师的他对农村多少有些陌生。不了解，就去了解。他换好旅游鞋，挨家挨户唠家常。

▲ 王娇　辽阳市司法局
　　驻辽阳灯塔市鸡冠山乡刘家村"第一书记"

心里话
XINLIHUA

　　刘家村是省级贫困村，群山环绕，挡住了这里村民的致富路。我到这工作，不仅要解"一时之难"，更要破"长期之困"。绿水青山就是金山银山。我扶持鼓励村民开展林果种植，发展庭院经济，为扶贫户免费发放鸡雏，确保致富路上不让一人掉队。为了给产品找销路，我建起了"第一书记"扶贫电商平台，变身"带货主播"，把刘家村的"致富经"念到了互联网上。现在，刘家村的生态资源变成了群众的致富靠山，建档立卡贫困户已全部脱贫。村民的日子好起来是我最大的幸福，我还得加把劲让他们致富奔小康。

半个月后,"白书生"变成了"黑炭头",但全村 57 户贫困户的基本情况已牢牢在手。

谈起穷根,多半在病根上。大部分建档立卡贫困户"因病致贫、因病返贫"。不仅贫困户,其实多半村民一提起进城看病也有些打怵。"看病不就是我的特长吗?这就是开展工作的突破口。"孙敬东有了底气。

"大大,这是啥啊?"一进村民李云峰家大门,他的儿子就跑出来"挂"在了孙敬东的脖子上。"这是一台复读机,给你的,要是英语再学不好,我就打你屁股。"孙敬东"吓唬"道。"孙大哥快坐,吃饭没?"李云峰热情地招呼着。

这段"亲"就是两年前因"治病"结下的。那时孙敬东刚来村里,就赶上李云峰的儿子摔伤了肌腱。一听说治不好孩子可能落下残疾,庄稼汉子顿时慌了手脚。孙敬东闻讯立即开车带孩子到锦州医科大学附属第一医院就诊,帮忙跑手续、找专家、办住院,还联系老师给孩子补课。"就是我这个亲爹,也没想这么全啊!"李云峰激动得热泪盈眶,当场就要和孙敬东"结拜"。

只要是村民的事孙敬东从不推托,妻子还曾因此抱怨道:"为自家人看病你都没托过这么多关系。""村民就是我的家人。"孙敬东说。渐渐地妻子理解了他,还成了村里人在市里看病的"联络员"。

挨个帮,是办法,但不是最好的办法。孙敬东走访了锦州市医保局、医科大学附属医院,锦州市、北镇市医保定点医院,完成了"五重医疗保险精准扶贫政策解读""贫困户健康档案""徐姚村脱贫信息情况说明",帮助村民通过政策扶持,享受医疗待遇,带领村民逐步治愈病根,争取尽早拔掉穷根。

村民的不舍

"明年金书记就要走了,能不能说说让他留下来?"

夏日炎炎,盖州市卧龙泉镇义和村大红袍李子产业扶贫项目基地里,10 多名村民正在拔草,贫困户徐得柱一边向驻村"第一书记"金一鸣请教李子树的打理,一边担心金书记明年任期满了,不在村里了咋整。

"多亏金书记帮咱种下这片李子林,这马上要见果了,大家心里别提多

▲ **王智勇** 团省委驻丹东市宽甸满族自治县杨桃镇大安平河村扶贫工作队队员

心里话
XINLIHUA

　　扶教育，就是扶起贫困户的明天。来村里不久，我就发现山村孩子的学习条件非常艰苦，特别是在艺术、心理教育等方面急需引导。于是我结合共青团的组织优势和队员们的媒体资源优势，把教育扶贫作为"自选动作"。

　　第一步是把青年公益组织引到村镇中小学来，让他们感受山村孩子艰苦的学习条件。5年来，共有近400人次的志愿者来到村镇中小学，开展艺术、心理、安全等方面的教育。第二步是对接公益资源。几年来，镇中心小学成立了足球队、中国鼓队，镇中学建起了爱心图书室。辽宁省内第一个"免费午餐"项目在镇中心小学落地，3年来，为近400名师生节省午餐费用100多万元。

高兴了。"徐得柱家今年免费分得400棵李子树，都是金书记一手帮着侍弄的。"有了这些果树托底，咱贫困户再也不用担心返贫了。"60多岁的徐得柱对未来的生活充满信心。

义和村地处盖州东部山区，位置偏远，平地少、山地多，适合发展果树产业。但过去因为交通不便，卖果费劲。上世纪80年代这里还曾有一家工厂，所以村里没有像其他乡村那样发展特色果树经济。后来工厂没了，村民就一直靠种玉米为生。日子越过越穷，300多户人家，一半是贫困户。

2018年5月，接到驻村"第一书记"任务的金一鸣兴致勃勃地到村里"考察"了一番。但等到上任了才发现担子很重，从小在农村长大的他深知，村民要过上好日子，得有自己的产业。"宁栽带根的，不养喘气的"，驻村两年，他带着村干部先后多次去普兰店、岫岩满族自治县、大石桥等地学习果树、蘑菇等经济作物栽培技术，并联系聘请技术人员指导，最后决定在村里种植大红袍李子。

"这种李子一般每年5月上市，一斤能卖到8元，一亩地能收2500多公斤，你说这得赚多少钱？"金一鸣兴奋地说。

但这个"来钱道"，村民们开始并不关心。张罗半天，种惯了玉米的村民都在观望，更别说贫困户了。咋办？那就村里先种先示范。金一鸣开始在村里流转土地，建起了160亩扶贫果园。一年过后，李子树长势喜人，树下还间种了各种中草药和野菜，卖价都在十几二十元一斤。

眼看树苗长大，明年就要结果了，村民这才动起心眼儿，"我们只管种，产出的果子村里负责收，再也不用担心交通不便不好卖了。""金书记在咱村这两年，吃住在村里，干的都是帮咱致富的事，跟他干准没错……"扶贫果园里务农的村民你一言我一语。

除了果树，村里还建了20个香菇大棚，今年能有15万公斤的产量，以后还要发展深加工。日子好了，村民又犯起嘀咕，"怎么才能让金书记留下呢？有了他，咱们就有了致富的底气。"

驻·悟
ZHU·WU

为竖碑村书写新碑文

"知道村里很有历史,但没想到竟然这么厉害。"望着刚刚挂好的村史展板,几个老乡议论道。

随着村党支部活动大厅里党史和村史展板的装完,作为村里的"第一书记",我发现乡亲们开始愿意到党支部来了,还常常和我聊村里的故事,聊到兴头上我们还"争"几句,我彻底成了村民眼中的"自己人"。

城市里的上班族与驻村"第一书记",二者角色跨度很大。工作性质、工作环境、工作任务、工作方式等方面都明显不同。

因此,我的首要任务就是尽快完成角色转换,倾情融入农村的工作生活之中,融入乡亲们的心里。

万事开头难,刚刚驻村的时候,我碰了几次钉子,一个偶然的机会得知村里过去很有故事,让我找到了切入点,便利用自己在挖掘历史文化方面的特长,着手准备。

我找了几个老乡,让他们带着我"走下去",到田间地头,上山下河,边走边看边听边记,并在摸爬滚打中和他们结下了深厚的情谊。最后我请来了历史专家实地考察,摸清并确定了村里详尽的历史。最让乡亲们感到兴奋的是我还把村史整理成故事,发表在了报纸上。

报纸被拿到村里的那天,带着墨香的十几份报纸立刻成了乡亲们手中的宝贝,大伙儿一遍接着一遍地看。

这件事似乎成了转折点,一个小小村庄的故事竟得到了镇里和县里的关注,村子附近的一处古迹还被国务院公布为国家级文物保护单位。上级部门也很快着手进行文化开发方面的立项规划,乡亲们得知这个消息都憧憬着未来生活会发生更加美好的变化,他们看我的眼神也不一样了。

为了挖掘村史我倾情投入,得到了乡亲们的认可,加深了和乡亲们的感情,实现了我抓紧熟悉村里各方面情况的愿望,实现了从"请上来"到"走下去"的转变。

做好群众工作是驻村"第一书记"最基础、核心的能力，在农村工作，要直面群众，直接服务群众，直接影响群众，所以"第一书记"要在感情上贴近群众、行动上深入群众、工作上依靠群众，与群众一块苦、一块干，多为群众办好事、做实事。

挖掘村史的功劳有一半要记在乡亲们的身上，这是在工作上依靠群众、为群众做实事结出的幸福果实。和群众一起苦过，一起享受胜利的成果，用个人的"辛苦"换来群众的"幸福"，才能以实际行动赢得群众的信任和支持。

"村史"这只扇动翅膀的小小蝴蝶，带来了意想不到的效应，既是我"进村"的法宝，也让我为村子蹚出了一条出路。竖碑村将以史兴村，让古迹说话，以文化搭台，让经济腾飞，竖起竖碑村史上一座新的里程碑。

旧貌新颜

这是我们收集、拍摄的扶贫干部下乡前后的照片，

驻村前，他们身在省市县三级机关和企事业单位，环境优渥；

驻村后，他们奔波于农村的田间地头，条件艰苦。

抓党建、送技术、兴产业、促振兴……

他们牢记职责与使命，为改变一些村"软、散、乱、穷"的局面，舍小家、顾大家，敢作为、勇担当，呕心沥血、四处奔波。

在他们的努力下，越来越多的贫困户有了来钱道、贫困村摘了落后帽。

当路通了，当业兴了，

当老村换新颜，当愁容变微笑，

再看他们，

晒黑了皮肤，熬白了头发，憔悴了容颜，粗糙了双手……

用自己的辛苦，换百姓的幸福，

他们"欣然"变旧貌，

初心永不改。

Complete Victory in the Fight against Poverty

▲ 王宏　下乡 14 年　辽宁省果树科学研究所挂职锦州市义县副县长

▲ 金一鸣　下乡 2 年　营口市委党校驻盖州市卧龙泉镇义和村"第一书记"

▲ 李岩　下乡1年　抚顺市老年人事业发展服务中心
驻清原满族自治县南口前镇海阳村"第一书记"

▲ 薛钊　下乡2年　省委宣传部
驻朝阳市朝阳县羊山镇鲁王杖子村"第一书记"

下乡前　下乡后

▲ 孙立新　下乡6年　省工业和信息化厅
　　驻葫芦岛市建昌县二道湾乡二间楼村"第一书记"

下乡前　下乡后

▲ 谭静　下乡2年　辽宁社会科学院
　　驻抚顺市新宾满族自治县响水河子乡第一副书记

▲ 付星海　下乡 2 年　省公安厅
　驻葫芦岛市南票区黄土坎乡上松树沟村"第一书记"

▲ 张君辉　下乡 5 年　本溪市人民检察院
　驻本溪满族自治县草河口镇茈草村"第一书记"

携手

第四章

共圆小康梦

决胜全面建成小康社会决战脱贫攻坚，新时代的遒劲大笔正在中华大地书写史无前例的恢宏篇章。

东西部扶贫协作和对口支援，中国特色的扶贫理念与实践创造了世界减贫史上举世瞩目的中国奇迹。

全面建成小康社会，一个也不能少；共同富裕路上，一个也不能掉队。开展东西部扶贫协作和对口支援，是以习近平同志为核心的党中央做出的重大战略部署，是推动区域协调发展、协同发展、共同发展的大战略，是加强区域合作、优化产业布局、拓展对内对外开放新空间的大布局，是实现先富帮后富、最终实现共同富裕目标的大举措。

辽宁—贵州，辽宁—新疆，辽宁—西藏，辽宁—重庆。推动东西部扶贫协作和对口支援长期制度化发展，辽宁贡献吸引了关注的目光。

按照"中央要求、当地所需、辽宁所能"原则，辽宁动员全省全社会力量，聚焦深度贫困地区、贫困人口及"两不愁三保障"突出问题，全面落实东西部扶贫协作和对口支援各项目标要求。

辽宁大连—贵州六盘水，两座城市，一个依山，一个傍海，却为着一个目标——全面小康，两地携手走过二十四载，结出累累硕果。

辽宁—新疆，分别位于祖国版图上的东北和西北，跨越空间阻隔，携手奋进十余载，心手相连，助力当地社会稳定和经济发展。

辽宁—西藏，4000公里的距离割不断两地情缘，辽宁自1994年开始承担对口支援西藏那曲市工作，沈阳、大连、鞍山三市分别对口支援那曲市安多县、索县、巴青县。如今，三县已全部脱贫摘帽，辽宁与藏族同胞共享改革发展的成果。

辽宁—重庆，28年前，辽宁开始承担对口支援三峡库区工作任务，为三峡库区真正实现"搬得出、稳得住、能致富"目标贡献了力量。重庆市奉节县辽宁小学校门前，展示着一首长长的《辽宁小学赋》，表达了当地人民对辽宁深深的感激之情。

"中华民族是一个大家庭，一家人都要过上好日子。"团结互助，同心协力战胜困难，这是中华民族的优良传统，这是中国特色社会主义制度的显著优势。

在全面建成小康社会的进程中，在东西部扶贫协作和对口支援的这场攻坚战中，一个个生动的扶贫故事，一幕幕感人的互助场景，彰显了辽宁人的责任与奉献，奏响了东西联合、多方联动的扶贫交响曲。共战贫困，共奔小康，辽宁用行动书写精彩的答卷。

数据说话

提示
TI SHI

按照中央部署，我省东西部扶贫协作和对口支援工作主要包括：东西部扶贫协作贵州省六盘水市；对口支援新疆维吾尔自治区塔城地区和新疆生产建设兵团第八师、第九师；对口支援西藏自治区那曲市；对口支援三峡库区重庆市奉节县。

牵手脱贫 硕果累累

2011年，我国发布了新的扶贫纲要——《中国农村扶贫开发纲要（2011—2020年）》（以下简称《纲要》），规划了下一个十年的扶贫计划。

按照《纲要》要求，到2020年，深入推进扶贫开发的总目标是：稳定实现扶贫对象不愁吃、不愁穿，保障其义务教育、基本医疗和住房安全。

教育 JIAOYU

六盘水
- 大连 **213** 所学校与 **213** 所农村学校结对帮扶
- 大连 **3** 年选派支教教师 **214** 人
- 在深度贫困村建设 **31** 所幼儿园
- 解决 **4000** 余名幼儿入园问题
- 省级层面协调 **6** 所学校与六盘水学校"一对一"结对
- 贫困家庭学生 **22** 人到我省 **6** 所职业学校免费就读

新疆
- 辽宁 **5** 所中职学校与新疆 **4** 所中职学校建立对口帮扶
- 新建、改扩建 **65** 所中小学校
- 资助在内地就读的新疆籍贫困家庭大学生 **8226** 人
- **5450** 名内地普通高校新疆籍贫困学生得到资助
- 省内 **37** 所高、中等院校累计面向新疆定向招生 **1.14** 万人

西藏
- **7** 所学校开设内地西藏高中班、初中班和中职班
- 累计培养人才 **4500** 余人次
- 高考本科录取率达 **95%** 以上

重庆
- 安排资金 **5000** 万元配套建设夔州小学等学校

产业 CHANYE

六盘水
- 落地力威铝业公司亿辰建筑安装项目等 **8** 个产业扶贫项目，完成投资额 **12** 亿元
- 推动辽宁三友农业生物科技有限公司建厂，**2019** 年实际到位资金 **6000** 余万元
- 推动大樱桃研发示范基地二期等 **13** 个产业合作项目建设

新疆
- **1000** 余家企业赴新疆考察洽谈
- 落地开工项目 **32** 个
- 到位资金 **59.56** 亿元
- 开通旅游专列 **20** 列
- 引导产业园区共建 **9** 对
- 入驻企业 **122** 家
- 农特产品走进千家万户
- 帮助 **3.2** 万人实现就业

西藏
- 引进 **20** 家企业落户，注册资金达 **10.42** 亿元，实际到位资金 **13.7** 亿元
- 吸引社会资本建设影视基地，计划投入 **10** 亿元，带动 **2000** 人精准脱贫

重庆
- 辽宁最早入驻奉节的重庆夔江红豆杉制药有限公司
- 种植红豆杉达 **5** 万余亩
- 工厂年产值 **6000** 余万元
- 带动 **600** 余名贫困户就业脱贫

医疗 YILIAO

六盘水
辽宁 **20** 家医疗机构对口帮扶六盘水 **78** 家医疗卫生机构
省级层面协调 **4** 家三甲医院与六盘水市医院"一对一"帮扶共建

新疆
建设自治区级重点医疗科室 **1** 个
新建或改扩建 **27** 所综合医院
138 个村卫生室
增加病床 **3250** 张
为 **4.91** 万名贫困群众开展大病医疗保险救助

西藏
2019 年培养培训那曲各科室医疗人才 **97** 名
减免各类诊疗费用 **300** 余万元

辽宁东西部扶贫协作和对口支援

对口地区	开始援助时间	项目
贵州省六盘水市	1996年	600余个
新疆"一地两师"	2010年	600余个
西藏那曲市	1995年	400余个
重庆市奉节县	1992年	120余个

消费 XIAOFEI

六盘水 目前累计帮助六盘水市销售扶贫产品 **2.82** 亿元

新疆 目前累计帮助销售扶贫产品 近 **1.3** 亿元

西藏 目前累计帮助销售扶贫产品 约 **350** 万元

重庆 目前累计帮助奉节县销售扶贫产品 约 **7700** 万元

填补多项空白

✓ 援建塔城职业技术学院，结束了塔城地区没有高校的历史

✓ 建立新疆首个"心理治疗师培训中心"

✓ 帮助那曲市人民医院开展"创三甲"工程，填补了那曲市是全区唯一没有血站地区的空白

山海相约

滨城·凉都 情谊相连

一人就业全家脱贫

9月15日，走进贵州省六盘水市水城经济开发区力威铝业科技有限公司的生产车间，记者看到，工人们正在设备前忙着铝模板的锯切、焊接。60岁的刘平练是厂里的老电工，他正在手把手地教年轻工人焊接技巧。

"入职后，新员工有接近半个月的岗前培训，公司还配套采取师傅带徒弟的模式，确保新员工熟悉和掌握生产流程。"刘平练告诉记者。

刘平练来自大连，是力威铝业公司的一名员工。2018年，他响应公司号召，来到六盘水市水城县新组建的公司。刘平练技艺精湛，教过许多徒弟，彭世虎是其中之一。

彭世虎1980年出生，是六盘水市的建档立卡贫困户。2018年力威铝业招聘，采取"就近原则"，同等条件下倾向于录用当地的异地搬迁户、建档立卡贫困户，彭世虎前来应聘，成为公司的一员。

彭世虎对记者说："在家附近的公司工作，可以挣钱养家，也可以照管家里的老人、小孩，不用外出打工了。"彭世虎每月工资5000元左右，是家中唯一的劳动力，他的就业带动了全家脱贫。

> **提示** TI SHI
>
> 六盘水，青山连绵。大连，海滨城市。自1996年起，大连市对口帮扶六盘水市，如今这两座气质迥异的城市已经携手走过二十四年。
>
> 走在六盘水最热闹的街区，我们仍然能够感受到这座城市关于"三线"的历史印记。说起六盘水的变化，六盘水市扶贫办副主任张树才动情地说："六盘水市有四个县区，曾经有三个是国家扶贫开发重点县，其中水城县是深度贫困县，如今三个贫困县都实现了'减贫摘帽'。经济欣欣向荣，老百姓的生活有了奔头，这是我们最希望看到的。"

在力威铝业，像彭世虎这样的员工还有很多。力威铝业行政部部长杨明全说，公司贫困人口有30多人，为了让他们无后顾之忧，公司为每名困难员工每天补助餐费10元，家里有80岁以上老人的，每个月补助50元。贫困家庭孩子如果考上了大学，还给提供助学金。

记者在力威铝业的一处厂房看到，上面标有"大连援建"四个大字。厂房内宽敞明亮，一个巨大的金属模型位于正中央。力威铝业工程部部长陈广连介绍，这个用铝制构件搭建而成的模型是用来建造楼房的铝制模具，是力威铝业的主要产品。

据介绍，六盘水力威铝业秉持绿色发展理念，既要金山银山，又要绿水青山。比起传统的建筑模式，采用铝模板可以大量减少对树木的砍伐，实现建筑行业的绿色施工。此外，铝模板强度高、承载力好、使用寿命长，可以反复使用200至300次，能够节省大量的材料和人力。力威铝业自成立以来每年为当地财政创造800万元的收益。

小小充电桩助力绿色发展

位于六盘水市盘州市两河街道LED产业园的盘州市罗宾森新能源科技有限公司，是大连罗宾森公司在六盘水的一家分公司，主要生产新能源汽车充电桩。

9月15日10时30分，生产厂房内，几名年轻的技术人员正在组装几个家用充电桩。盘州罗宾森公司采购部经理高呈君介绍，这些个头小的是交流桩，一般适用于家庭，充电速度慢。另一侧几台一人高的充电桩是直流充电桩，可供出租车、公交车、家用轿车等车辆充电，充电速度快。

"可别小看了这些充电桩，它的生产、组装、调试都需要十分精准的操作，因此这里的每名技术工人都是相关专业的大学生。"据高呈君介绍，这些充电桩的输出电压最高可达1000V，最多可以让12台车同时充电。

厂房内存放着几台打包好的直流充电桩，这是即将发货给客户的。另一侧放着几十台直流充电桩，是客户预订的。

1991年出生的高呈君是盘州罗宾森公司的第一批员工。他是六盘水人，

镜头
JING TOU

▲ 刘平练（右）正在教电工技巧。
六盘水市水城经济开发区力威铝业科技有限公司

刘平练来自大连，干了一辈子电工，虽然已入花甲之年却割舍不下手中的活计。2018年，他所在的公司在六盘水组建新公司，他主动报名前来，将手中的技艺传授给当地的工人。他说："人活着，要有奔头，能够帮助别人，生活更有劲头！"

镜头
JING TOU

▲ "大连班"班主任崔翔（左）辅导学生功课。
盘州市第十二中学

作为"大连班"班主任，崔翔每天从早上不到 7 点到晚上 10 点半都在陪伴学生。在他看来，陪伴就是最好的教育。他迅速熟悉班内每名学生，解决建档立卡贫困家庭学生生活、学习困难，培养他们良好的学习习惯、健康的心理、乐观的性格。

通过招聘进入公司后,直接被送往大连总公司进行了两个月的培训。"来回机票免费,食宿免费,还有额外的补贴,最重要的是,大连经验最丰富的工人'一对一'对我们进行培训,通过培训,我学到了许多新技能。"高呈君说。

回到六盘水后,高呈君将学到的知识、技术全部用于业务开拓中,他努力工作,在短短一年的时间里,从一名普通的组装员晋升为采购经理。

贵州有个"大连班"

9月16日,记者一早就来到了盘州市第十二中学。在教学楼三楼,走廊的尽头,悬挂着高一(1)班的班牌,这是六盘水市新一届的"大连班"。班主任崔翔正耐心地给学生们做课前辅导。

8月31日,盘州市第十二中学副校长、大连支教团队总领队苗雨强带着大连市派出的5名优秀教师抵达盘州市第十二中学。他们迅速进入角色,班主任崔翔每天不到7点就来到教室,陪着学生们一起晨读、上课、晚自习直到晚上10点半。

"这里的孩子虽然基础相对薄弱一些,但他们渴望知识、渴望走出去的精神让我感动。"崔翔说。上届"大连班"在今年高考中创造了喜人的成绩,受到各方关注和点赞,同时也让后来者压力倍增。

在六盘水市教育局挂职的大连扶贫干部宋学志说,"大连班"是六盘水市与大连市两地市委、市政府在东西部扶贫协作的背景下,因地制宜、精准聚焦,以"植入式"和"重塑式"理念开启的教育协作组团帮扶的新模式。

从2018年8月起,大连市教育局共选派5个学科39名大连重点高中教师组建两个"5+1"高中支教团队,分别在六盘水市第八中学、六盘水市第一实验中学高二年级中开设了首届"大连班"。

2020年高考,两个"大连班"都交出了喜人的答卷。六盘水市实验一中"大连班"共42人,一本上线率达到93%,二本上线率100%,位列全校第一名;建档立卡贫困家庭10名学生一本上线率90%,二本上线率100%。六盘水市第八中学"大连班"共61人,一本上线率达到15%,二本上线率85%,位列同层次班级第一名;其中10名建档立卡贫困家庭学生二本上线率90%。

扶贫必扶智,让贫困地区的孩子接受良好教育,是阻断贫困代际传递的重要途径。苗雨强说,我们对六盘水市开展的东西部扶贫协作已经上升到省级层面。2020年辽宁省选派5所学校与六盘水市水城县5所学校建立了帮扶关系,并签订了对口帮扶协议。另外,两省还积极开展线上线下交流工作,以实现教育组团帮扶的"全学段、全链条、全覆盖"。

支教老师在与孩子们相处的过程中,高兴地发现"知识改变命运"这句话已经深深镌刻在孩子们的心中。"相信通过我们的帮扶,他们自己的努力,一定能够打开更广阔的天地。"崔翔说。

印·记
YIN JI

交响曲

1996年,党中央、国务院做出加强东西部扶贫协作工作的重大战略部署,辽宁大连与贵州六盘水得以结缘。

24年来,大连选派了大批优秀干部和人才到六盘水挂职。带着先进的理念和先进的技术,挂职干部们倾注真情实感,真帮实扶。

▼ 记者张颖(左)在盘州市第十二中学采访。

2020年高考,"大连班"一战成名,一本上线率93%,二本上线率100%,创造了六盘水市同类班级高考最好成绩。

颇具辽宁特色的农业产业在六盘水落地。食用菌、大樱桃、猕猴桃等基地建成投产，带动贫困人口增收。

大连向六盘水持续投入人力、物力、财力，获得了"大连市的东西部扶贫工作越做越好、越做越细""协作全面、工作实在、成效明显"的评价。2018年、2019年，大连市在东西部扶贫协作"国考"中获得"好"的等次。

六盘水城乡留下了一个个熠熠生辉的"大连援建"印记。六盘水市钟山区一条一级主干道被命名为"大连路"，用以感激大连的帮扶，铭记兄弟城市之间的深情厚谊。

东北·西北
同心圆梦

提示
TI SHI

在祖国的版图上,辽宁位于东北,新疆塔城地区位于西北,两地相距遥远。但 2010 年辽宁新一轮援疆以来,两地心手相牵,合力决战决胜脱贫攻坚。

十年来,辽宁 1300 多名援疆干部人才来到塔城地区和新疆生产建设兵团第八师、第九师,建住房、建医院、建学校、引资金、上项目、纳人才,助力"一地两师"经济社会健康发展和百姓生活持续改善。

2020 年,273 名援疆干部人才来到这片热土,克服新冠肺炎疫情影响,全身心投入对口援疆的工作中。

保障民生守望相助

哈萨克族妇女努尔古丽·阿依达哈买提脸上有些沧桑,看上去比她 40 岁的年龄稍显老了一些。她和丈夫带着两个孩子原本以放牧为生,生活虽算不上富裕,但也衣食无忧,一切改变发生在 2016 年。"那年我丈夫得了脑瘤,看病花了 35 万元,不仅花光了全家的积蓄,还欠了十几万元的债,但还是没有保住丈夫的命,他在 2018 年走了。"努尔古丽·阿依达哈买提说,她当时带着 10 岁和 2 岁的两个孩子几乎生活无着,一下子就成了建档立卡贫困户,那些日子她几乎天天以泪洗面。

当地干部得知努尔古丽·阿依达哈买提的情况后,来到她家里,告诉她可以享受国家相关帮扶政策,搬到塔城地区托里县铁厂沟镇准噶尔社区的幸福小区牧民定居点居住,解决她就业和孩子上学的问题,努尔古丽·阿依达哈买提重新看到了希望。

她告诉记者:"我是 2019 年 7 月搬进幸福小区的,70 多平方米的房子只花了 1 万元,现在我在克拉玛依打工,一个月能有 3000 多元收入,生活好多了,欠的债也还得差不多了。"

幸福小区是辽宁援建项目,每户住房补贴 2 万元,再加上其他优惠政策,符合政策的定居点牧民基本只需

镜头
JING TOU

▲ 刘光喆（左）到塔城市民开办的外贸店了解销售情况。

沈阳援疆工作队

刘光喆说："来到塔城，我有了努力建设边疆的使命感。塔城是我的第二故乡，我将发扬前辈团结拼搏的奋斗精神，把个人专业所长与塔城市所需相结合，同各族群众一道，共创塔城美好的明天。"

镜头
JING TOU

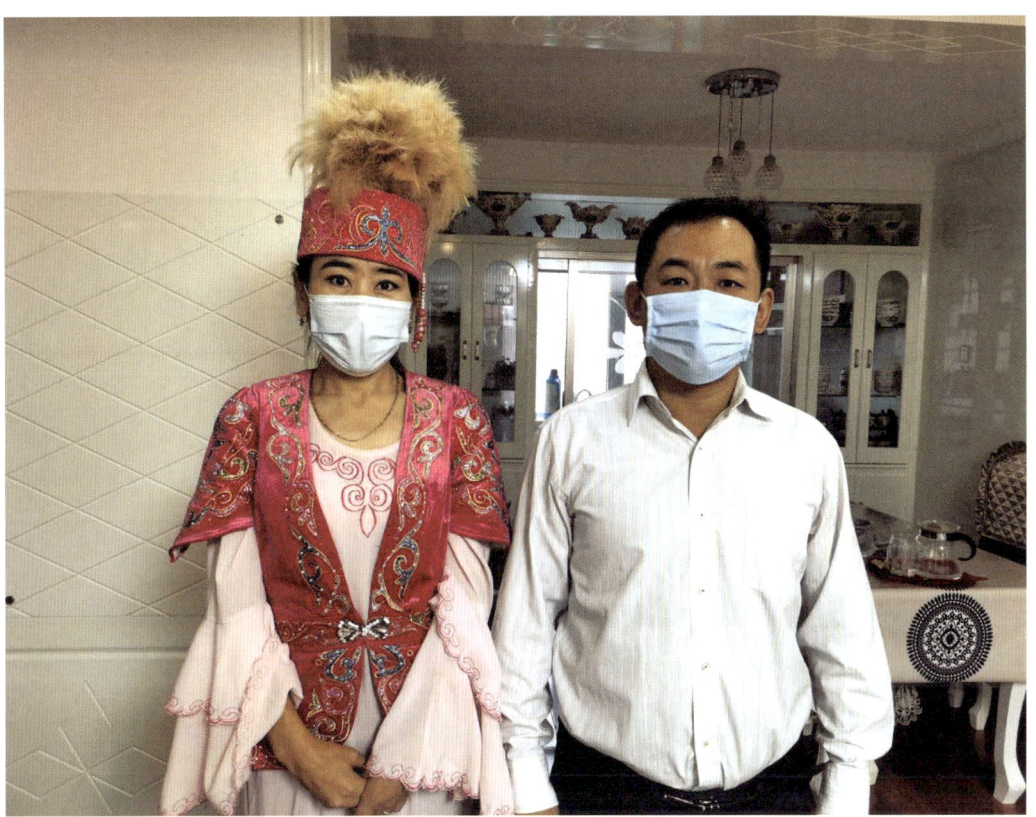

▲ 张春野（右）走访托里县托里镇金铄社区。

本溪援疆工作队

张春野说："有幸成为一名援疆人，来到托里县开展工作。三年的时间里，我将践行'胡杨精神'和'兵团精神'，努力工作，与托里干部群众并肩奋斗，迎接更美好的明天。"

要花1万元就能买套新房。

十年间,辽宁援疆始终把保障和改善民生放在优先位置,援疆资金安排上始终向民生倾斜、向基层倾斜。

"对于各类援疆项目来说,民生项目特别是住房、医院、学校等设施建设往往需要持续多年,很难快速见效,但这些项目对改善当地群众的生产生活条件起着重要的作用,一批批辽宁援疆干部人才坚守初心使命,以功成不必在我的情怀和功成必定有我的担当,建设了大批造福百姓的民生工程。"辽宁援疆前方指挥部总指挥王庆东说。

与幸福小区相距不到500米的地方,同样是辽宁援疆项目,准噶尔社区学校今年9月22日开学了。该校校长赛力克·那扎尔别克提起新学校,满眼希望:"学校近期规划招收学生600人,远期规划是1200人,教学楼3800平方米,抽调了全县120名优秀教职工,基本解决了附近定居点孩子的上学问题。"

吾拉哈提·吐尔汗今年上六年级,开学前,他一次次来学校看新校舍、体育馆和食堂。吾拉哈提·吐尔汗的父母以前依靠放牧为生,需要随着四季的变化在不同牧场间迁徙,"前5年我换了6所学校,和小朋友刚刚认识就转学了。"吾拉哈提·吐尔汗说,他特别希望和新同学交朋友,如今随着父母在定居点居住,他也终于能上一所稳定的学校了。

"筑巢引凤"留下希望

产业援疆的目的就是"筑巢引凤",通过基础设施建设和相关配套工程吸引相关企业入驻,创造价值、扩大就业、提高群众收入,协助受援地走出一条可持续发展的道路。

塔城市民戴金萍在巴克图中哈边民互市有一个115平方米的外贸小店,店内主营哈萨克斯坦进口糖果、蜂蜜、巧克力。她说:"借助边境旅游,我的小店可火了,2019年6月开业第一个月平均每天营业额都在5000元左右,一个月挣了10多万元,我和爱人决定把这些钱全部投入装修中,让店铺提档升级。"让戴金萍做出如此"大胆"决定的一个重要原因是当地政府的好

▲ 托里县第二中学学生阿亚阔泽正在上课。

政策：她的小店三年租金全免，哈萨克斯坦进口商品关税全免。

巴克图中哈边民互市是辽宁援疆项目，2018年8月全面启动了一级交易市场360亩和二级收购市场30亩用地规划建设项目，新建丝路文化商品城、查验交易库、二次交易库、中方哈方出入区服务用房及供电、供排水等多个基础设施和查验设施建设项目。丝路文化商品城带动500余人就业、2500名边民参与互市交易，极大地提高了当地边民尤其是贫困人口的收入水平。

与巴克图中哈边民互市相距5公里的地方就是第九师巴克图工业园，定位为第九师农副产品深加工、商贸、仓储物流综合产业园区，2018年开始建设标准化厂房，2019年至2021年实施就业设施及附属配套工程。

新疆红九什番茄制品有限公司总经理陈秀荣说："园区经常搭桥联系企业与银行，开展会谈，帮助企业解决实际困难。"园区企业发展壮大的同时，也极大地带动了当地农牧民就业，红九什公司向当地农民收购番茄，由于是订单式收购，不愁销路，农民仅种植番茄人均收入就可以达到8000元左右，较以前收入翻番。

消费扶贫好物出疆

"这是塔城的牛肉干，肉质细腻、满口留香……这是新疆的面粉，口感筋道，包饺子、擀面条都适合。"9月26日晚，一场"一地两师"农副产品直播销售活动在新疆广播电视台演播厅举行。这场由辽宁援疆前方指挥部和辽宁新疆两地多个部门联手举办的京东直播吸引了上百万网友的关注，20种辽疆两地的消费扶贫产品亮相，网友们下单不断。这是辽宁援疆前方指挥部今年举办或参与的第五场消费扶贫产品直播活动。

今年3月，新一批辽宁援疆干部人才进疆后，大力推进消费扶贫工作，长远规划、统筹部署，出台运费补贴等政策，投入援疆资金860万元。组织援疆干部人才与辽宁有关单位对接，定向推介活动覆盖辽宁2000多家单位。截至目前，促成"一地两师"线上线下农副产品销售额近1.3亿元。

辽宁援疆前方指挥部还大力引进社会资本，引进的石河子半城互联网信息技术服务有限公司投资980万元，运营"辽宁援疆好物商城"，协调华润万家、大商集团等10家大型商超设立消费扶贫专区（柜）。启动"辽疆同心"在辽宁14市的巡回展示活动，铺设50余家"辽疆臻品"线下零售网点。

消费扶贫活动最终目的是带动相关企业发展壮大，从而拉动当地就业、提高百姓收入。今年21岁的维吾尔族小伙吐尔洪·吐尔逊在石河子鞑靼缘疆农业科技有限公司工作，这是一家由大连迁往石河子的食用菌生产企业。吐尔洪·吐尔逊说，他来鞑靼缘疆之前只能四处打零工，收入不稳定，好的时候一个月收入也就是1000多元。在鞑靼缘疆当了产业工人后，每个月收入三四千元，"如今我每个月可以给父母1500元，还能攒下点钱，我已经有女朋友了，想在石河子买房子结婚安家。"说到这，吐尔洪·吐尔逊满脸笑意。

"下一步，辽宁援疆前方指挥部将继续加大对消费扶贫的支持力度，不断创新工作方法，提升消费扶贫产品品牌价值，通过市场化运作带动相关产品销售，使更多的新疆好物走出新疆、走进辽宁、走向全国。"辽宁援疆前方指挥部副总指挥李勇向记者描述了消费扶贫下一步重点工作。

印·记
YIN JI

援疆路

今年3月，作为一名援疆的新闻人，我来到新疆。在这里，我常常在思考：什么是援疆？

当看着40岁的哈萨克族妇女带着两个孩子在温暖的屋中衣食无忧的时候，我知道，援疆是在当地群众遇到困难的时候施以援手，帮助他们渡过难关，重新鼓起生活的勇气。

当步行5公里路过一片番茄地的时候，当地朴实的农民摘下满满一盘番茄送来，笑着说："你们是辽宁援疆的吧，吃几个番茄解解渴。"我知道，援疆是为他们创造就业的机会，让他们过上更富裕的生活。

当利用半天时间帮一家农副产品企业填完整整一套线上商城资料的时候，我知道，援疆是让那么多的好产品走出新疆、走向全国，让产品获得与品质相匹配的声誉。

什么是援疆？援疆是家国、使命、情怀。当看到近50岁的援疆干部在大讲堂讲台上泪流满面的时候，我逐渐明白什么是援疆。

▼ 记者李海（左）在托里镇金铄社区采访。

Complete Victory in the Fight against Poverty   159

雪域情暖
共奔小康

一间温暖的房屋，
一份稳定的工作

对居住在偏远地区的农牧民来说，移民搬迁是脱贫攻坚的有效方式。

在安多县帕那镇小康村项目施工现场，记者看到，工人们正忙于施工收尾工作。今年年底，这里40户建档立卡贫困户将收到一份令人羡慕的大礼——小康村一期新建房的入住钥匙。

走进新建房，房屋连院落近180平方米，厨房和卫生间位于院落两侧，这样的设计符合当地居民的生活习惯。拾级而上进入房间，三室一厅的设计，可满足一户5至8人共同居住，十分温馨。

沈阳市援藏工作队副领队裴德本向记者介绍，安多小康示范村项目二期、三期工程也在同步实施，建成后还将有80户贫困户迁入新居。

结合小康村建设，我省已累计在那曲市实施富民安居工程3680套，帮助1.6万名农牧民告别简陋偏远的危旧房。

安居是幸福的开始，乐业则是幸福的保障。在位于索县县城中心的巾帼创业街上，39岁的罗拉姆微笑着向记者展示她售卖的民族手工艺品。她说："以前我和

提示
TI SHI

距离辽宁4000公里的藏北高原，平均海拔4500米以上的那曲，是西藏最艰苦的地区之一。根据党中央的统一部署，辽宁省自1995年开始承担对口支援西藏那曲市工作，沈阳、大连、鞍山三市分别对口支援那曲市安多县、索县、巴青县。如今，三县已全部脱贫摘帽。

25年来，辽宁省对口援藏资金逐年提高，安排项目400余个，既"输血"，又"造血"。

25年来，辽宁省共选派九批500多名援藏干部人才入藏，与当地干部群众一道,建设那曲，在世界屋脊上奉献。

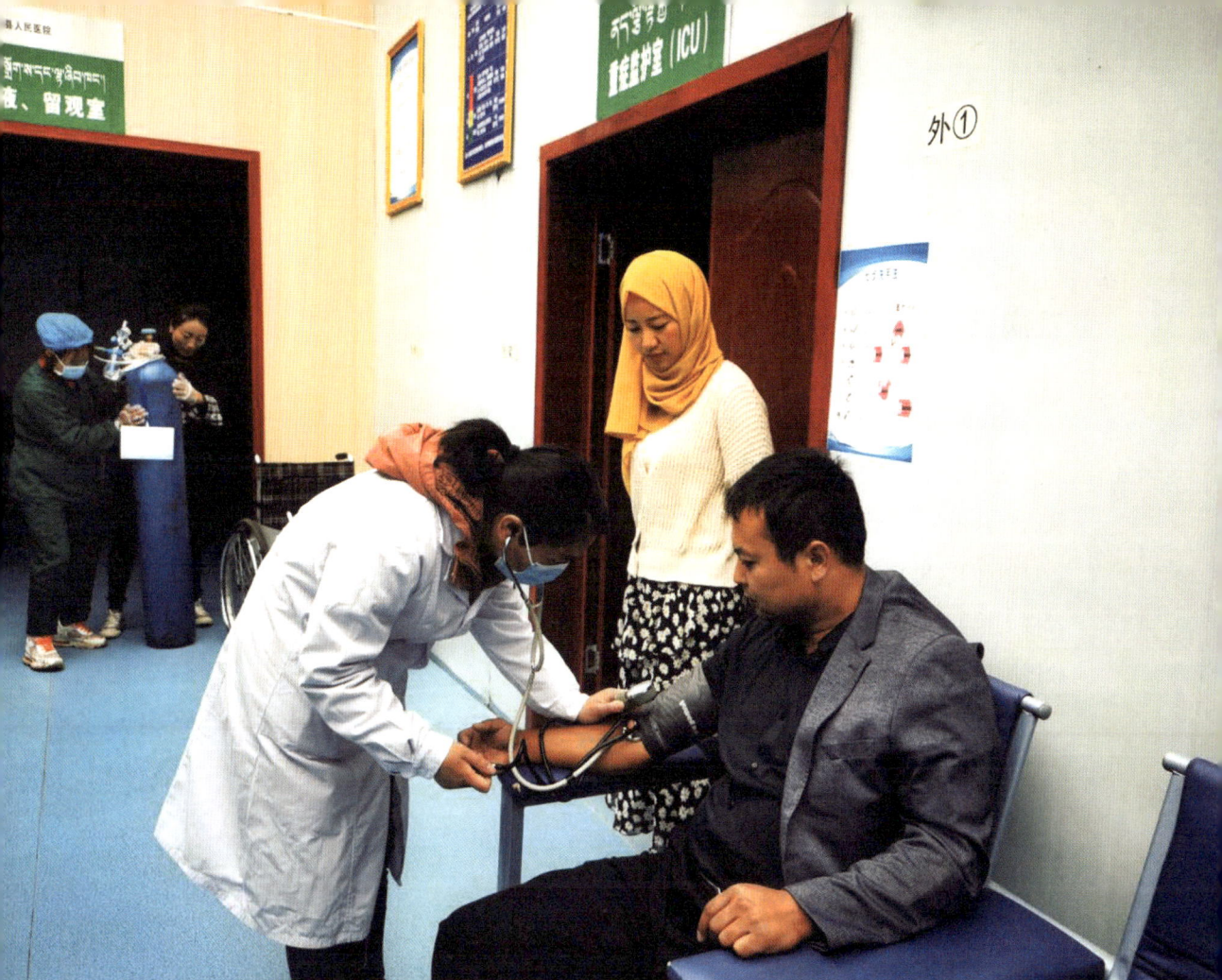

▲ 在新建的巴青县急救中心，当地医生为病人诊治。

孩子以放牧为生，现在孩子上学，我在这里当售货员，每月有3000元的收入。"罗拉姆左脚有残疾，是当地建档立卡贫困户。巾帼创业街开设后，罗拉姆在援藏干部的帮助下来到这里工作，有了稳定的收入。如今，这条创业街上20多个店铺生意兴隆，已帮助50多名贫困户大学生实现就业。

在新落成的巴青县电商扶贫综合服务中心，藏族姑娘曲地拉姆拿起一根虫草，对着镜头练习"直播带货"。此前，这里的牦牛肉干通过淘宝等电商直播平台进行了销售，虽然只是试水，销量却十分可观。如今，凭借"电商"东风，巴青县"一乡一社""一村一合"扶贫产业正迎来快速发展。

"目前我们正在筹建西藏那曲辽宁商会，希望把辽宁的市场主体、社会资源、产业资源导入那曲，进一步形成发展的内生动力。"辽宁省第九批对口支援西藏工作前方指挥部总指挥邢鹏介绍，现在已有40多家辽宁企业确认加入商会。

看病，不必再跑百千公里

没有全民健康，就没有全面小康。

在那曲市人民医院，记者见到正要下乡义诊的辽宁第四批"组团式"援藏医疗队领队许晓光，第一感觉是，这个人"眼中有光"。

"我们这里是全国海拔最高的三甲医院。"精神抖擞的许晓光一边拉着记者楼上楼下地参观医院，介绍各科室辽宁援藏"大拿"医生，一边叮嘱记者放慢脚步，"初入高原地区，切记慢、慢、慢。"

嘴里让记者"慢、慢、慢"的许晓光，在那曲开展工作的速度可一点儿不慢。

去年7月，许晓光带领的辽宁第四批"组团式"援藏医疗队到达对口支援医院——那曲市人民医院，提出用100天做好5件事——扩建儿科病房、成立高原医学研究院、建立体检中心、打造中医康复中心、建设文化长廊。去年12月，上述目标如期完成。

经过一批又一批辽宁援藏医生的努力，如今，那曲市人民医院已经成功创建"三级甲等医院"，基本实现"中病不出市"，再也不用跑几百上千公里外出求医。

在那曲市人民医院妇产科，记者看到了感人的一幕：躺在病床上的藏族女子桑嘎拉姆，看到几天前全力救治她和胎儿的辽宁援藏医生肖祯，执意起身，拉下氧气罩，双手合十，表示谢意。桑嘎拉姆是巴青县人，在山上挖虫草遭遇雷击，送到医院已经昏迷伴抽搐14个小时，严重心衰。"这样危重的病患，以前只能转送拉萨或者成都，几个小时甚至十几个小时的路程，在路上就可能遭遇生命危险。"肖祯说，由于技术条件的提升，越来越多的危重

镜头

JING TOU

▲ 安多县小康村一期工程进入收尾阶段。

沈阳市援建项目

在对口援藏工作中，我省始终坚持以人为本，将改善农牧区、农牧民生产生活条件作为首要任务。"十三五"以来，安排各类项目 84 个，其中民生建设领域项目资金占比近九成。

镜头

JING TOU

▲ 辽宁援藏教师谢德卫（右）与学生合影。

拉萨那曲第二高级中学

自 2016 年以来，辽宁先后选派两批共计 65 人次骨干教师进藏，对口支援拉萨那曲第二高级中学。这些老师言传身教，真心付出，与孩子们结下了深厚的情谊。

病患可以在这里得到救治。不仅仅是妇产科,如今,那曲市人民医院病人的成功抢救率显著提高,转院率明显下降。

"一代人要过上好生活,首先要有文化"

教育,是阻断贫困代际传递的最好途径。

在拉萨市蔡公堂乡教育城,有一所高中,牵动着辽宁人民的心,它就是拉萨那曲第二高级中学。

虽然校址在拉萨,但在拉萨那曲第二高级中学就读的学生却百分之百是那曲籍,而且大多是农牧民的孩子。"让那曲学生到拉萨来念高中,源于西藏异地办学的政策。"辽宁第二批教育人才"组团式"援藏队领队、拉萨那曲第二高级中学校长张世权向记者解释道。

原来,那曲市平均海拔4500米以上,高寒缺氧,环境艰苦,很难留住教师人才,那曲市高考升学率长期处于西藏自治区的末位。为了让偏远艰苦地区的孩子也能享受到优质教育,西藏进行了异地办学的探索。2014年8月,拉萨那曲第二高级中学落成。如今,学校有3200余名那曲籍学生就学。

自2016年以来,我省响应国家号召,先后选派两批共计65人次骨干教师进藏,对口支援拉萨那曲第二高级中学。这些教师教龄大多在20年以上,全部拥有中高级职称,在他们的努力下,拉萨那曲第二高级中学的整体教学水平大大提升。

"来之前很难想象,这里高中的英语教学几乎要从零开始。"援藏教师谢德卫至今还记得2018年刚来到这里时的场景——从ABC开始讲,一周下来,有的学生字母默写还不过关。谢德卫就利用课间和晚上休息时间,一个字母一个字母地辅导学生,用更多的爱心和耐心,换来学生的每一点进步。

"在这里,能感受到学生们对知识强烈的渴求。"当时就读高一年级的藏族学生罗布坚才英语基础较差,一次,谢德卫叫他在黑板上听写单词,没想到,罗布在不会拼读的情况下,却靠着死记硬背,生生写出了一个又一个单词。听写进行到一半,谢德卫已心疼得流下热泪。感动于学生的努力,谢德卫对罗布坚才进行重点辅导。在师生的努力下，两个月后，罗布坚才终于能够背诵出一篇完整的英语文章。学生次旦南加对学习英语不自信，总是躲着不回答问题，谢德卫就在晚自习后追到寝室给他"开小灶"，鼓励他大胆开口。在援藏教师的真心付出下，学生们的成绩稳步提升。

为留下一支"带不走"的教师队伍，援藏教师主动与当地教师结对子，开展"传帮带学"活动，邀请藏族教师到课堂上观摩、学习。25岁的藏族教师拉姆次仁和谢德卫结成对子。"我帮助她提升教学水平，她帮助我走近藏族学生。"谢德卫毫无保留地分享着自己22年的教学和班主任工作经验，与藏族教师共同进步。

2019年4月12日，一个名叫阿旺热萨的学生突发疾病，而班主任又不在学校，谢德卫在晚上10点将学生送到医院，细心照料，直到学生转危为安，次日凌晨1点才回到学校休息。

像对待亲生儿女一样对待藏族孩子。无论严寒酷暑，疾风骤雨，辽宁援藏教师始终坚持早晨进教室辅导，午间进食堂陪餐，晚上进宿舍谈心，抓住每个细节走近学生，了解学生，倾听学生心声，陪伴学生成长。

今年高考，拉萨那曲第二高级中学升学率近96%，本科率达33%，分别较2015年提高29个百分点和14个百分点，实现了历史性的跨越。

印·记
YIN JI

从爱开始的援建

在海拔4700米的安多县城，沈阳援藏公寓的院子里，有两棵一人多高的松树，大家亲切地叫它们"沈阳援藏树"。几乎每一名到这里的援藏干部，刚来时和离开时，都要和援藏树留下合影。

由于高寒缺氧，安多县全县都看不到树木，这也是为什么这里被称为"生命的禁区"。为什么要在沈阳援藏公寓里种树？原因已不可考。"你看，海拔这么高的地方，我们把树种活了，虽然用了七八年时间。"援藏干部言

▲ 记者赵静（右）在巴青县采访。

语中透露出的豪情，却让记者似乎明白了一些东西。

在高原上工作，最稀缺的是氧气，最宝贵的是精神。只要你来过这里，就一定会深切地感受到这一点。因为在这里的每一分每一秒，援藏干部都在和低压缺氧做斗争。25年来，一批又一批辽宁援藏干部不忘初心、牢记使命，在雪域高原上矢志奋斗。他们缺氧不缺精神，艰苦不怕吃苦，海拔高境界更高。奉献，已成为每一名援藏干部身上的深刻印记。而这背后，是使命，是责任，是担当。

 诗城奉节
辽宁印记

辽宁小学成当地标杆学校

在重庆市奉节县，提起辽宁小学可谓家喻户晓。2000年由辽宁出资250万元援建的这所小学，现在已经是当地的标杆学校。

9月17日，细雨蒙蒙，在奉节县明良街上的辽宁小学大门外，一首《辽宁小学赋》吸引了记者的目光。"移民移校，机赢最先，奈何穷县兴教，资金叹难。外引内筹，上勤下勉。谋东风借水行船，承辽省对口施援……遂冠'辽宁'更名以存念，励后辈饮水而思源。"这首镌刻在校门前的赋文，详细记载了辽宁小学的由来。

该校校长向立生向记者介绍，在三峡库区移民搬迁之前，这所学校位于老县城，其前身叫人民路小学。2000年辽宁小学兴建，不仅为当地提供了优质的教育资源，对三峡库区移民也起到了带动与促进作用。

"1993年，三峡库区移民工作启动，2000年三峡水位上涨，2002年老县城基本不能住了。搬迁最开始的时候，老百姓不想走。"据辽宁小学副校长朱珠介绍，三峡库区移民工作进行缓慢时，是通过移校带动了移民。

"我们学校的兴建，得益于辽宁省的大力支持。2002年，辽宁小学建好后，学生们分批搬迁过来，第

提示
TI SHI

重庆市奉节县，古称夔州，今誉诗城，因"奉公守节"而得名，因"奉节脐橙"而驰名，因"中华诗城"而扬名。奉节县距今有两千余年的建制史，是中国最古老的县城之一。

辽宁省与奉节县因三峡工程结缘、因对口支援交亲。从1992年开始，辽宁承担对口支援三峡库区工作任务。二十八年来，辽宁始终把对口支援作为一种使命、一项事业、一份担当，为国家级贫困县奉节县的经济社会发展做出了突出贡献，获得受援地广大干部群众的一致认可。

一批搬过来6个班。起初一段时间学校实行走读制，每天学生和家长往返于新老城区之间，很不方便，家长们急于搬迁过来。"到2003年，辽宁小学全校师生搬入了新校区，共53个教学班，6个幼儿园班，近3000名学生。

走入校园，记者看到，高7层的主体教学楼、40多间教室、宽阔的操场、平坦的塑胶跑道、齐备的设施……到现在辽宁小学依然是县里最好的学校。向立生说："刚入学的孩子会好奇地问起学校为什么叫辽宁小学，老师都会给孩子们讲解。每一届新入学的学生都要参加一周时间的入学礼，教育孩子饮水思源。"

在今年上半年公布的奉节县教学质量考核结果中，辽宁小学获小学部的第一名。不仅如此，这所学校也深受当地老百姓认可，每年的民意调查都是高分。向立生说，近20年来，辽宁小学名校的牌子越喊越响，不仅是重庆市示范学校、重庆市教育科研实验基地学校，也是奉节县唯一一所新入职老师的培养基地。

采访结束前，记者来到奉节县西部新区，在万胜路的工地上，工人们正热火朝天地施工。2019年及2020年，辽宁省再次提供资金援建了辽宁小学的第二分校——夔州小学。到2022年2月完工时，这里将建成一所近1.7万平方米、4栋校舍、能容纳2000名师生的新校区。

草堂失能供养中心凝聚爱心

在奉节县草堂镇柑子社区2组，有几座干净整洁的楼房，院子里花草葱郁，处处洋溢着温馨，站在顶楼，可以一览远处崇山峻岭的风景。这里就是奉节县草堂失能供养中心，也是辽宁对口支援爱心传递的一个重要"接力站"。

从一座简陋的小楼到如今占地面积超过11500平方米的现代化失能供养中心，在奉节县民政局福利科主任万方国看来，辽宁人民为此做出了很大的贡献。

2016年，奉节县实施失能人员集中供养，失能供养中心开院。万方国告诉记者："奉节县草堂失能供养中心主要集中供养三类人员，一是特困失

镜头

JING TOU

———

▲ 辽宁小学师生在宽敞明亮的教室里上课。

辽宁援建学校

　　取得骄人成绩的辽宁小学是重庆奉节人的骄傲，也是辽宁人的骄傲。看着师生们在宽敞明亮的教室里学习，记者感到欣慰又自豪。辽宁对口援建奉节县近 30 年的时间里，给当地带来的变化有目共睹。

镜头
JING TOU

▲ 扩建后的草堂失能供养中心

辽宁援建失能供养中心

在草堂失能供养中心，整洁的环境、宽敞的房间、健全的设备都让人感到无比舒心。生活在这里的失能人员脸上洋溢着幸福的笑容。如今，辽宁省对口支援工作已在奉节硕果累累。

能人员,二是建档立卡贫困户失能人员,三是低保对象失能人员。当时全中心只有100多张床位,根本供不应求,设施也十分简陋。"

2018年,辽宁对口援助奉节县草堂失能供养中心,对供养中心进行扩建,规划建筑面积8000平方米。建成后,供养中心床位达到400张,更好地满足了失能人员供养需求。扩建后设施也更加现代化,比如冷热水、呼叫系统,各种无障碍通道和失能辅助设备都建成了。

奉节县草堂失能供养中心院长栗春容在中心工作多年,她告诉记者:"以前贫困户的失能人员吃住行都十分困难,一个失能人员至少要两个人照顾,很多家庭因此不能释放劳动力,供养中心集中供养后助力很多家庭脱贫。"

政府兜底保障,释放劳动力,助推脱贫攻坚。据统计,奉节县已经摸排出失能贫困人员948户1013人,全县已累计供养失能人员655人,释放失能人员家庭劳动力1007人,实现贫困家庭年增收3000余万元,400余户失能人员贫困家庭走上脱贫致富路。

如今在奉节县,已经建成草堂、永乐、吐祥3所贫困家庭失能人员供养机构,全县失能人员供养床位达到1000张。

两代人的红豆杉情结

9月,记者到重庆采访,在奉节县龙桥土家族乡阳坝村,一株株红豆杉长势喜人。这里已经是周边有名的康养基地。这一切的开始,却来源于两位一直奋斗在这里的辽宁人。

重庆臻源红豆杉发展有限公司现在是奉节县名副其实的农业产业化龙头企业,也是奉节县唯一一家专门从事红豆杉种苗繁育、种植及生产加工紫杉醇、红杉醇的民营企业。这家企业的负责人就是来自辽宁的徐胜博。

"从1996年开始,我父亲就在东北种植红豆杉,2007年作为对口支援企业,我们开始在奉节种植红豆杉。而以前奉节没有人种植红豆杉。"徐胜博告诉记者,他的父亲来这里考察后决定发展红豆杉种植基地,2007年11月公司注册。

红豆杉是世界珍稀濒危植物,被我国列为一级保护植物。红豆杉也是高

▲ 奉节县龙桥土家族乡阳坝村村民通过种植红豆杉脱贫。

档园林绿化树种。大面积种植红豆杉有利于三峡库区生态建设、净化长江上游水源，也促进农民增收。

"公司建成后，采用劳动力加土地租赁的方式，我们在奉节租赁了10年土地，还把红豆杉苗免费发放给当地农户，免费提供技术支持和肥料，农户不但可以赚租金，还可以卖树苗给我们。"徐胜博说，现在公司有近百名工人，其中不少是贫困户，"我们希望通过努力，帮助更多的当地农民脱贫。"

重庆市奉节县龙桥土家族乡阳坝村现在是重庆臻源红豆杉发展有限公司红豆杉种植基地，龙桥土家族乡宣传统战委员周云华告诉记者，这里现在种植红豆杉700亩左右，2000余万株。靠着红豆杉的生态效应，全乡积极发展乡村旅游，如今这里已经远近闻名。

经过多年努力，重庆臻源红豆杉发展有限公司已经在重庆市奉节县七个乡镇建设中国红豆杉工业原料林基地2.1万亩，红豆杉繁育基地1000亩，繁育红豆杉种苗近3600万株，公司目前年销售红豆杉相关产品5000万元左右。

印·记
YIN JI

28年对口支援

辽宁路、辽宁小学……这些以"辽宁"冠名的道路、小学位于距辽宁2000多公里的重庆市奉节县。28年的对口支援，辽渝两地人民结下了特殊的情谊，奉节人民怀着感恩之情，将"辽宁印记"镌刻在心里。

9月中旬，记者在奉节街头采访，当我们表明来自辽宁时，瞬间感受到奉节人的热情。

1992年我省对口支援三峡库区，奉节县移民小区草堂社会福利院项目"供养失能、释放有能"的帮扶模式显著带动了建档立卡贫困户脱贫致富，该模式被国家民政部和残联作为典型经验在全国推广。

两地充分挖掘援受双方资源禀赋，积极探索推广"绿水青山就是金山银山"的路径，持续帮助奉节县增强内生发展动力。

▲ 记者贾知梅（中）在奉节县辽宁小学采访。

28年来，辽宁支援的力度不断加大，对口支援切合奉节实际、帮扶工作独具辽宁特色。采访中，奉节人民动情地说："辽宁帮扶的每一个项目都有温度，更显情怀。"

共建班级 新疆班、西藏班用爱育人

大连二十高中让新疆学生适应新生活

"内地新疆高中班作为党中央、国务院智力援疆的一项战略性决策,从 2000 年开始就已经实施。我校新疆班是全国首批 13 所办班学校之一,也是东北地区第一家。"大连二十高中新疆部主任隋小敏告诉记者,"学校第一届新疆班共有 2 个班,80 多名学生,从第三届开始发展为 3 个班。截至目前,共培养了 2382 名新疆籍学生。现有在校生 373 名,9 个教学班。"

由于新疆与内地自然环境的差异,学生在生活中遇到各种问题,为了解决学生的生活困难,新疆维吾尔自治区教育厅委派内派教师,协助学校做好学生的生活管理工作。学校还特别开设了新疆班餐厅、浴室、洗衣房、晾衣房和热水房等,生活设施一应俱全。

据介绍,新疆班的学生和学校其他汉族班的学生住在一个宿舍,一个楼层,平日各类文体活动全部融为一体,形成互学互鉴、共进共勉的校园氛围。学校正在稳步推进混班混住工作,目前采取了单独编班和插班两种模式,将成绩优秀的新疆籍学生按不同民族人数比例,插入本地班学习,"目前插班生人数占比 25% 以上,插班生与本地班学生互帮互助,在学习和生活中结下了深厚友谊。"

提示 TI SHI

扶贫不仅要扶物质,而且要扶精神、扶智力、扶文化。

在天山最美的季节,因为疫情没能及时返校的大连市第二十高级中学新疆班的学生终于回到了校园,作为东北最早设新疆内地高中班的学校,二十年来,大连市第二十高级中学取得了令人瞩目的成绩。

从 1985 年开始,辽阳市第一中学的西藏班就成为当地最美的一道风景线。三十多年来,该校一直在探索民族教育规律,研究民族教育特点,西藏班已先后培养五千余名毕业生,为西藏的建设与发展发挥了重要的作用。

▲ 大连市第二十高级中学新疆班学生在校园合影。

办班 20 年来，如今已经有 1300 余名毕业生走上工作岗位。

在大连二十高中的操场上，经常会遇见几个新疆班的学生，他们热情、开朗，身上充满蓬勃的朝气。隋小敏告诉记者，刚刚来到学校的高一新疆班孩子们面临的最大困难就是不适应内地的学习和生活节奏。为了让孩子们能尽快适应内地的学习和生活，学校想了很多办法，比如多组织集体活动，举办艺术节、体育节，还开设了朗诵、书法、舞蹈、绘画、武术等社团，重大节假日召开联欢会，暑假里老师去新疆开展学生家访等，经过在学校的 3 年生活，新疆班学生的综合素质、学习和生活能力得到很大提升。

新疆班的老师没有节假日，即使寒暑假也是人休心不休，随时到校解决学生的生活和学习问题。"新疆班老师尤其是班主任老师作为新疆班学生思想上的引领者，学习上的导师，生活上的父母，付出了巨大的心血。3 年的学校生活也让新疆班的孩子们和老师结下了深厚情谊。"隋小敏说。

该校副校长赵林芳被新疆班学生亲切地称为"赵妈妈"。"我希望能用爱

镜头

JING TOU

———

▲ 大连市第二十高级中学新疆班学生在练习书法。

东北最早设新疆内地高中班的学校

为了让新疆班的学生得到全面发展，大连市第二十高级中学专门为新疆班学生开设了朗诵、书法、舞蹈、绘画、武术等社团，通过这些社团活动，学生们不但丰富了课余生活，开阔了视野，更铸牢了中华民族共同体意识。

心和真诚让这些远离家乡的孩子感受到家的温暖,让他们在这里安心学习!这也是学校全体老师最大的心愿。"赵林芳告诉记者。

2016年,大连二十高中在乌鲁木齐市组织了一次新疆班毕业生回访活动,100多名新疆班毕业生赶到乌鲁木齐,师生见面,共同回忆往事,重拾母校情。

在大连二十高中新疆部的办公室内,"共育天山英才,同谋中国梦想"12个大字尤为醒目。作为智力援疆的一部分,大连二十高中新疆班开设至今,学校获得由国务院颁发的"全国民族团结进步模范集体",副校长赵林芳荣获"全国民族团结进步先进个人"称号。

20年的时间,学校老师用真情哺育了一朵朵来自天山的雪莲花,更成为支持西部开发、促进民族团结的最生动见证。

辽阳一中西藏班培养5000余名毕业生

作为国家首批开设内地西藏班的中学,辽阳市第一中学成为来此求学的西藏学子最温暖的家。

从1985年开始,辽阳一中的西藏班就成为当地最美的一道风景线。辽阳一中西藏班政教处主任苏万奇告诉记者,西藏班到今年已先后培养5000多名毕业生,为西藏的建设与发展发挥了重要的作用,"86级的毕业生巴果是西藏第一个女博士,我们的很多毕业生如今在西藏一些领域是骨干力量。"

苏万奇说:"学校西藏班的学生大多来自拉萨、那曲和山南地区,其中70%来自农牧民家庭。很多学生没出过远门,西藏班的班主任每天从早上6点工作到晚上10点,事无巨细地照顾学生的学习和生活。"学校经常为西藏班的学生组织各种研学活动,增长见识。

"学校还组织'汉藏一家亲'活动,让西藏班的孩子和其他班级的汉族学生结对子。"苏万奇说,为了陪西藏班的学生一起过节,他已经有5个除夕夜没和家人一起过了,"我们所做的一切都是希望西藏班的孩子在这里能有家的感觉。"

来自西藏山南地区的旦增群宗和来自拉萨的次仁桑珠已经在辽阳一中西

镜头
JING TOU
———

▲ 辽阳市第一中学西藏班师生参加户外活动。

国家首批开设内地西藏班的中学

对于辽阳市第一中学西藏班的学生来说,丰富多彩的课外生活实践活动从来没间断过,比如滑雪、体验农业生态园、参观科技馆、游览千山等。这些活动让学生的人文素养得到熏陶,也磨炼了他们的意志品质。

藏班学习3年了，对于他们来说，这里的老师就是他们的亲人。"刚来的时候睡不好觉，老师经常来看望我们，我们生病了也都是老师给买药。"次仁桑珠说。

旦增群宗告诉记者："我们就像格桑花开一样，得到了汉藏一家永恒的爱。"旦增群宗说现在她最爱吃的就是东北的麻辣烫。

"几十年时间，辽阳一中西藏班在艰苦中奠定了基础，在积淀中创造了优秀，也在发展中形成了自己的特色。"苏万奇说，"我们会继续努力，把更多来自西藏的学生培养成才。"

政策好，来了就不想走

在大连市自来水集团二楼的会议室里，记者见到了贵州省六盘水市钟山区南开乡九龙村村民郭士富。从2019年开始，他作为当地贫困劳动力赴大连就业。郭士富说："通过东西部扶贫协作项目，自己才得到这么好的工作机会，我一定会努力工作。"

为了让更多的六盘水贫困户走出大山，早日脱贫，大连和六盘水市委、市政府做转移就业人员的"领路人"，给来大连务工的人员联系企业，提供免费专车和免费飞机票。

郭士富至今仍记得2019年自己第一次作为打工者来到大连的情景，刚走出大连周水子国际机场，大连市西岗区政府的相关工作人员就已经等在了门口，双方对接后，西岗区政府的工作人员把他送到了工厂。

郭士富说，跟之前出门打工的经历相比，像这样有人到机场接机的待遇还是头一回。

大连市西岗区公共事业服务中心副主任宋伟说："这项工作从前期准备，到后期这些转移就业的人员来到大连，其中每一项工作我们都做到了无缝对接，转移就业的人员还在老家，就业岗位信息就已经发给他们了，让他们自主选择合适的、喜欢的工作。"

为了让像郭士富一样从六盘水出来的务工人员早日脱贫，大连市在扶持政策方面力度很大。大连市西岗区人力资源和社会保障局副局长王教科说：

▲ 记者赵雪（左）在辽阳市第一中学采访。

"所有选择来大连务工的人员，企业均包吃包住，签正式合同，给上社保。此外，政府相关部门还提供健全的生活保障，我们给采买洗漱用品、被褥等生活用品，尽量减少他们的花销。"

今年受疫情影响，大连市通过建立信息共享机制、提供就业创业服务、举办"云招聘会"等举措，帮助六盘水市转移来辽宁就业151人，就近就地就业2720人，转移到其他地区就业1973人。

好的政策吸引了越来越多的六盘水人来辽宁工作。已经尝到政策甜头的郭士富2020年春节过后，毫不犹豫地选择继续到大连就业。他说："在这里工作，收入有保障，生活更安稳。在这么好的扶贫政策帮扶下，每个月能攒下不少钱。"他还有个小愿望，将来想找个大连媳妇，在这里安家。说完，他腼腆地笑了。

印·记
YIN JI

扶智

刚到辽宁时，不论是西藏山南地区的学生旦增群宗，还是贵州六盘水的打工人员郭士富，都不适应新的环境，在大家的帮助下，他们发生了许多改变。在辽宁这片土地上，他们或学到了大量知识，或熟悉了新领域新行业，他们的思维逐渐开阔，人生的轨迹多了选择。

通过教育扶贫，让贫困地区的孩子接受良好的教育，是阻断贫困代际传递的重要途径。教育扶贫要扶思想、扶观念、扶信心，同时扶知识、扶技术、扶方法。有了奋斗的愿望和意志，贫困群众才能迈开脚步，走上奔小康之路。

在辽宁，我们为来自新疆、西藏的贫困学生开设"新疆班""西藏班"，让他们在异地他乡接受优质的教育，已经取得实效。这种模式是教育扶贫的举措之一。辽宁对口支援新疆、西藏、贵州等地，不仅派出大批优秀教师到当地任教，增强当地学校的硬件设施建设，而且将先进的教学理念传播到这些地区，不仅教学生，也教当地的老师，将教学理念倾囊相授。当然，知识传播也影响到当地的群众。

希望开花

跨越山水、长途跋涉，

重庆、贵州、西藏、新疆，

我们走进一座座辽宁援建的学校。

校园里、课堂上，

一张张稚嫩的笑脸，写满了憧憬，

一个个勤学的身影，让希望开花。

透过捕捉到的孩子们的表情，

我们看到了，

脱贫攻坚，一项具有重大意义的伟业。

这是守望着大山的孩子的脸，

黝黑的皮肤衬托出明亮的双眸，

他们的笑脸是最美的风景。

这是早早懂事的孩子的脸，

昂扬着不服输的斗志，

他们的笑脸是最好的成长礼物。

这是一群满怀期冀的孩子的脸，

或开朗、或腼腆、或调皮，

他们的笑脸是最坚韧的力量。

▲ 努尔江　叶烁唐
新疆塔城市托里县第二中学高二学生

▲ 胡可欣　刘雨婷
重庆市奉节县辽宁小学二年级学生

▲ 格桑多吉　次旺洛加　尼玛次仁
西藏拉萨那曲第二高级中学高三学生

▲ 何文博
贵州六盘水市水城县阿戛小学三年级学生

Complete Victory in the Fight against Poverty

▲ 李昌富　邓淮允
贵州六盘水市水城县阿戛小学五年级学生

▲ 李忆涵　韩梓菲
重庆市奉节县辽宁小学二年级学生

▲ 冉欣跃
重庆市奉节县辽宁小学五年级学生

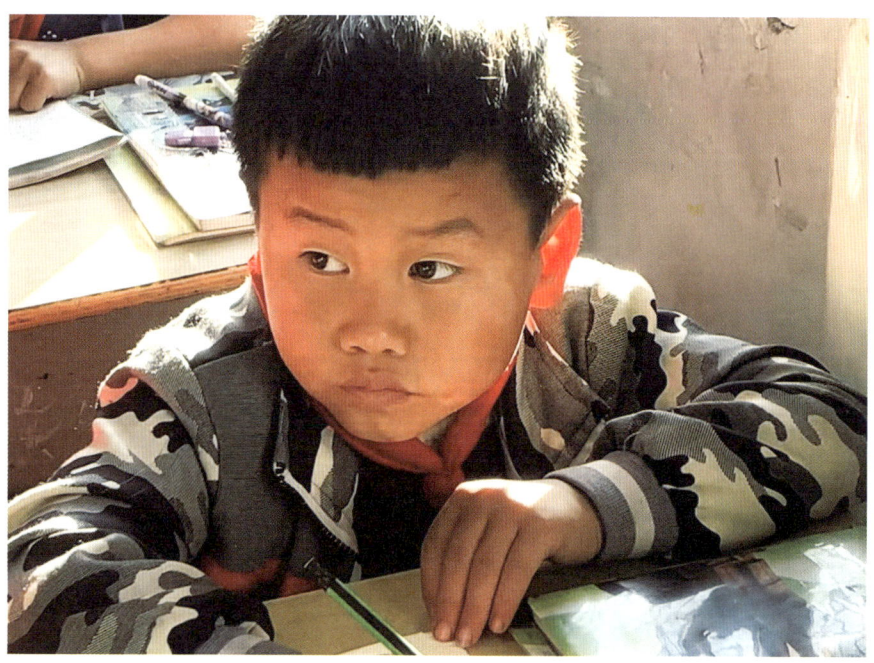

▲ 吴春亮
贵州六盘水市水城县阿戛小学三年级学生

▲ 张诗敏
重庆市奉节县辽宁小学二年级学生

望王年

第五章

奋蹄踏新程

律回春渐，新元肇始。

极不平凡的鼠年即将落下帷幕，充满希冀的牛年正扑面而来。在这样一个岁序更替的节点，辽宁日报《望年》特刊如约与大家再次见面，细数往昔，笑迎花开。

时间是历史的记录者。这一年，我们见证了太多的波澜壮阔，在共克时艰中凝聚力量，在披甲出征中品味担当，在守望相助中收获感动。医者綦美艳、綦美玲双胞胎姐妹推迟婚期共赴湖北抗疫一线，社区干部孔艳吃住在社区两月未归诠释了"人在阵地在"，"九〇后"志愿者宋世辉创作歌曲为大家鼓劲儿……

奋斗"拼图"不凡的岁月。这一年，我们经受住了考验，稳健按下复工复产的启动键；我们高质量举办全球工业互联网大会和辽洽会，传递了对外开放和拥抱世界的坚定信念；我们如期完成脱贫攻坚的目标任务，看到"黄土恩们"稳定脱贫后露出满足的笑脸。

创新赢来竞争新优势。这一年，一系列体制机制创新带来营商环境持续改善，创业者宋宇感受到了跑腿的"少"和办事的"快"；辽宁制造随着嫦娥五号和"奋斗者"号上天入海，为科技自立自强贡献辽宁智慧；沈抚改革创新示范区"园丁式"审批服务，让外来投资企业赞不绝口……

回望来路，正是因为4300万辽宁人坚毅果敢、团结一心，才克服了一个又一个困难；正是因为辽宁人始终用攻坚的姿态直面挑战、奋力前行，才闯过一处处险滩，在经济发展、民生保障、文化事业、美丽乡村等领域为自己赢来一个又一个胜利。

伟大梦想，奋斗以成。我们致敬为民无私奉献的英雄，也致敬努力生活的自己。

迎接这个非同寻常的新春，并置身"两个一百年"奋斗目标交汇的宏大场景，见证"十三五"收官和"十四五"开局，相信大家和我们一样，一面为在复杂形势下取得的成就振奋感怀，一面对辽宁建设新征程谱写新辉煌充满信心和期待。

牛年说"牛"，没有等出来的精彩，只有干出来的辉煌。我们要继续发扬为民服务孺子牛、创新发展拓荒牛、艰苦奋斗老黄牛的精神，不待扬鞭自奋蹄，在新的征程上创造属于我们的灿烂明天。

战疫情，我先上

当祖国和人民需要时，我们还会携手出征！

2020年初，中国医科大学附属盛京医院双胞胎姐妹綦美艳、綦美玲因为驰援湖北而推迟婚期的故事，在朋友圈广泛传播。新春将至，记者再次采访了这对双胞胎护士。

2020年12月，沈阳新冠肺炎疫情发生后，姐妹俩穿上防护服、戴上防护面具和口罩，又忙碌在抗疫一线。姐姐綦美艳被抽调到缓冲病房，参与急诊救治；妹妹綦美玲在儿科门诊负责发热患儿治疗。

姐姐嘱咐妹妹："特殊时期患儿家属会更焦虑，你照顾患儿的同时也要注意缓解家属的情绪。"妹妹更加惦记姐姐："你那里风险更大、责任更重。"抗疫一线，姐妹俩继续并肩作战。

疫情当前，姐妹俩不约而同地说："当祖国和人民需要我们的时候，我们还会携手出征！"

一年前的携手出征，姐妹俩刻骨铭心。两人毕业于中国医科大学护理系，2011年一起被分配到盛京医院做儿科护士，本打算在2020年一起成为新娘。为了到抗疫一线，姐妹俩商量，推迟婚期，一起到湖北参加抗疫。

我的年度时刻
SHI KE

2020年是极不平凡的一年，一场突如其来的新冠肺炎疫情打乱了人们的生活秩序。众志成城，凝聚磅礴力量。抗击疫情，全省上下闻令而动，医护人员治病救人显担当，社区工作者严守"全民防疫"的防线，志愿者哪里有需求就出现在哪里……万众一心，成为战胜疫情的底气。

抗疫生产两不误，复工复产保增收。在严峻的形势之下，我省统筹疫情防控和复工复产，稳健按下发展的"快进键"，在保障群众生活的同时，也为战胜疫情提供了坚强支撑。

在疫情防控常态化的工作中，我们坚定信心、同舟共济、精准施策，正在迎来春暖花开。

▲ 綦美艳、綦美玲

2020年2月13日21时,姐妹俩接到护士长通知,14日下午乘机上抗疫一线。这时,姐妹俩才把要一起去湖北抗疫的事情告诉妈妈。妈妈哽咽着说:"一去就去俩……"爸爸摸着姐姐的头,又摸摸妹妹的头,一再嘱咐道:"大宝、二宝,一定注意安全……"

2月14日沈阳桃仙国际机场,回望着前来送行的亲人,姐妹俩入闸登机。身后传来綦美艳未婚夫的声音:"等你回来,我送你一个盛大的婚礼。"姐妹俩约定,待凯旋一起穿上嫁衣,一起出嫁。

到达湖北襄阳的第二天,姐妹俩就在襄阳市中心医院东津院区儿童发热病区上岗了。虽然出征前进行个人防护培训时穿过防护服,但穿着防护服工作时,姐妹俩才真正感受到了"考验":"防护服不透气,忙了没一会儿,护目镜里就起了一层雾气,浑身也湿透了。话说多了会喘不过气来,感觉缺氧。为了节省防护服,大家一直穿着尿不湿工作,连着几个小时水都不敢喝,下了班后捧着杯子大口大口喝水……"

为了缓解患儿的情绪,綦美玲和同事在防护服上画了卡通图案。3床的小女孩对她说:"阿姨,我可以在你的防护服上画画吗?"綦美玲说当然可以了,便坐在床边让孩子画。没想到,小女孩画了一幅姐妹俩的肖像,还写上了"英雄小姐妹"5个字。

"后悔出发前没去跟姥姥道别……"姐妹俩在襄阳得知姥姥离世的消息,悲伤不已,姐妹俩擦干眼泪,又投入紧张的工作中,姥姥没能参加上姐妹俩的婚礼,成为她俩深深的遗憾。

2020年3月21日,綦美艳、綦美玲圆满完成任务凯旋。10月25日,姐妹俩如愿以偿,双双穿上嫁衣,成为最美的新娘。

数说

SHU SHUO

全省派出 **11批 2054名** 医疗队员驰援湖北等地

获评全国抗击新冠肺炎疫情先进个人、先进集体
40人 10个集体

20户 | 获全国妇联"全国抗疫最美家庭"荣誉

全面复工复产按下"快进键"仅十余天省属重点企业
100%复工

疫情不退，我不退！

1月17日8时，志愿者宋世辉准时出现在沈阳市和平区新华街道华光社区民族家园小区门口，登记外来人员，帮助小区内的老人拿东西……零下20多摄氏度的天气，每天十余个小时，这是他今年参与抗疫志愿服务的第17天，陪伴在他旁边的，还有一个贴有"传播正能量"的大喇叭。

最近，很多人从网上认识了宋世辉，还有网友亲切地称他为"社区最美播音员"。

1992年出生的宋世辉是一名独立歌手和主持人。此次沈阳疫情发生后，他第一时间向社区申请参与志愿服务。1月1日早6时，他来到沈阳铁路五校南校区核酸检测点位，用志愿服务开启新的一年。

经过一天的工作，细心的宋世辉发现，有很多居民因为年龄大、不常上网等原因，对核酸检测的地点、时间、注意事项等了解，于是，他拿着平时开展公益活动时使用的大喇叭，用标准的普通话宣传核酸检测事宜。他徒步行走7个小时，在华光社区、平安社区70多栋楼之间进行宣传，宣传内容增加了社区通知、实时重要信息等。

每天身背大喇叭，穿梭在小区、核酸检测现场，操着一口标准的普通话，为小区居民细心提供指引、耐心回答疑问……在寒冷的冬日，这个阳光帅气的小伙子温暖了很多人。

核酸检测任务完成后，要进行小区疫情防控。宋世辉又开始承担了一个小区的"守门"工作。

心愿
XIN YUAN

期待疫散人安，春暖花开。
——宋世辉

▲ 宋世辉

担心外来人员"漏网",第一天,宋世辉在寒风中整整坚守了12个小时,连午饭都是在门口快速解决的。尽管浑身冻透,他还是坚持用自己的"大喇叭"播报实时信息,让居民第一时间收到通知。

随着气温持续走低,在凛冽的寒风中,宋世辉的装备也在"升级":两层羽绒服、三条棉裤、加厚的棉鞋,大衣外面再套一件蓝色马甲背心。

看到宋世辉一直在外面站岗,居民们纷纷送来护膝、姜枣茶、手套、暖宝贴、加热鞋垫和水果等。天气虽冷,但宋世辉内心却充满无限温暖。

其实,早在2020年2月,宋世辉就主动申请过参与社区疫情防控,用57天的坚守、790个小时的日夜奋战保卫了社区家园的平安,并有感而发创作了一首Rap歌曲《青年担当》。

"疫情不退,我不退!"宋世辉说,新的一年,他的愿望是疫散人安,待到春暖花开,带着他的学生一起去做志愿服务。

我是社区书记,
危险事情让我来!

"核酸检测结束了,但防疫的事儿还不能掉以轻心。"2021年1月23日下午,沈阳市大东区津桥街道百乐社区的会议室里,借着其他会议的间隙,社区党委书记孔艳给网格员、业委会成员"打气"鼓劲。

▼ 孔艳

由于离中街商业区较近,百乐社区外来人口和流动人口多,孔艳时刻绷紧防疫这根弦。作为全程参与处理小区内一家三口确诊新冠肺炎病例的社区党委书记,她坦言:"真怕过,但责任面前脑子里没有过逃避的念头。"

2020年1月25日，正月初一的凌晨，孔艳煮好的年夜饺子还没来得及吃，就接到一个急切的电话让她到大东区防疫部门。在那里，她得到了准确信息：小区里出现两例疑似病例。

"当时脑子'嗡'的一下，蒙了！"孔艳形容自己当时的状态，但随着防控工作的部署，她想如果自己表现出害怕来，防疫工作还怎么干？居民又怎么办？安排对接疑似病例家属的任务时，孔艳态度明确："我是社区书记，让我来！"

全面消杀、地毯式排查、安抚居民……防疫工作有序推进。但当疑似病例的父女二人先后确诊后，在家隔离观察的女主人情绪烦躁几近崩溃，孔艳就变身心理咨询师随时随地对其进行心理疏导。几天下来，女主人因发热送医时，主动将家门钥匙交到了孔艳手上。

确诊患者停放在医院外马路上的汽车，因患者隔离治疗而无法挪走。接到挪车请求的孔艳，在没有防护服的情况下，克服了内心的恐惧，独自完成了消毒挪车的活儿。

那段时间，医疗防护物资极度匮乏，社区工作人员的付出居民们都看在眼里。70多岁的居民韩闯送来2003年非典时攒下未用的口罩；百乐小区的党员组织起来自发值守院子，为社区节省了人力；因周边饭店停业社区工作人员吃不上饭，居民衣家旭煮好饭菜送来……

事实上，孔艳自2020年1月25日离家后，整整两个月时间没回过家，每晚就搭3把椅子睡在社区。"也顾不上什么条件，我们好几个人洗脸洗脚就一个盆。"回忆当时的情形，她忍不住笑了起来。

"属于百乐社区的胜利时刻是3月25日，我们接到了解除封闭的通知，那天正好是我的生日，也算是一个不错的生日礼物。"孔艳说，不过，还没等她休息和家人一起过生日，就"无缝"衔接上了创文明城市而开展的拆违章建筑行动。

"因为我是党员，是社区书记，在社区遇到困难的时候必须先上。"对于新的一年，孔艳表示要继续抓好常态化疫情防控工作，继续认真做好社区居民的守护人，希望大家都健康平安。

奔向小康

脱贫了，一个不少

当了村保洁员，黄士恩的日子越过越好

"以前，家里困难，每到过年，心里总是七上八下的。在党的扶贫政策的帮助下，去年我家住上了新房，我在村里当保洁员，每月有固定收入，全家摘掉了贫困帽。现在，日子越过越好，心里也越来越踏实！"1月19日，在北票市台吉镇东台吉村，说起家里的变化，农民黄士恩脸上洋溢着幸福的笑容。

黄士恩家共有5口人，老伴儿身体不好，儿子患病多年，家有两个孙女正在读书。多年来，劳动力的匮乏一度让这个家庭陷入贫困之中，过去的黄士恩常常为家里的生计发愁。

随着党的精准扶贫工作的开展，黄士恩家被确定为建档立卡贫困户。2019年，台吉镇结合美丽乡村建设，开展就业扶贫，优先聘用辖区贫困户担任保洁员，黄士恩成为村里的保洁员，实现了家门口就业。

"在村里当保洁员很适合我，既不耽误照顾家庭，又不耽误农活儿，每月有固定收入。"说起保洁员这份工作，黄士恩很感动。黄士恩不怕脏、不怕累，每天驾驶三轮车穿行在村路上，将村路扫得干干净净。

走进黄士恩家的小院，维修改造后的新房十分显

我的年度时刻 SHI KE

全面建成小康社会，一个都不能少。

自我省全面打响脱贫攻坚战以来，省委、省政府始终把脱贫攻坚作为重要的政治任务和第一民生工程，高位推进、尽锐出战，攻克一个又一个难关。

2020年，我省集中力量完成打赢脱贫攻坚战和补上全面小康"三农"领域突出短板两大重点任务，持续抓好农业稳产保供和农民增收。

2020年，我省推动1.42万剩余贫困人口全部脱贫，提高21万低收入脱贫人口脱贫质量，在克服疫情不利影响下，挂图作战，攻坚克难，历史性地消除了绝对贫困。

▲ 黄士恩

眼，房顶是新换的彩钢瓦，房子正面白色的墙砖干净美观，屋内墙面粉刷一新，阳光透过双开的断桥铝门窗直射房内，整个房间充满了温暖的阳光。

"要不是党和政府帮我改造危房，这辈子哪能住上这么好的房子。"看着维修改造后的新房，黄士恩感慨道。

"现在党的扶贫政策真好呀！除了危房改造，我家还享受教育扶贫、医疗救助等扶贫政策，还有镇里、村里每年给咱发放产业分红，想方设法让我们依托合作社致富增收。"黄士恩接着说。

脱贫攻坚，产业是根。近年来，针对黄士恩这样的贫困家庭，发展产业缺资金、缺技术、缺经营能力的问题，台吉镇发展了光伏产业、肉鸡养殖等扶贫产业，东台吉村成立土地股份合作社，发展特色种植，用集体的"大手"拉起贫困户的"小手"，以产业分红等形式持续带动贫困群众稳定增收。

"现在，日子越过越好，越过越有奔头。这些天，我们一家人正在忙着准备年货，高高兴兴迎新年，希望一年更比一年好。"黄士恩笑呵呵地说。

的确，新年新气象，一切都是新的开始。2021年的这个春节，对黄士恩一家而言是喜悦的，更是幸福的。新的一年，脱贫后的黄士恩一家将迎来全新的幸福生活。

花果满山，
付宝库带领村民奔小康

寒冬时节，在铁岭北部山区西丰县天德镇天来村，30栋温室大棚内，

数说
SHU SHUO

推动 1.42万 | 剩余贫困人口全部脱贫

开展扶贫工作8年
84万 | 建档立卡贫困人口脱贫

提高 21万 | 低收入脱贫人口脱贫质量

完成建档立卡贫困户危房翻建改造 | **1.7万户**

花开正艳，果香扑鼻。20余名村民忙碌在大棚间，忙着给樱桃树、草莓苗等打尖、摘花、采收等。

"别看俺们村地处偏僻，但一年四季都产水果。秋天，漫山的鸡心果、金红果、苹果梨。临近春节，大棚里的樱桃和草莓，红红火火。"1月19日，正在大棚内干活儿的张丽红告诉记者，天来村这几年发展果树种植，让他们这些贫困家庭一年四季都有了来钱道。

天来村距离西丰县城约50公里，地处辽宁、吉林两省交界处。曾经，这里因荒山多、耕地少、交通不便，全村1/3以上的家庭是贫困户，是远近闻名的贫困村。

改变，从2010年开始。这一年，天来村"两委"换届，在镇党委的支持下，村民请回了本村当时在吉林省四平市做生意的致富能人付宝库。"当时，我在四平生意做得很好，但是村民们的致富期盼实在太强烈了，镇里干部和村民多次找我，最终我决定回来。"天来村党支部书记付宝库说。

想要乡村富，产业兴旺是基础。回村后，付宝库马上着手与村干部、村民谋划产业发展。"咱村山多地少，种玉米连温饱都解决不了，得寻求特色种植。"经过考察筛选，天来村确定了果树种植的大方向。

"咱村很早就种果树，虽然此前大多失败了，但是咱们可以走出去，学技术。"付宝库在村里带头承包了120亩荒山坡地，栽上了123苹果、李子、糖

心愿
XIN YUAN

铆劲儿干，咱天来村乘风破浪奔小康。
——付宝库

▲ 付宝库

Complete Victory in the Fight against Poverty

梨树。看到付宝库种果树的决心,越来越多的村民也陆续加入。

果树上了山,付宝库带着部分村民外出学技术,回到村里再手把手地教更多的村民剪枝、疏果、施肥,遇到大家弄不懂的问题,就把专家请到村里,花少、落果、病害等难题被逐一破解,村民心里的石头慢慢落了地。

2013年秋,果子成熟了,村民丰收了,每天采摘十几万公斤。付宝库带着样品果上北京、广东、河南联系水果收购商,半个月后,北京、广东、河南水果商的车队开进了天来村。

为了填补村民冬季收入的空白,付宝库又带领村民建起30栋标准化温室大棚,经过多次去大连学习,成功引进美早樱桃。同时,他还带领村里成立合作社,建立起水果批发市场,打造水果集散地。

付宝库介绍,目前,天来村果树种植面积达到8100亩,年产各类水果600多万公斤,产值超过1300万元。通过引导农户种植、村集体经济分红、政策兜底等举措,天来村178户、358名贫困人口全部脱贫。

产业致富路上,付宝库时常告诉村民,丹东凤城"大梨树"是天来村的榜样。"凤城有'大梨树',咱村有'花果山',新的一年,只要铆劲儿干,咱天来村一样可以乘风破浪奔小康。"付宝库说。

以智惠农,
省农科院600多名专家精准扶贫

辽东,抚顺市清原满族自治县的民合食用菌专业合作社,社员们正在省农科院食用菌所刘俊杰的指导下制作菌棒;辽西,阜新市彰武县双庙镇明水村,种植大户曹敬宝正和省农科院栽培所的于希臣一起在网上销售地瓜……辽沈大地,农民们在黑土地上勤劳地耕耘着。他们的背后,有600多名省农科院的专家,点对点、手把手,因地因时因人,有针对性地进行帮扶,用科技力量为农业发展赋能。

2020年,省农科院扎实开展科技创新、成果转化及科技扶贫等工作,在全省50多个县(市)区开展技术服务,示范推广优新品种及关键技术900

多项。创建"政府+科技+企业+贫困户"的科技扶贫新模式,先后与兴城、彰武、绥中开展科技扶贫共建,为全省乃至全国脱贫攻坚提供可借鉴、可复制的经验,荣获 2020 年"全国脱贫攻坚奖组织创新奖",这也是国内农科院系统首次获得脱贫攻坚国家集体最高奖励。

"获此殊荣,得益于省农科院多年来深耕一线。"省农科院院长隋国民表示,作为农村实用技术研究的摇篮,省农科院在省内扶贫帮扶地区多,选派专家数量大。用"直接做给农民看、带着农民干"的方式,指导一个个产业扶贫项目落地生根。

步入 2021 年,如何巩固和拓展脱贫攻坚成果,牢牢把握粮食安全主动权、全面实施乡村振兴战略,这个"以智惠农"的团队,已设定好清晰的目标。

"首先要着力开展关键技术攻关,为保障我省粮食安全提供科技支撑。"隋国民表示,要做好种子资源收集、保存和评价等工作,加强新品

▲ 省农科院食用菌所把新技术带到抚顺市清原满族自治县的民合食用菌专业合作社

种选育,从根本上解决品种瓶颈问题。深入开展以黑土地保护、资源高效利用为核心的重大共性关键技术攻关,提升粮油、果菜综合生产和供给能力。

各地农业资源禀赋不同,产业布局也要各具特色。今年,省农科院将围绕省委、省政府"十四五"规划总体部署,聚焦"一圈一带两区"发展格局和县域经济发展科技需求,重点打造东部农旅融合绿色农业、辽西农牧融合生态农业、辽南特色果业和海洋渔业、辽北优势粮油作物、中部现代都市农业等农业示范区,在全省打造 10 个各具特色、一、二、三产业融合发展的科技小镇,建立 30 个乡村振兴科技引领示范村(镇),为不同区域现代农业发展提供可学习可借鉴的样板。

Complete Victory in the Fight against Poverty

环境优化，营商"一站通"

沈抚改革创新示范区：
给每个投资项目配"管家"

2021年1月16日，周六。李志波像往常一样7点准时从家里出发，特意开车到沈抚改革创新示范区转一圈。玄菟路的两旁，方大生命健康产业小镇、七喜精准医疗、天年大数据医疗产业园等项目正按照规划有条不紊地推进着。

这条产业路，是李志波眼中最美的一条路。

2020年3月7日，李志波到沈抚改革创新示范区工作，6月招商局更名为投资促进局，李志波任局长。沈抚改革创新示范区位于沈阳市和抚顺市两个特大工业型城市之间，总管辖面积约278平方公里，充满了发展活力。

李志波说："好的项目为示范区提供了强大的动力和支撑，我们把好的项目招进来，更要服务好这些项目。"

洽谈项目，引进来，项目落地、开工、跟进服务，李志波的工作一环套一环。为了让项目的各个环节无缝对接，她带头做好"店小二"。

为打造好的营商环境，吸引更多的企业来投资，沈抚改革创新示范区建立了调度机制，管委会主要负责人带领区内各个部门，每周召开2至3次调度会，确保项

我的
年度时刻
SHI KE

我省在优化营商环境中，以办事方便为目标，优化再造政务服务流程，按照"减材料、减环节、减时限、减跑动次数、减人员"要求，让企业和群众办事"最多跑一次"。

在沈抚改革创新示范区，办理营业执照只需20分钟，开办企业最快3个半小时即可办完。招商引资进来的企业，提供"管家"服务。

在沈阳市浑河站东街道首创国际社区政务服务驿站，百姓在家门口就能办理137项政务服务，包括医保、社保、居住证明等22项高频事项都可以一站式办理。

企业、群众不求人就能办成事，办事便捷、快速，这是打造好的营商环境的根本。

目顺利进行。

2020年,该示范区推进实现开复工的招商引资项目共计54个,当年签约、当年摘牌、当年开工项目22个。"对落户项目,我们配备'项目管家',提供周到的服务,帮助解决企业在这里遇到的一切问题。"李志波说。

2020年3月初,由于疫情原因致使招商工作面临困难,大家转变思路和方法,通过网络"云招商"的方式引进盛世五寰(哈工大)智能装备制造基地项目,5月份项目用地摘牌后,当日即取得预施工许可证。目前项目办公楼主体已经封顶,厂房开始内部装修装饰工程,项目从洽谈到主体封顶仅用了7个月的时间,创造了招商引资项目建设的"示范区速度"。

沈抚改革创新示范区党建工作部副部长赵启宾说:"打造好的营商环境,需要专业化的服务队伍,'项目管家'作为企业与各部门沟通的桥梁,要了解企业所需,要精通政府各部门流程。"

在沈抚改革创新示范区政务服务中心,每一项业务都有严格的时间刻度。进入大厅刷身份证取号,倒计时开始。"从取号到开始办业务等待时间不能超过15分钟,这是对所有窗口工作人员的一项硬考核指标。"沈抚改革创新示范区行政审批局局长王鹤锦说。

"递交完材料,20分钟出营业执照。"王鹤锦说,来这里办事的企业在

▼ 政务服务

数说
SHU SHUO

对全省 **11.4万项** 依申请政务服务事项逐项优化流程

取消下放省级行政职权 | **1005项**

推进百日攻坚"一网通办"实办率 | **46.7%**

"辽事通"上线高频便民事项 | **2219项**

前台一个窗口受理，然后按照所办具体事项的复杂程度，在后台协作分办，最终实现进门"一个码"，让办事人员便捷到达窗口；窗口"一块屏"，让办事人员与业务员精准对接；走时"一个包"，让投资建设的办事人员全面掌握所需办理事项的内容。

优化营商环境建设，打出具有区域特色的"放管服"组合拳，完成"一枚印章管审批"。据了解，2020年沈抚改革创新示范区共办理审批业务49496件，将原来在9个部门的14枚审批印章，统一为"沈抚示范区行政审批专用章"。

在第二届中国国际化营商环境高峰论坛暨《2020年中国营商环境发展评估报告》发布会上，沈抚改革创新示范区荣获"国际化营商环境建设标杆区"。

在沈抚改革创新示范区办公楼二楼的一个房间里，挂满了锦旗，还有一些企业写来的感谢信。一家小微企业的感谢信上这样写道："工作人员不再高高在上，而是服务于群众，不再为不会办、不能办找借口，而是积极地沟通。"

创业者宋宇：
很多事情在服务大厅办了

宋宇在东北科技大市场里经营着两家科技服务公司。自2017年入驻以来，享受了免租金、减免税收等多项政府扶持政策。谈到营商环境这一话题，他说："近年来总体感受是与政府部门打交道的环节减少了，办事的速度越来越快了。"当初进驻东北科技大市场的时候，市场给每个进驻的企

心愿
XIN YUAN

办事快了，腿少跑了，企业的发展机遇多了。
——宋宇

▲ 宋宇

业都配了一个"专员",专门负责协调解决企业遇到的难题。企业遇到问题找"专员","专员"负责跟政府相关部门协调,帮助解决问题。宋宇说:"这两年我跟这个'专员'的联系不那么紧密了,因为很多事情我们到浑南政务服务大厅都能一站式办理,效率也很高。"

在东北科技大市场,围绕科技成果转移转化,企业可以享受到为其量身打造的专项活动,比如:主题科技服务活动、企业培育公益课堂、海外人才沙龙等。

中科合创(辽宁)科技服务有限公司是宋宇在东北科技大市场注册的公司之一。宋宇说,在这里能享受到一系列全链条、常态化的服务。"大市场服务辽宁科技企业,科技服务在大市场聚集,通过大市场平台我们挖掘更多潜在客户,另一方面通过我们对辽宁科技企业提供专业化的服务,在这里我感到了需求和被需要。"

来沈阳办事的李树仁: 不到5分钟办完居住证明

1月19日13时,李树仁来到首创国际社区政务服务驿站办理居住证明。

李树仁是锦州人,2020年12月初,因为要帮儿子处理在沈阳房产的相关事情来到沈阳,不巧赶上沈阳疫情,一直滞留在沈阳。眼下家里有急事要赶回去,来社区开证明。

李树仁把身份证交给社区工作人员,通过读卡器,所有信息很快就显示出来了。"工作人员说办理居住证明需要提供房产证等信息,我听完心想肯定要回去取了,还得再跑一趟。没想到社区的工作人员说,不用回去取原件,让家人拍个电子版的传到手机上就行。"李树仁说。

按照工作人员的指引,李树仁让儿子把所有材料拍照传来,工作人员将材料信息录入系统,从录入到打出纸质居住证明,整个过程不到5分钟就办完了。

在首创国际社区政务服务驿站,居民在家门口就能办理的政务服务事项共有137项,真正体验到了"互联网+政务服务"的"最后一公里"服务。

▲ 不到5分钟办完居住证明。

浑河站东街道首创国际社区党委书记纪宁说，在政务服务驿站的综合受理区，来办事的居民可以享受到"一站式"全科受理服务，通过门口的智能导览平台可查询，可办事。

纪宁告诉记者，政务服务驿站的所有工作都是围绕着"服务"这两个字开展的。疫情期间，很多业务转成线上办理。居民与社区网格员互加微信，将要办理的事项所需的材料通过线上发送过来，社区审核后或是指导居民自助办理或是将办理结果反馈给居民。必须到社区办理的事项，开通预约办理服务，避免了疫情期间人员扎堆，在预约的同时将相关事项一次告知，避免了来回跑腿送件的麻烦。

"浑南区政务服务驿站是辽宁省政务服务驿站试点之一，为打通政务服务'最后一公里'，以问题为导向，充分发挥社区优势，协调相关部门将医保、社保、户籍、居住证明等22项高频事项下放到社区。"浑南区营商环境建设局工作人员王秀玲说。

本着便民服务的宗旨，社区还开展上门帮扶工作，对孤寡老人、残障人士等行动不便的人群，由社区工作人员预先告知准备材料，上门服务帮助居民办理政务服务事项。

第一动力　飞天入海，亲历圆梦

龚海里：
参与设计嫦娥五号全景相机转台

沈阳市沈河区南塔街114号，中国科学院沈阳自动化研究所空间自动化技术研究室所在地，这里是嫦娥五号全景相机转台产品研发地。2021年1月20日，记者见到了嫦娥五号全景相机转台产品的副主任设计师龚海里。

"嫦娥五号任务是国家探月工程'绕、落、回'三步走的收官之战，作为我国复杂度最高、技术跨度最大的航天系统工程，首次实现了我国地外天体采样返回。由沈阳自动化研究所负责研制的嫦娥五号有效载荷全景相机转台单机产品，是探测器系统中唯一兼具科学和工程双重任务目标的六个重要有效载荷之一。"42岁的龚海里目光里透着严谨。

龚海里是沈阳自动化研究所较早从事月球与深空探测的青年科技骨干之一。他2004年从大连理工大学研究生毕业后来到沈阳自动化研究所工作，当时正赶上中国探月工程启动。前8年，龚海里先后参与了嫦娥三号、四号任务，对月球车系统、机械臂分系统、距离感知器部组件产品这一机器人化载荷支撑技术进行了论证、预研、攻关和样机研制；后8年，正式承研嫦娥五号全景相机转台任务，先后经历了近200次的评审与检查，撰

我的年度时刻
SHI KE

在刚刚公布的"2020年中国十大科技进展新闻"中，嫦娥五号和"奋斗者"号两项科技成果受到瞩目。

在中国科学院沈阳自动化研究所研制的全景相机转台的助力下，嫦娥五号完成了月面科学探测，并记录了五星红旗第一次月表动态展示；中科院金属研究所研制的月球采样钻杆，满足了嫦娥五号在月球表面苛刻工况下的采样需求。

"奋斗者"号能够潜入万米深海，进行高精度航行控制、高精准作业取样以及全景科学观测，是因为中科院沈阳自动化研究所的科研人员为其研制了"智慧大脑"——智能化控制系统和有着超能力的机械手等设备，中科院金属研究所为其量身定做了一件"钛"不一般的"护甲"——载人舱球壳。

写了1228份数据文件，实施了数百次测试与试验。

"为了做到产品的可靠可信、不带任何疑点上天，我们还进行了2次实施方案调整、6次技术状态变更、6次质量问题技术归零。"龚海里说，研究团队攻克了多项关键技术，才使这个具有完全自主知识产权的全景相机转台产品达到国际先进水平。

2020年11月24日，嫦娥五号探测器随长征五号成功发射，全景相机转台随探测器一起奔赴月球，开启月球探测的新旅程。也就是从那一刻起，在北京地面指挥中心的龚海里，全身的神经也随之紧绷起来。

▼ 龚海里

心愿
XIN YUAN

秉承探月精神，砥砺前行，勇攀科技高峰！
——龚海里

12月1日23时30分，全景相机转台的锁紧释放装置接收到地面上传程序指令后，从发射收拢锁定姿态成功解锁。

12月2日6时10分，全景相机转台加电并按照预定操作流程，先后执行完成了自主校准、特定位姿保持、定点位置拍照、自动环扫拍照等一系列月面自动流程，载荷的科学目标任务取得圆满成功。

12月3日2时17分，全景相机转台支持全景相机完成了表取采样前、中、后月面环拍和国旗动态展示的拍摄任务；13时27分上升器月面起飞前，转台再次加电对国旗进行了二次拍照；13时59分转台断电关机，月面操作任务全部结束，载荷工程目标任务取得圆满成功。

龚海里说，从全景相机转台成功解锁的那一刻起，他紧绷的神经便放松下来，之后的动作尽在掌握中。他说，这种底气来源于之前研发的脚踏实地与技术的自信。

在"旗开月表，五星闪耀"的那一历史瞬间，龚海里的内心无比激动，沈阳自动化研究所为嫦娥五号量身

数说
SHU SHUO

全省转化科技成果近 **5000项** 同比增长 **13.9%**

高技术制造业投资 增长 **33.4%**

新增高新技术企业 **1508家**

雏鹰瞪羚独角兽企业达到 **2163家**

定制的全景相机转台经受住月面严酷环境的考验，托举相机完美记录下了那一让全国人民振奋的瞬间。

赵兵：
执行"奋斗者"号万米下潜任务

2020年11月28日，"奋斗者"号全海深载人潜水器在太平洋的马里亚纳海沟成功完成万米海试并胜利返航。此次海试，"奋斗者"号创造了10909米的中国载人深潜纪录，共有11位科研人员下潜到万米以下，其中，辽宁就有2人。而在此次海试之前，全球只有12人下潜到万米以下。

中国科学院沈阳自动化研究所不仅为载人深潜万米的"奋斗者"号安上了"大脑"和"双手"，还派出4名科研人员参加了此次海试。

四人中，赵洋作为"奋斗者"号副总设计师、控制系统负责人，执行了挑战万米最深点的深潜任务；赵兵作为"奋斗者"号控制软件负责人，担任主驾驶试航员承担了多个关键潜次试验，并作为主驾驶顺利完成万米深潜任务；孟兆旭担任监控软件设计师，负责潜水器水面监控软件编程工作；赵诗雨担任控制硬件设计师，负责控制系统硬件设计、调试与保障工作。

1月21日，记者在沈阳自动化研究所见到了"八〇后"赵兵。

1988年出生的赵兵毕业于东北大学。2014年刚到沈阳自动化所参加工作时，就投身到载人潜水器研制工作中，并全程参与了"深海勇士"和"奋斗者"号两代载人潜水器的研发工作，在这两代载人潜水器的研制

▲ 赵兵

▲ "奋斗者"号全海深载人潜水器完成万米海试。

中，担任控制软件负责人和主驾驶试航员。

从"蛟龙"号到"深海勇士"再到"奋斗者"号,辽宁的科研人员在全海深载人潜水器研发领域一脉相承。

沈阳自动化所负责研制"奋斗者"号智能控制系统、全海深机械手、全海深电动云台、水面示位器等设备。"其实,如果把'奋斗者'比作一个人的话,那么智能控制系统就相当于人的大脑,两台全海深机械手就相当于人的双手,由此可见,沈阳自动化所在'奋斗者'号的研制中发挥了关键核心的作用!"赵兵介绍。

"奋斗者"号项目2016年立项,从2017年底到2019年处在研制的过程中,2019年底,完成了控制系统的出所验收,进行总装联调及水池试验。"时间紧任务重,我们经常加班到九十点钟,甚至凌晨时分。"赵兵说,在科研人员的努力下,"奋斗者"号的控制系统更加智能、精准、安全、小型,实现了自动定深、定高、定向、定速、定点、定位等智能自动航行功能。"'奋斗者'号的载人球比之前缩小了1/3,由原来的直径2.1米缩到了1.8米,舱内还要容纳三个人,因此控制设备需要自主研制,实现小型化设计。"

2020年10月30日,是赵兵执行万米下潜任务的日子。虽然这次下潜前他已驾驶两代潜水器完成过71次下潜,但这一次的下潜仍然让他彻夜不眠,脑海中一直在演练每一步细节。作为主驾驶,当天凌晨5点,赵兵就起来进行潜水器通电检查,6时30分进舱开始下潜。当潜水器控制软件界面显示的深度突破10000米时,舱内的三个下潜人员都非常激动。

"继人类挑战北极、南极、珠峰之后,我们终于成功挑战了地球的第四极——马里亚纳海沟。"赵兵说,新的一年来临了,他们的科研之路又迈出新的步伐,中国载人深潜精神也会一直延续。

Complete Victory in the Fight against Poverty

▲ "山高水长——唐宋八大家主题文物展"为观众带来了一场文化盛宴。

好戏连台 文化兴起来，
百姓乐起来

细数 2020 年的辽宁文化生活，有致敬"最美逆行者"的战"疫"诗篇，有形式新颖的"云"读书节，有精彩纷呈的辽宁省艺术节，有丰富多彩的文化艺术展览，有高潮迭起的主题文化活动，还有对文物保护的现实观照。

这一年，辽宁 7 部作品入选文化和旅游部"百年百部精品创作工程"重点扶持作品，8 台剧目参加国家舞台艺术优秀剧目展演展播，"山高水长——唐宋八大家主题文物展"为观众带来了一场文化盛宴……

辽宁文化让 2020 这个不平凡的年份里增添了坚定的精神力量。这一年，每个人都过得不寻常，展览策划人董宝厚坚定了未来的策展理念，话剧演员贾毅宁乘《北上》巨轮重温党的初心，非遗传承人崔树星多年的申遗心愿实现了。他们都是平凡的文化人，然而他们眼中的光，能够照亮 2021。

我的
年度时刻
SHI KE

策展人董宝厚：
修改40次稿只为观众看得懂

1月13日下午2时，"山高水长——唐宋八大家主题文物展"策展人董宝厚像往常一样，来到展厅，听听工作人员的反馈，看看观众的观展情况。

"山高水长——唐宋八大家主题文物展"自2020年12月2日开展后，马上成为"爆款"，至今已有近7万人观展。董宝厚在展厅里最终驻足于"我想对你说"留言板前。这是整个展览中他最关注的地方。留言板上贴了许多字条，旁边的留言箱也快装满了，有人写了未来的心愿，有人写了对"唐宋八大家"的敬意，有人写了关于展览的建议。

在董宝厚看来，一个主题文物展能否成功，理念最重要。而此次展览秉承了以观众为中心的策展理念，"观众能看懂，展览才能达到及格线。"他说。

"山高水长——唐宋八大家主题文物展"从2019年年末开始筹备，将近一年的时间里，董宝厚的电脑里有40多稿的策展思路，每一稿都标注着对应的时间。为了让展览达到"人人看得懂"的目标，他常常请教观众和博物馆志愿者，大家群策群力，最终将新意体现在展览细节上。

柳宗元是"形单影只的被流放者"，欧阳修以"醉翁"自居，苏东坡是个"乐天派"……人们惊喜地发现，这场展览言语轻松，平易近人。每件珍贵文物的背后，都有很大的展板，上面的结构图精美、说明文字简短，却让每件文物都活起来。

▲ 董宝厚

观众将更多的目光投注到了展板上，这是董宝厚希望看到的，他们为此做足了功课。走廊一侧的"唐宋八大家生平简表"是整个展览中最大的展板，常常引人驻足。董宝厚笑着说："你们肯定不会想到，我们最初的版本有4万多字。经过反复的删减

数说
SHU SHUO

| 辽宁省第十一届艺术节 | **31台** 新创作剧目
60余场 |

| 参加国家舞台艺术优秀剧目展演展播 | **8台剧目** |

| 入选文化和旅游部"百年百部精品创作工程"重点扶持作品 | **7部** |

| 艺术院团公益惠民演出 | **869场** |

与打磨，最终呈现在观众面前的，是这个简表。"

董宝厚说，筹办好一场精品文物展，不仅能丰富辽宁人民的精神文化生活，也是辽宁呈现给世界的一场文化盛宴。

话剧演员贾毅宁：
乘《北上》巨轮重温党的初心

1月16日晚10时，辽宁人民艺术剧院最新创作的大型话剧《北上》排演结束。饰演主角祝华生的贾毅宁浑身湿透了，他没有卸妆便匆匆穿上外套，走到剧院门口，长吁了一口气：试演成功啦！

话剧《北上》是辽宁人民艺术剧院为庆祝中国共产党成立100周年推出的精品话剧，以新中国成立前夕中国共产党人护送香港民主人士成功"北上"这个历史事件为背景，通过小人物串联起大事件，从香港坐船到沈阳，一路充满艰辛与斗争，整个过程展现了中国共产党的初心与使命，体现了革命战士和仁人志士的家国情怀。

▼ 贾毅宁

心愿
XIN YUAN

愿辽宁的文化事业像《北上》中的巨轮一样，破浪前行。

——贾毅宁

刚过43岁生日的贾毅宁，在其中饰演共产党员祝华生。他曾经演过《干字碑》里的毛正新，演过《祖传秘方》里的大康，演过《工匠世家》里的陈光江……

2020年，贾毅宁有了一段最难忘的工作经历。他说，疫情期间，许多人和事令他热泪盈眶，常常会产生为抗疫一线做些什么的冲动。很快，辽宁人民艺术剧院发动大家参与抗疫朗诵，贾毅宁立刻报名参加，并承担了其中最繁重的任务——后期的剪辑工作。

因为每个演员都是在家通过手机录音、录像，音频和画面常常需要后期的制作。虽然降噪、剪辑的工作重复而乏味，但贾毅宁却常常深受鼓舞，"因为不能当面沟通，演员对作品的理解各不相同，总是要反复磨合。"为了追求品质，有的演员甚至重录了十多遍。为了解决房间内回声的问题，有的演员蒙在被子里录音。就这样从2月份到5月份，辽宁人民艺术剧院推出了多部抗疫作品。

在贾毅宁的办公桌上，放着话剧《北上》的剧本，翻开几页，里面有许多标注和增减部分。"从2020年12月13日进入排练场，到2021年1月16日首次试演，我接触《北上》的时间虽然很短，但短短一个多月的时间里，我对人物的理解不断深入。"贾毅宁说，随着每位演员对人物理解的加深，每次话剧演出都会迸发出新的火花，因此每场话剧的演出都是一次成长。

非遗传承人崔树星：
"黄河阵"入选国家非遗名录

崔树星今年六十出头，生活在朝阳市建平县下营子村，爱张罗事儿，平时也爱说话，喜欢热闹。他曾任下营子村党支部书记，同时他还有一个身份：朱碌科"黄河阵"第六代传承人。

说起"黄河阵"，崔树星有唠不完的嗑。"我从小就喜欢'跑黄河'，小时候妈妈领着逛灯会，十几岁的时候和同伴一起跑，'跑黄河'是我对春节最深刻的记忆。"崔树星儿时记忆中的"黄河阵"是在朱碌科村的农贸市场举办的，每年元宵节前后，他都要来这里"跑黄河"。

但他却从来没有想过有一天

▼ 崔树星（左）

自己会办"黄河阵"。"从1996年开始,我拜'黄河阵'的第五代传承人高峰为师,参与'黄河阵'的举办。"崔树星说。

跑过朱碌科"黄河阵"的人都知道,"黄河阵"场面宏大,参与人数众多,讲究也极多。崔树星犯了难:"我以前都是'跑黄河',没办过'黄河阵',没有图纸,没有经验,不知从何处下手。"崔树星找到当地黄河灯会的两名组织者,大家一起动手按"跑黄河"的记忆画图纸。在实际操作中,他们遇到不明白的地方便去请教师傅,经过3年的努力,他们三人终于能够独立完成举办"黄河阵"的实际操作了。

"我在朱碌科'黄河阵'中主要负责组织、技术和规划。"崔树星笑着说,"我擅长'黄河阵'鼓乐。"从1996年至2019年的20多年时间里,崔树星年年参与举办"黄河阵",从未中断。朱碌科"黄河阵"也渐渐声名远扬,慕名前来的人越来越多,每年"跑黄河"的人超过10万人。

2020年春节,受新冠肺炎疫情影响,"黄河阵"没能举办。12月16日晚上8点多,正在家里看电视的崔树星接到一个好消息:"辽西朱碌科'黄河阵'入选国家级非遗名录。"他的心情无比激动,多年的申遗心愿终于实现了。

硕果

第六章

守望初心从头越

"脱贫攻坚,全面胜利!"

2021年2月25日,北京,人民大会堂。习近平总书记这一庄严宣告,鼓舞斗志、激荡人心。

8年持续奋斗,让困扰中国千百年的绝对贫困问题得到历史性化解,为实现第一个百年奋斗目标打下坚实基础,书写了人类减贫史上的奇迹。

面对艰苦卓绝的攻坚任务,8年来,辽宁坚持用好"指挥棒",配强"突击队",坚持苦干实干,凝聚强大合力,全省上下为完成脱贫攻坚任务矢志不渝,打赢一次次硬仗,攻克一个个堡垒。最终,15个省级贫困县脱贫摘帽、1791个贫困村销号退出,84万建档立卡贫困人口全部脱贫。

千年梦想,百年奋斗,八年攻坚。这份答卷,是在以习近平同志为核心的党中央坚强领导下完成的,是辽宁人用勤劳的双手书写的。这份答卷既是中国打赢脱贫攻坚战的硕果之一,也为辽宁推进乡村振兴、走向共同富裕奠定了坚实基础。

回望来路,尤其是极不平凡的2020年,脱贫攻坚"收官",正是大考"临门一脚"的关键时刻,我们仍响鼓重锤、慎终如始,以昂扬的斗志、饱满的热情,用一个个阶段性胜利,连接起通往全面建成小康社会的桥梁。

甩掉"穷帽子",一张张脱贫后的笑脸,为我省的小康画卷增添了色彩。但脱贫不止于"摘帽",不返贫才能确保质量和成色。

当前,现行标准下的贫困群众脱贫了,但我们也要清醒看到,一些刚脱贫的群众,他们的支撑产业还不够强大,他们抵御各种风险的能力还很弱。这客观上要求我们慎终如始,避免盲目乐观和浮躁,坚持目标不变、靶心不散才是夺取事业胜利的法宝。

"扶上马"还需"送一程",如何建立长效机制,多维度关注并防范脱贫不稳定户、边缘易致贫户因收入骤减或支出骤增而再次"戴帽",确保脱真贫、真脱贫,仍考验着我们的智慧和担当。

站在新的历史起点上,既要立足当下补短板、强弱项,切实做到"四不摘",又要着眼长远,激发欠发达地区和农村低收入人口的源源"内动力"。这些目标任务,还仰赖于更强的决心以及更有力的举措。

"脱贫摘帽不是终点,而是新生活、新奋斗的起点。"总书记的谆谆教导,为我们指明了继续前进的方向。同时,也为我们勾画出"产业兴旺、生态宜居、乡风文明、治理有效、生活富裕"的新农村生活蓝图。

从总体小康到全面小康,一个个朴素憧憬,激励着几代人筚路蓝缕奋斗下去。如今,创业难,守业更难,在实现巩固拓展脱贫攻坚成果同乡村振兴有效衔接的新征程上,我们仍当致力于实现农业强、农村美、农民富,增强群众的获得感。

幸福从来没有终点。使命之路,仍要守望初心不负韶华。

总书记的牵挂

脱贫攻坚是习近平总书记心里最牵挂、花的精力最多的一件大事。

党的十八大以来，总书记多次在重要会议、重要时间节点、重大场合反复强调脱贫攻坚，做出了一系列新决策新部署，提出了一系列新思想新观点。总书记关于扶贫工作的重要论述，构成了习近平新时代中国特色社会主义思想的重要内容，是我们打赢脱贫攻坚战的根本遵循和行动指南。

本报报道组根据新华社公开报道，对总书记关于脱贫攻坚的重要论述进行了摘录，供广大读者重温、学习。

12月29日至30日
在河北省阜平县考察扶贫开发工作时的讲话

消除贫困、改善民生、实现共同富裕，是社会主义的本质要求。

全面建成小康社会，最艰巨最繁重的任务在农村、特别是在贫困地区。没有农村的小康，特别是没有贫困地区的小康，就没有全面建成小康社会。

◀ **2012年**

2013年

11月3日至5日
在湖南考察时的讲话

扶贫要实事求是，因地制宜。要精准扶贫，切忌喊口号，也不要定好高骛远的目标。三件事要做实：一是发展生产要实事求是，二是要有基本公共保障，三是下一代要接受教育。

2014年

1月26日至28日
在内蒙古调研考察时的讲话

只要还有一家一户乃至一个人没有解决基本生活问题，我们就不能安之若素；只要群众对幸福生活的憧憬还没有变成现实，我们就要毫不懈怠团结带领群众一起奋斗。

2015年

2月13日
在陕甘宁革命老区脱贫致富座谈会上的讲话

我们实现第一个百年奋斗目标、全面建成小康社会，没有老区的全面小康，特别是没有老区贫困人口脱贫致富，那是不完整的。这就是我常说的小康不小康，关键看老乡的含义。

幸福美好生活不是从天上掉下来的，而是要靠艰苦奋斗来创造。

6月18日
在贵州召开部分省区市党委主要负责同志座谈会上的讲话

扶贫开发贵在精准，重在精准，成败之举在于精准。各地都要在扶持对象精准、项目安排精准、资金使用精准、措施到户精准、因村派人（第一书记）精准、脱贫成效精准上想办法、出实招、见真效。

要坚持因人因地施策，因贫困原因施策，因贫困类型施策，区别不同情况，做到对症下药、精准滴灌、靶向治疗，不搞大水漫灌、走马观花、大而化之。

10月16日
在2015减贫与发展高层论坛上的主旨演讲

40多年来，我先后在中国县、市、省、中央工作，扶贫始终是我工作的一个重要内容，我花的精力最多。

通过扶持生产和就业发展一批，通过易地搬迁安置一批，通过生态保护脱贫一批，通过教育扶贫脱贫一批，通过低保政策兜底一批。

扶贫必扶智，让贫困地区的孩子们接受良好教育，是扶贫开发的重要任务，也是阻断贫困代际传递的重要途径。

11月27日
在中央扶贫开发工作会议上的讲话

全面建成小康社会、实现第一个百年奋斗目标，农村贫困人口全部脱贫是一个标志性指标。

脱贫攻坚已经到了啃硬骨头、攻坚拔寨的冲刺阶段，所面对的都是贫中之贫、困中之困，采用常规思路和办法、按部就班推进难以完成任务。

7月20日
在东西部扶贫协作座谈会上的讲话

◀ **2016年**

西部地区特别是民族地区、边疆地区、革命老区、连片特困地区，贫困程度深、扶贫成本高、脱贫难度大，是脱贫攻坚的短板。

抓工作，要有雄心壮志，更要有科学态度。打赢脱贫攻坚战不是搞运动、一阵风，要真扶贫、扶真贫、真脱贫。

2017 年

6月23日
在山西省太原市主持召开深度贫困地区脱贫攻坚座谈会上的讲话

脱贫计划不能脱离实际随意提前，扶贫标准不能随意降低，决不能搞数字脱贫、虚假脱贫。

一切工作都要落实到为贫困群众解决实际问题上，切实防止形式主义，不能搞花拳绣腿，不能搞繁文缛节，不能做表面文章。

2018 年

2月12日
在打好精准脱贫攻坚战座谈会上的讲话

脱贫攻坚期内，扶贫标准就是稳定实现贫困人口"两不愁三保障"、贫困地区基本公共服务领域主要指标接近全国平均水平。要始终坚持，不能偏离，既不能降低标准、影响质量，也不要调高标准、吊高胃口。

贫困群众既是脱贫攻坚的对象，更是脱贫致富的主体。要加强扶贫同扶志、扶智相结合，激发贫困群众积极性和主动性，激励和引导他们靠自己的努力改变命运。

2019 年

4月16日
在解决"两不愁三保障"突出问题座谈会上的讲话

贫困县党政正职要保持稳定，做到摘帽不摘责任；脱贫攻坚主要政策要继续执行，做到摘帽不摘政策；扶贫工作队不能撤，做到摘帽不摘帮扶；要把防止返贫放在重要位置，做到摘帽不摘监管。

2020年

3月6日
在决战决胜脱贫攻坚座谈会上的讲话

今年脱贫攻坚任务完成后，我国将有1亿左右贫困人口实现脱贫，提前10年实现联合国2030年可持续发展议程的减贫目标，世界上没有哪一个国家能在这么短的时间内帮助这么多人脱贫，这对中国和世界都具有重大意义。

今年是脱贫攻坚战最后一年，收官之年又遭遇疫情影响，各项工作任务更重、要求更高。

到2020年现行标准下的农村贫困人口全部脱贫，是党中央向全国人民做出的郑重承诺，必须如期实现，没有任何退路和弹性。这是一场硬仗，越到最后越要紧绷这根弦，不能停顿、不能大意、不能放松。

4月20日至23日
在陕西考察时的讲话

乐业才能安居。解决好就业问题，才能确保搬迁群众稳得住、逐步能致富，防止返贫。

人不负青山，青山定不负人。绿水青山既是自然财富，又是经济财富。希望乡亲们坚定不移走生态优先、绿色发展之路，因茶致富、因茶兴业，脱贫奔小康。

5月11日至12日
在山西考察时的讲话

把黄花产业保护好、发展好，做成大产业，做成全国知名品牌，让黄花成为乡亲们的"致富花"。共产党是一心一意为人民谋利益的，现在不收提留、不收税、不收费、不交粮，而是给贫困群众送医送药、建房子、教技术、找致富门路，相信乡亲们更好的日子还在后头。

5月22日
在参加十三届全国人大三次会议内蒙古代表团审议时的讲话

要巩固和拓展产业就业扶贫成果，做好易地扶贫搬迁后续扶持，推动脱贫攻坚和乡村振兴有机衔接。

6月8日至10日
在宁夏考察时的讲话

乡亲们搬迁后，更好生活还在后头。希望乡亲们百尺竿头、更进一步，发挥自身积极性、主动性、创造性，用自己的双手创造更加美好的新生活。

8月28日至29日
在中央第七次西藏工作座谈会上的讲话

要在巩固脱贫成果方面下更大功夫、想更多办法、给予更多后续帮扶支持，同乡村振兴有效衔接，尤其是同日常生活息息相关的交通设施、就医就学、养老社保等要全覆盖。

9月8日
在全国抗击新冠肺炎疫情表彰大会上的讲话

让我们更加紧密地团结起来，大力弘扬伟大抗疫精神，勠力同心、锐意进取，奋力实现决胜全面建成小康社会、决战脱贫攻坚目标任务，在全面建设社会主义现代化国家的新征程上创造新的历史伟业！

9月25日至26日
在第三次中央新疆工作座谈会上的讲话

要统筹疫情防控和经济社会发展，做好"六稳"工作、落实"六保"任务，持之以恒抓好脱贫攻坚和促进就业两件大事。要健全完善防止返贫监测和帮扶制度机制，接续推进全面脱贫与乡村振兴有机衔接，着重增强内生发展动力和发展活力，确保脱贫后能发展、可持续。

11月22日
在二十国集团领导人第十五次峰会第二阶段会议上的讲话

中国即将提前10年实现消除绝对贫困目标。改革开放40多年来，中国7亿多人摆脱贫困，对世界减贫贡献率超过70%。中国愿同各国一道，合力建设远离贫困、共同发展的美好世界。

12月28日至29日
在中央农村工作会议上的讲话

在向第二个百年奋斗目标迈进的历史关口，巩固和拓展脱贫攻坚成果，全面推进乡村振兴，加快农业农村现代化，是需要全党高度重视的一个关系大局的重大问题。全党务必充分认识新发展阶段做好"三农"工作的重要性和紧迫性，坚持把解决好"三农"问题作为全党工作重中之重，举全党全社会之力推动乡村振兴，促进农业高质高效、乡村宜居宜业、农民富裕富足。

12月31日
发表的二〇二一年新年贺词

2020年，全面建成小康社会取得伟大历史性成就，决战脱贫攻坚取得决定性胜利。我们向深度贫困堡垒发起总攻，啃下了最难啃的"硬骨头"。历经8年，现行标准下近1亿农村贫困人口全部脱贫，832个贫困县全部摘帽。这些年，我去了全国14个集中连片特困地区，乡亲们愚公移山的干劲，广大扶贫干部倾情投入的奉献，时常浮现在脑海。我们还要咬定青山不放松，脚踏实地加油干，努力绘就乡村振兴的壮美画卷，朝着共同富裕的目标稳步前行。

2021 年

2月1日
同党外人士共迎新春时的讲话

2020年是新中国历史上极不平凡的一年。面对严峻复杂的形势任务、前所未有的风险挑战，中共中央团结带领全党全国各族人民齐心协力、迎难而上，统筹疫情防控和经济社会发展，统筹深化改革开放和应对外部压力，统筹抓好"六稳"工作和落实"六保"任务，决胜全面建成小康社会、决战脱贫攻坚。经过艰苦努力，疫情防控取得重大战略成果，经济增长率先实现由负转正，脱贫攻坚任务如期完成，"十三五"圆满收官，"十四五"全面擘画，全面建成小康社会取得伟大历史性成就。

2月3日至5日
赴贵州看望慰问各族干部群众时的讲话

要做好巩固拓展脱贫攻坚成果同乡村振兴有效衔接，加强动态监测帮扶，落实"四个不摘"要求，跟踪收入变化和"两不愁三保障"巩固情况，定期核查，动态清零。要发展壮大扶贫产业，拓展销售渠道，加强对易地搬迁群众的后续扶持。要推动城乡融合发展，推动乡村产业、人才、文化、生态、组织等全面振兴。要继续选派驻村"第一书记"和农村工作队。

2月25日
在全国脱贫攻坚总结表彰大会上的讲话

全党全国全社会都要大力弘扬脱贫攻坚精神，团结一心，英勇奋斗，坚决战胜前进道路上的一切困难和风险，不断夺取坚持和发展中国特色社会主义新的更大的胜利！

辽宁的答卷

2020年，决战决胜全面建成小康社会收官之年。和全国一样，辽宁人民孜孜以求的千年梦想，已经照进现实。

八年来，在习近平总书记关于扶贫工作的重要论述精神指引下，省委、省政府始终把脱贫攻坚作为重要的政治任务和第一民生工程，勠力同心，攻坚克难，啃下一个又一个"硬骨头"。为了共同的目标，确保小康路上不落一人，全省各地、各部门用心用情用力做好帮扶工作，书写着新时代的奋斗之歌。

站在"两个一百年"奋斗目标的历史交汇点，辽宁人正以昂扬的斗志、火热的激情，在巩固拓展脱贫攻坚成果与乡村振兴有效衔接的征程上，迈开了坚定的步伐。

2020年

1月3日　召开全省脱贫攻坚会议，部署2020年脱贫攻坚任务，确保如期打赢脱贫攻坚战。

1月9日　召开全省扶贫办主任工作会议，指出将在完成剩余1.42万贫困人口脱贫任务的同时，重点巩固扶持年收入低于5000元的已脱贫人口。

2月12日　召开全省脱贫攻坚工作电视电话会议，动员各地区各部门坚持一手抓疫情防控，一手抓脱贫攻坚。

2月24日　省脱贫攻坚领导小组出台《关于做好新冠肺炎疫情防控期间脱贫攻坚工作的意见》。

2月28日	召开积极应对新冠肺炎疫情决战脱贫攻坚会议。
3月21日	召开决战决胜脱贫攻坚推进会,全面贯彻党中央决策部署,确保如期高质量完成脱贫攻坚任务。
4月29日	印发《关于加强扶贫资金风险防控和扶贫资产监管的意见》《关于深入推进精准扶贫决战决胜脱贫攻坚的意见》。
6月4日	全省脱贫攻坚推进会议在沈阳召开,就我省推进脱贫攻坚工作进行再部署。
7月22日	全省脱贫攻坚推进会议在沈阳召开,动员组织全省各地各部门对标对表,全力以赴完成目标任务。
10月17日	印发《关于巩固脱贫成果推进接续减贫的意见》,明确了未来一段时期我省脱贫攻坚工作的"9个不变"。
10月19日	我省召开脱贫攻坚推进电视电话会议,全面落实全国脱贫攻坚奖表彰大会工作精神,对近期重点工作进行再动员再部署。

2019年

1月22日至23日	召开全省扶贫办主任工作会议,安排部署2019年工作任务。
1月26日	召开全省脱贫攻坚大会,明确2019年脱贫攻坚任务。
3月7日至8日	召开全省已退出(摘帽)省级贫困县脱贫成效巩固工作座谈会。
4月8日	印发《辽宁省促进产业扶贫提质增效实施方案》《辽宁省建档立卡贫困家庭子女就业扶贫实施方案》《辽宁省建档立卡贫困人口医疗保障实施方案》。
5月7日	召开解决"两不愁三保障"突出问题电视电话会议。
5月8日	召开全省产业扶贫现场会,对深入推进产业扶贫工作进行安排。
7月16日	召开全省脱贫攻坚季调度会议暨省脱贫攻坚领导小组第八次全体会议,对全省脱贫质量大普查大排查大督查工作进

	行再动员再部署。
9月27日	印发《关于做好2019年度扶贫对象动态管理工作的通知》，组织开展年度全省扶贫对象动态管理工作。
11月1日	召开全省扶贫办主任座谈会，研究谋划2020年工作任务。

2018年

1月3日	召开全省扶贫开发工作会议暨省脱贫攻坚领导小组第四次全体会议。
1月17日	召开全省扶贫办主任会议，安排部署2018年工作任务。
1月23日	召开全省大规模选派干部到乡镇和村工作动员会议，选派1.2万名党员干部充实到乡村任"第一书记"。
4月12日	召开省脱贫攻坚领导小组第五次全体会议，指出要科学合理把握脱贫目标，并加强东西部扶贫协作。
4月19日	省政府召开扶贫开发工作座谈会，通报了全省扶贫领域问题清单、部署脱贫成效"回头看"。
5月11日至6月30日	实现全省贫困户信息公开"三上墙"，并建立了年度信息公开机制。
5月18日	发布《辽宁省打好精准脱贫攻坚战三年专项行动方案（2018—2020年）》，明确由开发式扶贫为主向开发式扶贫与保障式扶贫并重转变。
5月28日	召开全省"五个一批"精准扶贫工作现场会。
8月10日	召开全省建档立卡贫困户危房翻建改造工作现场会。
8月30日	召开2018年上半年全省扶贫开发工作总结会议暨省脱贫攻坚领导小组第六次全体会议，强调确保全面建成小康社会不漏一村、不落一人。
11月4日	省委办公厅、省政府办公厅印发《辽宁省扶贫开发领导小组办公室职能配置、内设机构和人员编制规定》。

2017年

1月12日　召开全省扶贫办主任会议，安排部署2017年脱贫攻坚工作任务和要求。

3月9日　印发《辽宁省"十三五"脱贫攻坚规划》，阐明"十三五"时期全省脱贫攻坚总体思路、基本目标、主要任务和重大举措。

4月7日　召开全省医疗扶贫工作推进现场会。

4月25日　召开全省精准扶贫座谈会。

6月1日　召开全省产业扶贫工作现场会。

7月8日　印发《支持15个重点贫困县提升基本公共服务水平行动计划》，明确集中力量突破15个重点贫困县的基本公共服务瓶颈，保障所辖乡镇、贫困村、贫困人口基本公共服务均等化。

8月4日　印发《关于进一步深化省内对口帮扶的工作方案》，明确在做好市级对口帮扶的基础上，向县级对口帮扶延伸。

9月11日　召开全省脱贫攻坚工作推进会议暨省脱贫攻坚领导小组第三次全体会议，指出要进一步推进全省精准脱贫工作，聚焦贫困根源，加强产业带动。

2016年

1月11日　省委、省政府出台《关于全力打赢脱贫攻坚战的决定》，明确到2020年要确保全省现行国家标准下农村贫困人口全部脱贫，15个省级扶贫开发重点县和1791个贫困村全部脱贫摘帽。

1月13日　举行全省农村工作暨脱贫攻坚电视电话会议，强调要坚决打赢脱贫攻坚战。

1月27日　召开全省扶贫办主任会议，研究部署"十三五"和2016年全省脱贫攻坚工作，出台"1+N"政策攻坚文件。

4月7日　召开省脱贫攻坚领导小组第一次全体会议，明确要扎实推进"精准扶贫、精准脱贫"重点工作。

6月13日	召开全省贫困退出工作会议，就贫困人口、贫困村、贫困县退出工作进行部署。
9月7日	印发《辽宁省产业精准脱贫规划（2016—2020）》。
10月21日	召开东西部扶贫协作暨省内扶贫工作座谈会，明确要实施好对口支援规划。
10月27日	召开全省产业扶贫暨贫困退出工作会议，指出各地要立足资源，扶持特色产业，实现贫困人口就地脱贫。

2015年

2月6日	召开全省扶贫办主任会议，动员各级扶贫部门统一思想，确保全面完成当年扶贫开发目标任务。
4月9日	下发《辽宁省扶贫开发领导小组关于改革财政专项扶贫资金管理机制的意见》。
4月20日	出台《关于加强全省乡镇扶贫队伍建设的意见》，推进精准扶贫工作的实施。
4月21日	召开全省扶贫办主任座谈会，部署加强全省乡镇扶贫队伍建设工作。
5月21日	出台《产业扶贫示范项目建设指导意见》，对建档立卡情况进行抽查调研。
8月28日	召开全省扶贫攻坚动员电视电话会议，强调以精准扶贫推进脱贫工作。

2014年

3月14日	省委办公厅、省政府办公厅印发《关于创新机制扎实推进农村扶贫开发工作的实施方案》的通知。
3月31日	出台《辽宁省产业扶贫示范项目建设指导意见》，推进全省产业化扶贫规模化、规范化。

6月26日	召开全省扶贫开发工作推进座谈会,对加快扶贫步伐做出新的安排部署。
9月23日	召开全省扶贫办主任会议,就下一步工作进行部署和推动。
10月17日	召开全省社会扶贫工作电视电话会议,启动扶贫日活动。
11月26日至27日	召开全省互助式扶贫现场会,推广、实施互助式扶贫模式。

2013年

2月20日	召开全省农村工作电视电话会议,就做好各项扶贫工作进行部署。
3月29日	召开全省扶贫办主任会议,部署2013年扶贫开发重点工作和任务。
5月23日	下发《关于做好新时期全省定点扶贫工作的意见》。
5月28日	省政府办公厅印发2013年移民扶贫整村(屯)搬迁集中安置工作实施方案。

十五县"志"

15个省级贫困县,长时间以来因为贫困面广、贫困程度深、脱贫任务重,可谓是我省脱贫攻坚的主战场,也是全面打赢脱贫攻坚战的关键点。

脱贫攻坚以来,省委、省政府积极贯彻落实党中央精准扶贫精准脱贫基本方略,聚焦解决"两不愁三保障"突出问题,尤其高度关注这15个县的扶贫开发工作,在联系领导、帮扶力量、项目布局、资金安排等各方面优先倾斜支持,扎实推进全省脱贫攻坚工作。

层层压实责任,持续加大扶贫投入,全面推动扶贫产业提质增效,激发贫困群众内生动力……全省上下高位推进、尽锐出战,截至2019年末,我省15个贫困县全部摘帽。

为巩固脱贫成果,我省对15个摘帽县坚持不摘责任、不摘政策、不摘帮扶、不摘监管,持续深入推进脱贫攻坚工作,夯实了乡村振兴的基础。

建平县

建平县位于辽宁省西部,燕山山脉向辽沈平原的过渡地带,总面积4865平方公里,耕地面积18.3万公顷,人口56.73万。建档立卡人口11063户22342人。

2018年12月,建平县实现贫困县摘帽;2019年,全县80个贫困村全部销号。

亮点

积极发展项目到户。
扶贫产业园全覆盖。
"双岗双奖一补贴"。

北票市

亮点

实施"1+4"产业扶贫模式。
实施"442"生态产业扶贫。
打造"四区两基地"。
开展"十星放光彩"活动。

北票市位于辽宁西部，面积4469平方公里。总人口55.6万，其中城市人口15.6万，乡镇人口40万。辖30个乡镇、4个街道办事处、1个省级经济开发区。全市有省级贫困村86个，建档立卡贫困人口17892户38735人。

2018年末，实现省级贫困县摘帽；截至2019年末，86个省级贫困村全部销号出列；截至2020年末，建档立卡贫困人口全部脱贫退出。

阜新蒙古族自治县

亮点

采取"村党支部＋合作社＋贫困户"的帮带贫困人口方式。发挥新型经营主体和龙头企业带动作用。实施"农村劳动力转移就业专项行动计划"。

阜新蒙古族自治县位于辽宁西北部，辖35个乡镇、1个城区街道及381个行政村、9个社区。总人口74万，其中农业人口64万。2015年建档立卡初期，全县建档立卡人口为69519人，建档立卡贫困村112个。

2018年，经验收合格实现整县脱贫退出，所有贫困村销号。

彰武县

亮点

产业培育模式。一是培育村级主导产业。二是强化引领示范作用。三是夯实林农牧草产业融合。

彰武县位于辽宁省西北部，科尔沁沙地南缘，总面积3641平方公里，辖24个乡镇，184个行政村，总人口42万，其中农业人口32.4万人，是省级扶贫开发工作重点县。全县共有省级贫困村77个，2014年建档立卡贫困人口20285户41803人。

截至2019年末，销号77个贫困村，同年贫困县摘帽通过省级验收。

康平县

康平县位于辽宁北部，面积2175平方公里，辖15个乡镇街、161个行政村，人口37万人，其中农村人口27.5万人。2015年10月开展建档立卡"回头看"工作，识别建档立卡贫困人口共计6596户15092人。

2016年末，43个省级重点贫困村销号退出。2017年末，康平县脱贫退出。

亮点

县、乡、村三级帮扶体系。
奖补政策。
政策保障"全覆盖"。
督查考核"无死角"。

凌源市

凌源位于辽冀蒙三省（区）交界处，地处辽西低山与丘陵地形区的中部，因大凌河发源地而得名，总面积3278平方公里，辖22个乡镇、8个街道、248个村，总人口65万，其中农村人口528273人。2016年，全市共有省级贫困村74个，建档立卡贫困人口16946户31453人。

2018年贫困县摘帽；截至2019年底，贫困村全部销号。

亮点

挂图作战，强化责任落实。
加大健康扶贫保障力度。
利用国家扶贫资金基准利率贷款有利条件。

喀喇沁左翼蒙古族自治县

喀喇沁左翼蒙古族自治县，县域总面积2238平方公里，有耕地70万亩，下辖22个乡镇（场、街道），190个行政村。全县总人口43万人，农村人口33.5万人。建档立卡时有省级贫困村69个，建档立卡贫困人口14450户36369人。

2018年11月，实现省级贫困县摘帽，69个省级贫困村全部销号。

亮点

"3+N"叠加式精准扶贫模式。
"道德银行"扶贫扶志试点工作。

建昌县

亮点

汇集力量，协同攻坚。
固本培元，促进增收。
创新方式，提高成效。

建昌县是革命老区，全县总面积3195平方公里，人口63万。地处辽西丘陵地区的建昌地貌，素有"七山一水二分田"之称。2015年精准扶贫工作开展以来，建昌县精准识别贫困人口71541人、126个贫困村。

2019年末，全县贫困发生率降到0.03%，126个贫困村全部达到"一率四有三通"标准，全县整体达到了"一率五落实"标准，实现脱贫摘帽。

朝阳县

亮点

党员领导干部定点包扶机制和与贫困户对接联系制度。
扶贫产业发展多元。
开展"五比五争创标兵"活动。

朝阳县位于辽宁西部，总面积3758平方公里，耕地面积140万亩，下辖28个乡镇（场、街道）、300个行政村（分场、社区），总人口56.4万人，其中农业人口53.6万。2015年建档立卡时共有贫困人口19743户41570人，省级贫困村83个。

2019年末，朝阳县摘掉了贫困县的帽子，83个省级贫困村全部销号。

义县

亮点

建强基层党组织。
探索了30余种产业扶贫模式。
创新道德扶贫载体。

义县位于辽宁西部，总面积2476平方公里，辖18个乡镇（街道），239个行政村，人口45万。截至2015年底，全县有建档立卡贫困人口46698人、贫困村151个，是全省10个深度贫困县之一。

2019年末，实现了省级贫困县退出摘帽，所有贫困村销号。

Complete Victory in the Fight against Poverty

清原满族自治县

清原满族自治县地处辽东山区，总面积3921平方公里，下辖14个乡镇，188个行政村。总人口31万，是省级扶贫开发重点县。建档立卡时，全县共有省级贫困村53个，贫困人口47886人。

2017年，在全省率先实现贫困县摘帽。截至2020年末，53个贫困村全部销号，其中2016年销号14个、2017年销号29个、2018年销号10个，全县现有建档立卡贫困人口全部实现脱贫。

亮点

建立"四项机制"。
健全协调机制。
筑牢脱贫攻坚"桥头堡"。

新宾满族自治县

新宾满族自治县地处辽宁东部山区，是全省15个扶贫开发重点县之一，全县国土总面积4285平方公里，辖15个乡镇、181个行政村、14个国有林场，总人口30.1万人，其中农村人口21.4万人。建档立卡时，全县有省定贫困村53个，建档立卡贫困人口15706户43242人。

2017年完成贫困县摘帽，2018年通过验收。截至2018年，53个贫困村全部实现销号退出。

亮点

实行"网格式"包保推进体系。县、乡、村三级干部入户宣讲。设立重大疾病生活救助基金。

西丰县

西丰县，位于铁岭市的东端，面积2686平方公里，下辖18个乡镇，总人口34.51万。2014年，西丰县开始建档立卡工作，通过建档立卡"回头看"，共识别出贫困村120个、贫困农户22651户、贫困人口59066人。

2018年，实现贫困县摘帽；2019年，120个贫困村全部退出。

亮点

运用"三卡"工程。
运用"脱贫路上党旗飘"微信平台。
运用脱贫攻坚大数据平台。
启动"防贫保"工程。

桓仁满族自治县

亮点
严格落实工作责任。
统筹安排目标任务。
精准推进重点工作。
加强农村基层党建。

桓仁满族自治县位于辽宁省东部山区，县域面积3547平方公里，呈"八山一水一分田"的自然地貌。全县103个行政村，总人口30万人。桓仁曾是全省闻名的贫困落后地区，1987年被省委、省政府确定为亚贫县，1994年被列为国家重点扶持的贫困县；2001年被确定为省级扶贫开发重点县。2014年识别贫困村61个，建档立卡贫困人口8238户19546人。

2017年，实现了贫困县摘帽，2018年又顺利实现了贫困人口全部脱贫、贫困村全部退出的任务目标。

岫岩满族自治县

亮点
197个行政村产业扶贫全覆盖。
贫困户信息公开做到"三上墙"。
大力开发公益岗位安置贫困人口。

岫岩满族自治县位于辽东半岛的北部，总面积4502平方公里，下辖24个乡镇（街道）、197个行政村。全县总人口52万，其中农业人口36.5万。岫岩是全省15个扶贫开发工作重点县之一，"十三五"之初全县共有贫困村70个，共有建档立卡贫困人口25178人（当年脱贫人口，其中2016年脱贫7170人，2017年脱贫6467人，2018年脱贫8317人，2019年脱贫1567人，2020年脱贫1657人）。

2019年底，岫岩已实现摘帽，所有贫困村销号。

把乡亲们的新期待带到北京

带着大伙儿过上更好的日子

大连金普新区七顶山街道朱家村
党总支书记、村委会主任
朱朝治

2月24日,大连金普新区七顶山街道朱家村果农王培洪的大樱桃棚里,花盛叶茂。树下,全国人大代表、村党总支书记、村委会主任朱朝治,正和王培洪交流着掐叶、间花的经验。村里请来的技术员迟正刚一掀门帘,"表功"似的催促朱朝治,去另一户果农的大棚,"再看看已经挂果的树长得咋样。"

◀ 朱朝治

提示
TI SHI

他们是土生土长的农民,既在宏观上看问题,又在田间地头想问题。吃透了两头,将中央最新的声音和政策带到农村,同时将基层最真实的现状、农民最真实的声音带到中央,为各项强农惠农政策的制定提供样本和参考。

在辽宁,有这样一些人,他们既是全国人大代表,又是所在乡村振兴发展的带头人。他们用敏锐的眼光和勤劳的双手,带领乡亲兴产业、拔穷根、美乡村。

"十四五"开局之年,如何巩固已有发展成果,并与乡村振兴有效衔接,他们在谋划、在思考、在行动。全国两会前夕,本报派出6路记者,奔赴6位在辽全国人大代表所在村,跟随他们的脚步,感受乡村的变化、振兴的脉动。

王培洪的妻子朱淑清和迟正刚"论"着"将来谁家的果儿产量高",其间,笑声不断,"没种上大樱桃前,这片地种玉米,一亩地也就赚上几百元。现在,咱俩都是70岁的人了,一年收入二三十万元,比以前翻了几十倍,能不乐和吗?"别问她为啥爱笑,一问,回答还是一串朗声大笑。

在村里"串门",总能听见这样的笑声。

之前,朱家村只种粮食和露地蔬菜,地势平坦、土壤肥沃、水源充足等优势未发挥出来,人们生活并不富裕。2004年,朱朝治成为村里的"带头人"后,调整种植结构,带动村民从单纯依赖粮食生产,转向发展具有本地特色的蔬菜和大樱桃种植业。

如今,村里种植的茄子和大樱桃赫赫有名,全村几乎家家有产业,好多人家还建立了自己的网络销售渠道。朱家村与周边其他4个蔬菜种植村的农民收入,每年以10%至15%的幅度递增,七顶山街道农民年人均收入连续10年位居金普新区首位。

业兴、人富,村也美。现在的朱家村,每户都通了自来水,全村完成20多公里的柏油路铺设和屯中30多公里的水泥路入户工程,安装路灯100余盏,建成了占地3.5万平方米的民族文化广场。

"乡村振兴,产业兴旺是关键。"畅想未来,朱朝治目标坚定,抓好强农惠农政策落实,做好技术人才和年轻干部的培养工作,搭建好数字农业平台,提升农业农村现代化水平,"大伙儿一定会过上更好的日子。"

撸起袖子再创业

营口老边区柳树镇太平山村
党总支书记、村委会主任
陈秀艳

2月下旬,天儿还很凉,但在营口老边区柳树镇太平山村的草莓采摘大棚里暖意融融。游客们采摘着草莓,欢声笑语在棚里回荡。

"咱这棚里不打药,你看都是搁蜂箱蜜蜂授粉,"一位老人边宣传边说,"还得搞旅游,不仅有活力更有效益。"

这位老人正是全国人大代表、村党总支书记、村委会主任陈秀艳,临近参加全国两会,她忙着要把村里的活儿细捋一遍才放心。看着65岁的她忙前忙后,村民都说,太平山村能有今天,全靠"车头带得好"。

▲陈秀艳

曾经,太平山村也是远近闻名的"烂摊子":村委会破落,集体欠债70多万元;村路下雨就是"烂泥塘";因欠水费被断供,村民只能到外村拉水喝……

陈秀艳接手后,不惜把自家饭店无偿给村里经营还外债,凭着一股"轴"劲儿,带领村民修路植树、安装路灯、改造农厕、重建村委会,愣是让太平山村一年一个样,还成为全国文明村。

怎样才能让村民腰包鼓起来,一直是陈秀艳最操心的事。从最初农忙务农、农闲打工的"双踩脚挣钱",到现在大力发展种养产业,"黑又亮"茄子、养鸡养虾、观光采摘等门路让村民守家把钱挣,收入节节高。

村民李慎华感受真切,过去外出务工一年剩不下几个钱,后来在陈秀艳的支持下养起了鸡,从借房结婚的窘迫到现在有房有车,家里收拾得干干净净,甚至还用上了扫地机器人,他和妻子说:"一点儿不觉得比城里差。"

村民们告诉记者,现在大家腰包鼓了,精气神儿上来了。

如今的太平山村百姓富、村容美、民风淳,人均年纯收入已突破2万元大关,但陈秀艳并不满足过去的成绩。她说:"乡村振兴,我们还需撸起袖子再创业,大家应该过更富裕幸福的日子。"

让耕地中的"大熊猫"更肥更壮

昌图县亮中桥镇东兴村党总支书记、村委会主任
吴艳良

2月26日是元宵节,东北黑土地上仍残存寒意。但是在昌图县亮中桥镇东兴村,已经有了春天的气息,村党总支书记、村委会主任吴艳良忙碌地进行着走访。

"四叔,我过几天就到北京开会了,你看看有啥建议提提?""康立志你说说,保护咱这黑土地,还有啥要补充的没?"作为全国人大代表,吴艳良下了炕头蹲地头,广泛听取村民的建议。

成立合作社、办服装厂、建烘干塔、修广场、铺村路……作为传统玉米种植村,这些年东兴村一年一大步地快速发展。去年冬天,随着两个旅游团的到来,东兴村又开始探索旅游增收的路子。

"我们的村民像招待亲戚一样招待游客。在这个广场上,村民和游客一起举办篝火晚会。"吴艳良一边描述着旅游团进村的热闹场景,一边规划着今年的工作,"今年是脱贫攻坚与乡村振兴衔接的关键之年,也是'十四五'的开局之年,我们东兴村的规划是,完善基础设施,让村民坐在炕头上就吃上旅游饭。"

▼ 吴艳良

在村外的大片耕地里,吴艳良正蹲在垄沟里与村民探讨保护性耕作的技术细节。"长期的高强度作业,使我们东北黑土地里的有机质明显变少了,土壤越来越薄、越来越瘦。作为农民代表,一名基层实践者,我这次带到全国两会的建议就是保护黑土地,让耕地中的'大熊猫'更肥更壮,用提升耕作

质量来守护我们国家的粮食安全。"吴艳良说。

为了让记者了解保护性耕作这项技术,吴艳良捧起地上的碎秸秆,"冬天秸秆像棉被一样盖在黑土地上,开春一升温,就和雪水一起融入泥土中。这种增加土壤有机质的做法不仅会增强地力,还会增加土地的蓄水保墒能力、提高农田抗旱能力,这是一件造福子孙后代的事,相当于给他们建了一座'黑色银行'。"

让村子"颜值"更好"气质"更佳

锦州市松山新区松山街道办事处

鲍家村村委会主任

庞辉

刚见到记者时,庞辉有些着急。

梳着利落短发的她语速快、步速快,一系列行为举止仿佛视频中的倍速播放。"采访一会儿再唠,你们先跟着我去一个现场看看。"庞辉说。

这么急,是因为村里计划建设蔬菜冷库,确定用地范围、计算服务半径、做好成本预算等诸多事项都等着庞辉拍板敲定。

作为来自农村基层的全国人大代表,刚被选举为锦州市松山新区松山街道办事处鲍家村村委会主任的庞辉,对村里的一草一木、一砖一瓦,都倾注着感情。这几年,她一直在琢磨如何能让村民过上更好的日子。

2017 年,在村"两委"成员和村民们的共同努力下,锦州庞辉养殖种植专业合作社成立。

▼ 庞辉

合作社的成立，改变了原来春种秋收的传统种植方式。尝试一年种植两季蔬菜，上季种马铃薯、青贮玉米，下季种白萝卜。两季下来，每亩地收入能达3000元，是原来种植玉米收入的5倍至6倍。这几年，合作社收入稳步提升。

眼下着急建设冷库，也是为了把村里的蔬菜种植产业做大做强。

生鲜农产品季节性强、保鲜期短，一旦采摘即进入腐败变质周期，在集中上市期间很难卖出好价钱。在庞辉看来，推进农村物流基础设施建设，新建冷库收储生鲜农产品，延长保鲜期，是实现"丰产又丰收、好货卖好价"的必要条件。

"2021年的中央一号文件专门对实施乡村建设行动进行了全面部署。这也是我们今后工作的着力点。"庞辉说，不只是冷库，未来村里还将推动自来水工程落地、乡村道路改造、谋划域内公交车开通。"这次全国两会，我的建议也是关于乡村建设的。我将重点关注这方面的内容和资源，全力以赴改善基础设施、整治人居环境，让乡亲们的生活环境更有'颜值'和'气质'。"

产业强起来　人才引进来

盘锦凯地农机服务专业合作社理事长

郭凯

"这尖必须得掐，花留多了影响口感。" 2月28日，全国人大代表、盘锦凯地农机服务专业合作社理事长郭凯一大早就来到了他试种的碱地柿子大棚，对工作人员嘱咐起来。

马上要去北京开会了，他最放心不下的就是这棚柿子。"3月初正是一茬果的成熟期、二茬果的结果期，胜败在此一举。"郭凯说。

郭凯，盘山县太平镇人，带领村民致富是他从小到大的愿望。但过去村民被土地困住了，户均年收入也就2万多元。

看着大伙儿紧巴巴的日子，郭凯产生建农机合作社的念头。通过流转将土地连片，进行机械化作业提升效率，创建自己的大米品牌。如今，全村

Complete Victory in the Fight against Poverty

4300亩水稻田,全部集中到农机合作社,村民们不仅能得到每亩地900元的租金,到了年底还能拿分红。从土地中解放出来,张家村的年轻人都出去打工,户均年收入达六七万元。

如今,凯地农机合作社中已经有了200台各式农机具,去年还引进了一条稻米打磨生产线,客户下单立即打磨,当天发货,实现了从田间到餐桌的一站式服务。

"只有一条链还不够,现在村里年轻人越来越少,还得靠产业让大伙儿回来。"郭凯看中了村集体的20栋标准化大棚。现在大伙儿种蔬菜、种芦荟效益都一般,为啥不一起种咱盘锦特有的碱地柿子呢?他聘请了村里的"土专家"于民,根据张家村的特点先种一个棚,明年在全村铺开。

一栋百米棚,年产柿子两三万斤,每斤批发价十六七元。"以后,咱的红火日子,就要靠这红柿子了。"郭凯高兴地说。

产业是农民致富的根本,而产业的根却在地上。今年参加全国两会,郭凯的建议集中在黑土地的保护上,在他看来,只要守住这一资源,农民的日子一定会越来越好。

▲ 郭凯

用好风景迎来好"钱"景

喀喇沁左翼蒙古族自治县水泉镇
水泉村党委书记、村委会主任
唐廷波

2月末的乡间,大田尚未完全"苏醒",在喀喇沁左翼蒙古族自治县水泉镇水泉村,一个身影正忙着进村入户。揣一个本,带一支笔,听百家之言,再与自己的所见所思所想相融合。

全国人大代表、水泉村党委书记、村委会主任唐廷波，几年来，在他的精心谋划下，水泉村不仅从贫困村的队伍中走出，还一跃成为村集体腰包鼓鼓的"富裕户"。

水泉村，曾经的"当家作物"是玉米。但这个4000多口人的大村，仅靠5000多亩地，再加上十年九旱，咋努力，也难以维持生计。

市级贫困村的帽子，曾让不少村民消沉。那时，村上基础设施陈旧，村集体口袋空空，还有外债、无产业，亟待一个方向、一条新路。

在喀左县提出全域旅游的背景下，水泉村成立了润泽土地股份种植专业合作社，采取"村党支部+合作社+产业基地+农户"模式，整合土地和项目资金入股，建设施大棚，并打造花海观光、鲜果采摘、光伏发电、蔬菜认养等功能区。

随着项目区日臻完善，荒山披上了绿衣，景致引来了游客，村民鼓起了腰包。

富起来的村民有了精气神，主动为村子下步发展献计献策。

"希望环境卫生能一直好。""希望咱的收入越来越高。""地更好种，打粮更多是我的梦想。"

一天下来，唐廷波的本子上，记满了村民们的愿望。

"我总结下来，就是要巩固人居环境整治成果，建立长效的村集体经济壮大、农民增收机制。我将就此内容，形成建议。"唐廷波说，同时，这些也是他们村下一步的发展方向。"'十四五'期间，我们要不断丰富景区业态，完善景区各项功能，将景区产业做大做强，让农业强、农村美、农民富的目标早日实现。"

▼ 唐廷波（左一）

Complete Victory in the Fight against Poverty

大地情书

第七章

梨树正新

蹲点村庄
凤城市
凤山街道大梨树村

蹲点时间
2020年10月7日—14日
10月27日—30日
11月2日—7日

关键词
集体经济 二次创业 旅游 乡村治理

村情档案

面积和人口
总面积48平方公里,山地5.4万亩,耕地0.74万亩。1707户,5131人,其中满族人口占81%。

主要产业
特色种植业 乡村旅游业

收入情况
2019年,全村社会总产值实现16亿元,村集体固定资产达6亿元,村民年人均可支配收入2.2万元。

我第一次见到毛正新,是在他和别人的激烈交锋中。

一位媒体同行从湖北专程过来采访毛正新,在他的办公室里,遭遇了强烈抵触。

一张约1.8米长的宽大红木办公桌前,一位身高约1.7米、身材瘦削、相貌与毛丰美相似的43岁男子,整个人都透着一股低气压。他的背后是一套组合书柜,书柜正中间的一排,摆放着两张照片,一张是几年前的毛正新笑着挥手,一张是上世纪80年代的毛丰美面带笑意地坐在海岸边。

办公桌像一道难以逾越的鸿沟,横亘在毛正新与媒体同行之间。一场短时雷雨大风在这股低气压里酝酿着。

"我不够优秀!其实我一直不想让你们来!"

"我不是谦虚,这儿没你们想的那么完美!"

当对方一再强调这次的新闻选题是采访"全国优秀村书记"时,毛正新的回复明显提高了音量,语速急促,试图尽快结束这轮访谈。照片中那个笑得开心的毛正新,此刻脸色阴沉、眉头紧锁。

可以理解,作为凤城市凤山街道大梨树村党委书

▲ 毛正新

记、村委会主任,繁重的工作压力让毛正新的情绪不太稳定。

走到发展"十字路口"的他,背后站着大梨树村的5131口人。

新时代的变革悄然而至,大梨树,这个全省乡村振兴进程中的"模范生"、新农村建设的"样板间",比其他地方更早遭遇"成长的烦恼"。"速度焦虑"与"转型彷徨"双面夹击,考验着大梨树人的智慧和勇气。

后毛丰美时期,在"二次创业"中面临艰难抉择的毛正新怎样率领新班子蹚出一条新路子?

头戴着诸多荣誉、承载着各级期望的大梨树,如何实现"二次腾飞"?

"大梨树之问",牵动人心。

新探索

多年来，大梨树所获的荣誉牌匾，一面墙也挂不下，其中一多半是关于旅游的。大梨树依靠旅游业生存，就像我们依赖食物。

旅游业陷入瓶颈的一些迹象是悄悄发生的。

2016年之前，大梨树村党委副书记、旅游公司总经理温红娟每次出去学习考察其他旅游景区，都会增加一分危机感。

乡村游产品同质化严重，到处都是采摘；经营业态单一，游客停留时间短……逛了大半个中国后，再反观大梨树，"问题清单"越来越长，温红娟的"焦虑指数"随之攀升。

经营报表上的数字再度加重了温红娟的担忧。2014年至2016年，各项基础设施已经较为完备的大梨树旅游区，游客数量的同比增幅却总是低于预期。

在全省乡村旅游这条赛道上一直处于领先地位的大梨树，"黄灯警示"已在前方若隐若现。

"大梨树还能走多远？"村里甚至有人发出了旅游产业还能不能持续下去的疑问。

如何把旅游产品做出差异性、排他性、唯一性，毛正新及领导班子将目光锁定在这片土地的精神图腾上——"干"字文化。

"其实，这些年，很多游客并不只是看这里的风景，还追求'干'字文化的体验式感受。"毛正新认为，接受精神洗礼是游客来大梨树更深层次的需求。

随后，一个里程碑式的重要事件，为大梨树"二次创业"彻底指明方向。2016年，省委做出关于开展向毛丰美同志学习活动的决定。

回过头看，这个决定，确实对大梨树发展起到了决定性作用。毛正新强化挖掘"干"字文化的思路有了最有力支撑。

就在这一年，为了探讨旅游产业的未来发展方向，村"两委"成员大大小小的会开了上百场，也终于开出了结果。

在一致的声音中，"走红色旅游之路，举'干'字文化之旗"的发展思路最终确立。

与省委发起的学习活动相适应，以学习毛丰美事迹、弘扬"干"字精神

▲ 大梨树吸引八方来客

为重点的大梨树干部教育培训基地迅速组建起来。

编写宣传毛丰美事迹和"干"字精神的书籍、讲解词，成立数十人的讲解员队伍，制定体现大梨树人创业历程的参观考察线路，配套建设可容纳100多名观众的红色电影院，建成并投入运行毛丰美纪念馆……为乡村旅游注入红色内涵的过程，一切仿佛都在倍速播放。

与上世纪八九十年代的父辈们一样，"鸡鸣上山干、头顶烈日干、披星戴月干"的精神力量又一次体现在大梨树人的日常行为中，融入这些"创二代"的血脉基因里。

效果是显而易见的。2016年，超过50万人涌入大梨树，创最高纪录。近4年来，大梨树旅游区年均游客数量突破40万人次，旅游综合收入达到4000万元以上。其中，教育培训贡献的收入已占到旅游综合收入的75%。

目光扫视着涌动的人潮，与村庄同步成长起来的大梨树"创一代"们在新探索中也再一次看到了新机遇。

今年49岁的李萍，身高1.6米左右，不胖不瘦，瓜子脸，说话时总是笑眯眯的，露出两个酒窝。作为大梨树景区内第一家快捷宾馆的经营者，从2006年开始，宾馆距离村委会不到100米的她一直密切关注着大梨树旅游业发展的最新动向。这14年里，她的宾馆也从2个房间、5张床位拓展到16个房间、47张床位。

在李萍的切身体会中，毛正新接手后，除了教育培训之外，节庆活动成为当地旅游的新引擎。

"大梨树徒步节""农民丰收节"……这些主题节庆活动引来的大量游客，让李萍的宾馆入住率一直保持在70%以上。

2019年9月22日上午9时，2019辽宁·凤城半程马拉松在大梨树鸣枪开赛，来自北京、上海等地的3000余名跑友齐聚于此，纵情奔跑。比赛的起点，离李萍的宾馆只有20米。

宾馆的收入也要跑起来了！李萍开赛当天听到的那声枪响，仿佛微信、支付宝到账的提示音。那两天，47张床位全部住满，从早到晚，李萍脚打后脑勺地穿梭在她的三层宾馆内，进行了一场"室内马拉松"，提前开启了她的"十一黄金周节奏"。

"不光是村集体在'二次创业'，我们每个人也在经历'二次创业'。"李萍说，随着大梨树的点滴改变，她的思路也逐步拓宽。

眼下，由中组部和农业农村部设立的"国家农村实用人才培训"连续第五年在大梨树开班。来自吉林、黑龙江的农村实用人才带头人在这里开展创业富民、乡村发展与治理的学习培训和经验交流。

看着络绎不绝的培训队伍，李萍家的"五年规划"已经悄然开启：在商务旅行需求引导下，她的宾馆即将改造升级成商务型酒店，在目前经济型宾馆的基础上提高一个档次。目前，她在凤城市从事室内装修设计的儿子已经开始着手画图。

在李萍的宾馆对面，有一幢四层的建筑物，使用面积超过1000平方米，业主是旁边的丹东良玉种业有限公司。李萍指着那幢楼给我看，眼神中透着光，"我一直'虎视眈眈'地盯着这儿，期待着把它买下来，变成一个大酒店"。这是她的终极梦想。

镜头
JING TOU

▲ 2020年11月3日
大梨树村村民史淑云向本报记者讲述她眼中的毛正新

再出发的漫漫前路，火山汤海，风急浪高。如果盲目转型探索，经济大起大落，不仅会影响发展的质量和效益，也会影响村民的信心与决心。

坚守能力圈，想清楚了再动手。毛正新的专注与谨慎，是大梨树村"两委"成员和村民对他的普遍评价。

我与李萍谈话间，不断有人找到她办理入住，她热情地招呼着。2020年，经过一个沉寂的春天，大梨树的生机在这个冬天慢慢复苏。

新的转机和闪闪星斗，正在缀满没有遮拦的天空。

新挑战

采访大梨树，绕不开毛丰美。

推开毛丰美纪念馆的大门，"干"字精神扑面而来。

看着那些图文，听着那些讲解，缓缓走进那段历史，你会切身感受到"石头缝里求生存"的艰难和抗争，感受到毛丰美带领群众凿出一条出路的坚持和壮烈。

我经常能看到，来馆里参观的人站在毛丰美的照片前，默默拭泪，躬身致敬。

丰碑一样的毛丰美，也给了儿子毛正新极大压力。

"他突然走了，就像大树倒了。"毛正新对我感慨，他感到人生最艰难的时刻，是父亲刚离世的时候。

从那以后，一直隐身在父亲身后的毛正新被推到了大梨树发展的舞台中央，追光灯从毛丰美转向了他，台下是长久以来关注大梨树的无数双眼睛。

前所未有的考验迎面撞来。

产业发展方向、经营管理难题、资金筹措来源、外界对于父子间的比较……每天都能听到各种观点、声音的毛正新，好似漂泊在信息海洋中没有方向的扁舟。

毛正新开始失眠，漫漫长夜一分一秒地过去，白发也由此渐多。在此之前，听到别人谈论失眠，"沾枕头就着"的他还曾经纳闷儿：怎么还能有人睡不着？

毛正新也不再踢足球、打篮球，一切平常喜好的体育运动都被长久封存。不止一个村民和我说过，毛正新原来是大梨树有名的体育健将，他们眼中的追风少年。

当初的追风少年，如今却遭遇风雨扑面，百事缠身。

毛正新和我说，他最怕听到的一句话就是：下一步，大梨树怎么做？

镜头

JING TOU

▲ 2020年11月来大梨树进行干部培训的学员

为了探讨旅游产业的未来发展方向，村"两委"成员大大小小的会开了上百场，也终于开出了结果。在一致的声音中，"走红色旅游之路，举'干'字文化之旗"的发展思路最终确立。

很多游客并不只是看这里的风景，还追求"干"字文化的体验式感受。接受精神洗礼是游客来大梨树更深层次的需求。

我理解毛正新的苦恼，大梨树的转型很难一蹴而就，往往是摸着石头过河。越是领航探路，越无成熟经验可循。这个"下一步"，很难做出预判。

人间万事出艰辛。蓄力向上的精神是度过艰难时期的秘密武器。当大梨树人把"干"字精神用来应对经济转型年代的各种痛楚，他们同样可以肩负起生命中的疲惫与困惑。

扛起责任，接着干！

毛正新重新审视起朝夕相处的大梨树。

再出发的漫漫前路，火山汤海，风急浪高。"稳中求进"应是接下来的工作总基调。如果盲目转型探索，经济大起大落，不仅会影响发展的质量和效益，也会影响村民的信心与决心。

一切都围绕"稳中求进"展开，"巧干"成为内核：大梨树在一产上求新、二产上做深、三产上提质，打造以旅游为核心、三次产业融合发展的产业模式，推动新一轮富民强村的进程。

"坚守能力圈，想清楚了再动手。"毛正新的专注与谨慎，是大梨树村"两委"成员对他的普遍评价，也是他给我留下的深刻印象。

村里现在发展势头正猛的大樱桃项目，正是因为大梨树有以往管理果树的经验，毛正新及领导层认为能投得起，更能管得好，才下决定种植。为了敲定品种、学好技术，2016年至2017年，果树农场场长王运志往返于凤城、大连30余次，随后3年的时间里，他的本田小型SUV跑了近15万公里。

目前，村里已建成樱桃高标准温室大棚80个，盛果期后，每年可增收近千万元。

这反映了毛正新的经营理念：转型困局中，意外随时随地都可能发生，有时其破坏力堪比飓风。但能力圈内，会始终吹着温和的微风，虽然海面也不完全风平浪静，但激起的海浪至少还能允许你正确航行。

再次与我聊起毛丰美时，毛正新提到了一个在他记忆影像中挥之不去的画面：2014年9月26日凌晨4时许，毛丰美的生命即将走到尽头。在妻子、女儿和他告别后，他微弱而又期盼的目光落到了儿子身上。

这眼神毛正新读懂了：父亲在等待着他的表态。

"爸，你放心吧，我会一直在大梨树好好干的。"

毛丰美合上眼,与世长辞。

这无声的嘱托,始终激励着毛正新。

新舞台

今年,刚过完"十一"长假,贾悦悦来到大梨树,开始了为期3个月的实习生涯。

作为沈阳化工大学人文与艺术学院社会工作专业的在读硕士研究生,贾悦悦将运用专业的理论、方法和技巧,帮助当地青少年解决问题,克服困难。

她调研了一圈,发现村里的幼儿园、小学和养老院里,几乎没有"留守儿童"和"空巢老人"。

对比自己的江苏老家,贾悦悦明显感觉到大梨树的年轻人更多。她所在办公室座位的一左一右,都是"八五后""九〇后"。

乡村振兴,人才是关键。近年来,大梨树可观可感的人气提升,也让大批年轻人才走进这片机遇沃土。

哪个产业项目需要用人就随时招聘,让人才进得来,是大梨树招徕青年才俊的重要一步。

2016年,跟随50余万访客一起涌入大梨树的,还有十几名求职的大学生。于弘阳就是其中之一。

出生于1993年、毕业于辽宁师范大学工商管理专业的于弘阳,应聘的是当时旅游区急需的讲解员。"其实初衷是为了唱歌好听,觉得当讲解员能练练发声。"心宽体胖、声如洪钟的于弘阳没想到,一个有些无厘头的理由,竟为自己找到了一个充分施展才能的新舞台。

探索建立人尽其才的新机制,让人才用得上,是大梨树吸引年轻群体的关键一环。

因为在沟通协调能力方面表现出众,一个月后,于弘阳从讲解员的岗位上被调到旅游区办公室工作;一年后,升任综合管理办主任。

"旅游本身就是一项创新产业,需要不断追求创意。近年来,这些年轻人贡献了很多'金点子'。"在毛正新看来,年轻血液的注入,正在点燃旅游

镜头

JING TOU

—

▲ 2020年农民丰收节期间,大梨树村村民在"干"字广场晾晒五味子。

与上世纪八九十年代的父辈们一样,"鸡鸣上山干、头顶烈日干、披星戴月干"的精神力量又一次体现在大梨树人的日常行为中,融入这些"创二代"的血脉基因里。

"葡萄文化节""大梨树徒步节""农民丰收节"……节庆活动成为当地旅游的新引擎。

区的创业激情。

激情是在激烈的碰撞中迸发的。

大梨树有种可随意游览旅游区的年卡,每张80元,一年只卖了380张,收入才3万多块钱。

疫情冲击之下,看着这点门票收入上火,于弘阳和小伙伴们提议:年卡降为20块钱一张,也许会有大量游客办理。

"那不可能,最多半价!"办公室里,"七〇后"率先发难。

"咱们平常说东西便宜,是不是总爱说'这东西便宜,也就10块、20块的'?这就说明,只有降到这个价,那才真叫便宜。""九〇后"反驳。

几轮辩论过后,"九〇后"战胜了"七〇后"。

数据证明了胜者的价值。据统计,现在办年卡的人数已经超过两万人,这部分收入已经攀升至40余万元。

在年轻人一次次追求创新、创意的过程中,大梨树景区的核心竞争力也在不断提升。

其实,起用年轻人,是大梨树的传统。毛正新就是大梨树第一批回来工作的大学生。

2002年初,毛丰美对在凤城市地质矿产局上班的毛正新严肃地说:村里发展需要年轻人,你回来吧,城里不缺你一个公务员。

"试试看吧。"当初只是打算帮父亲搭把手的毛正新没想到,这一试,就试到了今天。

历经近20天的采访,经常在我脑海中浮现的,是毛丰美纪念馆前的一块石碑。石碑上,刻的是毛丰美写给毛正新的一封信。在表达了对于大梨树发展的一系列思考后,信的最后一句写道:"正新,你怪没怪我让你回来?"

我想,大梨树之"新",是儿子最好的回答。

扫码观看本节微纪录片

一棒玉米

蹲点村庄
昌图县
亮中桥镇东兴村

蹲点时间
2020年9月29日—10月3日
10月27日—10月31日
11月6日—11月10日

关键词
新农民　合作社　机械化　乡村集市

村情档案

面积和人口
东兴村共有480户、1620人，分散居住在8个自然屯中，区域面积12032亩，耕地面积8284亩。

主要产业
村民主要从事玉米种植、猪牛养殖、农产品流通等产业。

收入情况
人均年收入1.5万元。

一辆满载玉米的农用卡车"兴冲冲"地开进合作社，熟练地停在玉米检验区。身穿黑裙子的车主王飞跳了下来，紧随其后就是一场充满智慧却又必须妥协的"争吵"。

"九毛七！"

一听到这个数字，王飞收住了笑容，低着头报以连珠炮般的回应，"让我赔了，你得劲儿啊！""都一个街上住着，人家往你这拉，不得照顾啊？"

"那你自己看看，这粮潮不？"检验员吴丹脸涨得通红，把手中的玉米扔回了化验托盘。

刚刚还共同回忆小学生活的两个人，转眼间就互不相让。吴丹代表合作社收粮，根据玉米质量和含水量数据报价，但王飞要求再给涨5厘。

空气凝固1分钟后，吴丹妥协了。

地处"黄金玉米带"的铁岭市昌图县，有很多专注玉米种植的村庄。盛夏时，这些村庄仿佛淹没在一望无际的玉米地里；秋收时，在收割机作业后又会逐渐

▼ 东兴村农民种玉米富了！

露出本来面目。亮中桥镇东兴村就是这样一个"玉米村"。秋收之后,在村头的丰满源农业联合社玉米收粮现场,每天都会发生这样的"争吵"。

检验结果只是一个依据,最后定价时多半都会上浮5厘。这是合作社内部定下的规矩,不能让支持合作社的人吃亏,不能让村民吃亏。

"东兴村,原来是一家一户搞生产,现在是全村抱团闯市场。原来是一粒一粒的玉米,现在变成了一棒玉米。我们合作社就是中间的玉米芯,带动大家抱在一起,共同跟收粮企业议价。"吴丹说。

一座烘干塔

11月7日,辽宁已经进入了供暖季,广大农村地区也到了农闲的时候。合作社粮食储备库的晾晒场,仍然满眼金黄,忙碌的场景一如秋收时那般热烈。

村党总支书记、丰满源农业联合社理事长吴艳良迎着旭日站在如山的玉米堆边,一脸满足地欣赏着忙碌却井然有序的玉米入库场景。身后合作社大型农机库房上,一行大红字在阳光照耀下格外醒目——"中国人要端好自己的饭碗"。

"听村民说,成立合作社前,东兴村种地都比别的村晚几天?"

只用了一句话,就把吴艳良的思绪带回到2013年,"当时村里就两台大型农机,根本不够用。开春整地时,村民排着队'抢'外来的作业车辆。我们昌图县十年九旱,种地时抢不上墒情,就直接影响秋天的收成!"

吴艳良越说越激动,仿佛回到了那个还残留着寒意的初春。

"那段日子,我见了村民都臊得慌。没人说我啥,可我是村书记啊!我之前跟'二哥''三叔'啥的都说了,我要干点事儿,我要改变村里的落后面貌,请大家支持我。叫是,村民连种地都受憋,我愧对乡亲们喊我的这声'小良子'啊!"

2013年3月17日,在吴艳良的描述中,应该是一个阴郁多日后突然放晴的好日子。这一天,吴艳良成功说服了3名共产党员,在李颜光家的炕头上定下了成立玉米种植专业合作社的事。

如今,东兴村被农机"卡脖子"的日子早已结束,合作社的机库里有各种大型农机具118台套,玉米从种到收全程机械化作业能力达到2万亩。

"合作社成立7年,我只干了两件事。前3年研究怎么把玉米种好,用农机的力量改变一家一户单打独斗的局面;后4年研究怎么把玉米卖好,拉近东兴村与市场的距离。"吴艳良把手指向晾晒场上的"巨人",一座可以让玉米从村口直通港口的白色烘干塔。

为了说明卖玉米的重要性,吴艳良专门带记者到办公室看了一张照片。"这张照片是2016年冬天拍的,当时我拉了11万斤玉米去粮库卖粮。五毛

镜头
JING TOU
———

▲ 东兴村日烘干玉米 300 吨的烘干塔

从收完就卖到烘干后再卖,祖祖辈辈以种玉米为生的村民感受到了综合经营效益的明显提升。减少销售的中间环节后,村民每斤玉米都能多卖3到5分钱,全村年增收50多万元。形成规模收储后,全村近百人加入玉米脱粒、转运、烘干的流水作业线,在猫冬的季节挣上了"高薪"。

三一斤,人家还不爱要。"吴艳良一脸苦笑。

"以前,农民就像被保护起来的孩子,只种地,不问价,收回来就以'保护价'卖给国家收储库。2016年玉米收储制度改革后,实行市场定价,价格和补贴分离,农民得自己面对市场了。"吴艳良说。

与市场的第一次直接接触,让种了3000亩玉米的吴艳良感受到了残酷。即使过了4年,当他用"赔坏了"3个字形容当年的惨状时,脸上依然残留着蹲守在粮库门口时的无奈。

农民没有收储能力,玉米秋后集中上市就主动让出了议价权。面对烘干企业、粮库时的那种无助,让吴艳良下决心自建烘干塔。他的想法正好对接国家的扶持政策,2017年12月,在相关部门的帮助下,一座日烘干玉米300吨的烘干塔在合作社拔地而起。

从收完就卖,到烘干之后再卖,这座烘干塔让东兴村的玉米产业又向前迈出了一大步。

秋收之后,合作社立即开始大规模收粮。因为价格公道、检测公开、运送方便等诸多好处,全村甚至周边村庄的玉米都集中到合作社烘干储藏。烘干后的玉米达到收储质量标准,而数量又足够大,合作社也就有了与港口收购商议价的能力。

"我们的大库快装满时,我就给港口打电话,谈好价钱直接就来车拉。这边把装满玉米的集装箱翻上车,那边钱就打过来了。"

描绘集装箱上车的场景,吴艳良的语气就像送孩子上大学,既有骄傲和不舍,又充满了向往。

一辆三轮车

满载玉米的农用卡车一辆接一辆地驶入,验水、称重、卸车、去皮之后,再去装下一车。通过这些送粮的卡车,丰满源农业联合社与村民紧密联系在一起。

十几辆循环进出的卡车,每一辆都紧跟着一支以玉米脱粒机为中心的脱粒服务小分队,一人自带铲车负责给脱粒机上料,几人协助装车、收拾玉米芯。

十几辆卡车，背后就有六七十人，搭上了合作社这艘大船，在猫冬的季节挣上了每天二三百元的"高薪"。

为了表达对合作的尊重，吴艳良专门设计了一个能看检验数据、能喝热茶的休息室。在这个经常坐满村中能人的房间里，主角通常是每天要请十几个人帮忙的孟庆辉，无论多冷都会贴身穿一件白色背心的王朋，还有很少会同时出现的王飞夫妇。

性格外向的王飞，今年38岁，一说话就先笑。因为路上跑的、地里跑的车全都会开，村里的年轻人当面背后都喜欢喊她一声"飞姐"。

对王飞的采访从她家的600亩玉米地开始，她却答非所问地讲起了自己的爱情。

"我家和陈刚家都在一条街上，因为年龄相仿，从小就一起玩。"

中学毕业后，王飞到沈阳打工。在家开商店的陈刚总到王飞当服务员的饭店找她，不送花，也没有表白，还是像小时候那样一起玩。

"他思想超前，虽然脾气不太好，但人实在。"经过了无数次夜深人静的思考，王飞做出了选择。她放下了心中对城市生活的向往，回到村里与陈刚结婚。

2002年，也就是结婚当年，两人在秋收前抵押房子买了一辆农用三轮车。时至今日，王飞依然记得用三轮车拉回第一车玉米时的情景，"车厢里装着玉米，我一脸骄傲地坐在玉米堆上"。

能吃苦，脑子又灵活的小两口，几年时间就将三轮车换成了小货车。最近几年，搭上合作社这艘大船，日子过得更是热热闹闹、红红火火。

按照每亩500多元的收益，仅种地一项，今年王飞家就能收入30多万元。收完地的第二天，夫妻俩又加入到玉米脱粒转运的队伍中。两套车辆设备，20万斤的服务能力，两人各带一队每天清晨同时出发。

作为新一代农民，王飞在生产、生活上的很多观念都不同于老一辈，她宁可贷款也要购买农机具，机器能干的活决不动手，在吃穿用上更不会委屈自己。

王飞说："在老人眼中，我们这根本不是正经过日子，花钱大手大脚。但是，这是我们想要的生活。农闲时，我们三天五天就会进城吃饭，也会自驾去看海，跟团去登山。"

知道王飞曾经向往城市生活，前几年，陈刚主动张罗在昌图县城买了一套房子。可是，一年到头都围着玉米转，王飞到现在也没去住过几天。

当记者提出拍张照片时，王飞直接走到院子里的玉米堆前。镜头定格处，满眼金黄的背景有些虚幻，一张纯真的笑脸却格外清晰。那个场景很容易让人想到18年前的那个秋天，万里晴空下，一辆满载着玉米和爱情的三轮车正向着梦想出发。

一群新农民

"铲起—运走—倒入"，在合作社自产玉米的脱粒现场，上料的铲车每天都在重复这三个动作。如果有一棒玉米意外地滚到铲车行走的线路上，巨铲才会做第四个动作，贴地滑行将这棒玉米"捡起"。

在丰满源农业联合社，6名农机手都可以像使用自己手臂一样操控铲车。坦率真诚的李颜光、文质彬彬的李颜飞、退役军人康立志、少言寡语的吕占武、大嗓门的孙国军和总为辈分太大而发愁的刘中利，这几个人进城打工时，个个都是好手，回到东兴村，他们更是如鱼得水。

在东兴村实现玉米种植全程机械化的进程中，他们开回了全村第一台玉米联合收割机，开回了全村第一台玉米秸秆打包机；在东兴村主动对接玉米流通大市场的进程中，他们架起了全村第一座烘干塔，安装了全村第一台集装箱翻转机。

48岁的李颜光是合作社的4名创建者之一，粗中有细的他是所有地里活的负责人。春耕时一把铁锹不离手，秋收时一把镰刀不离身，种地时做记号，收地时查垄头。

52岁的刘中利喜欢板着脸开玩笑，但是那双笑眼总是第一时间出卖他。他开车又快又稳，今年合作社种了2000亩玉米，其中超过1000亩的收成是他拉回来的。

合作社建起烘干塔后，新招入了会计、出纳、烘干机操作员等一批不需下地的员工，但靠种地谋生的农机手，仍然黏着在土地上。

镜头
JING TOU
—

▲ 东兴村村民孟宪军家的玉米楼子

地处"黄金玉米带"的铁岭市昌图县,有很多专注玉米种植的村庄。盛夏时,这些村庄仿佛淹没在一望无际的玉米地里;秋收时,在收割机作业后又会逐渐露出本来面目。亮中桥镇东兴村就是这样一个"玉米村"。东兴村的孟宪军家种了65亩地,产量接近10万斤。

初冬，天刚亮，3辆牵引着秸秆打包机和旋风耙子的拖拉机就已经开始作业。在万物凋零的田野上，把秸秆打成包后运往附近的生物质发电厂；被旋风耙子打碎的茬子和秸秆像被子一样盖在黑土地上，待冰雪消融时成为泥土的一部分。

为了让土地得到有效休息，农机手们琢磨出深松免耕作业方法。"这么种地，不跑墒出风，在春旱严重的昌图非常实用，前期能抓住苗，后期还抗倒伏，增产效果明显。"李颜光站在垄台上给记者演示。

因为都了解土地，农机手之间通常以极简的语言交流。旋地时，他们会在拖拉机轰鸣声中扯着嗓子大喊"慢点"，听者明白，这块地有点缺墒，深松得到位，还要尽可能地别把垄破坏了。打包时，他们也会在拖拉机交会时大喊"慢点"，意思是这块地有点薄，要旋风耙子多留点碎秸秆还田。

秋收时，记者受邀下地野餐。

几个人围坐在一片刚刚收割完的玉米地里，人手一个小铁盆。先盛半盆米饭，再添上两勺土豆炖芸豆。刚吃两口，刘中利就像变戏法一样拿出来几棵大葱。领到刚刚剥好的一棵，像他说的那样撕碎了和饭菜搅拌到一起，整个野餐马上提升了一个档次。

原本以为在野外不洗葱是受制于条件，结果当天下午在合作社食堂里却看到了一个有水也不洗葱的场景。学着他们的样子，拿起一棵狠狠咬掉一段，可无论如何也嚼不出他们所说的"不洗才有的葱味"。

行走在夜色中的东兴村，突然想起余秋雨先生的《霜冷长河》。因家乡的小河与长江遥远相通，先生有了"船过三峡时不再惊叹"的体验。双脚都黏着在土地上的东兴村农民，与农作物之间，也一样会彼此感知。

▼ 又到了收获的时节。

镜头
JING TOU

▲ 本报记者采访东兴村村民王艳丽。

王艳丽家今年种了200亩玉米。回想起20年前刚嫁到东兴村的时候,"当时全是土道,沟深的地方车上去都费劲儿"。说到今天:"全都是水泥路,下雨天脚都不带沾泥儿的。"再说到未来:"咱就是农民,除了种地也干不了啥,就一点一点往前奔呗!"

月光下，合作社的农机库房上，"中国人要端好自己的饭碗"依然醒目。因为玉米，东兴村的村民对这句话有了具体的体验。就像体验水、感知泥土，在东兴村，共情的媒介是一棒玉米。

一集东兴梦

11月10日，气温回升，铁岭的最高气温达到11℃。

逢集的日子赶上这样的好天气，村集就有了过节一样的喜气。

7点刚过，村部门前最宽的一段村路已经拥堵起来。冒着热气的炸麻花，忙得已经扯下头巾的女摊主，此起彼伏的叫卖声和讨价还价声……人间烟火，席卷而来。

66岁的汤万生当过兵、打过工，是村里见过世面的人。可是他没想到，就靠种玉米，那个曾经耕牛拉犁的东兴村，竟然建起了这么热闹的集市，过上了这么便捷的日子。

吴艳良站在高处，一边拍照，一边跟村民打招呼，满脸都是笑容，"看着村民在集上溜达，买点这个，买点那个，我这个村党总支书记也觉得自己给村民做了点事儿。"

东兴村所处的位置别脚，去哪儿买东西都有点远。4年前，为了方便村民生活，村里以出汽油钱的方式请商贩来卖货，并逐渐将村集培育成每次都有四五十个摊位的规模。

时间长了，赶集便成为村民最重要的社交活动。遇上好久没见的长辈，买几袋蛋糕现场就送了；遇上了多年没联系的老姐妹，赶紧拽到一边亲近亲近。小小村集上，村民用各自不同的方式维系亲情，挽住乡愁。

有了集市这个交流的平台，很多道理都变得通俗起来。听说合作社每年交村里20万元用于修路、清运垃圾、建设美丽乡村，村民明白了为啥要壮大村集体经济；听说玉米装进集装箱后就可以在港口上船直接运往南方，村民也就知道了为什么要减少中间环节，为什么有了烘干塔每斤玉米就可以多卖3至5分钱。

中午时分，集市散去。

▲ 热闹的大集。

25岁的村妇联主席吕明阳,把青菜送回家后直奔车站。这个周末,她要到县城放松一下。上次出村还是"十一"假期,她喝了秋天的第一杯奶茶,看了电影《我和我的家乡》。

汤万生背着一个大包在村口等车,他要到市里给"候鸟式过冬"的老伴儿送一个惊喜。大包里不仅有老伴儿点名要的玉米面、铁锅玉米饼,还有两穗已经煮好的黏玉米。

一声长笛后,长途客车驶出东兴村。村口那副嵌入"东兴"二字的对联依然在寒风中坚守,上联是"东风绿野小康梦",下联是"兴村富民党旗红",横批"和谐幸福"。

扫码观看本节微纪录片

乡村文明

就叫新村

蒹葭苍苍，白露为霜。

看完了红海滩秋天的惊艳景致，入冬之后去盘锦，还可以再赏苇花。

"蒹葭者，芦苇也，飘零之物，随风而荡。思绪无限，恍惚飘摇，而牵挂于根。根者，情也。相思莫不如是。"

如此相思之情，在"亚洲最大湿地"盘锦随处可见，绕阳河两岸即是如此。

我们要去的国家级美丽乡村示范村——盘山县太平街道新村，就在绕阳河东岸。

村名就叫新村，这种起名的方式很"东北"。东北的地名，就像东北人说话一样，充满了幽默感和泥土味。佟二堡、杨家杖子、葫芦泡、獐子岛、葡萄沟……姓氏、动物、植物，都能拿来当地名。

看似土气的地名，其实有章有法，直接随意里，也能看出一个村庄的来历。比如那些"堡子"，都是有过驻军屯垦历史的地方；那些"杖子"，生动地反映了"闯关东"时期移民以架木杖子据地生活的情景。

"新村"之名，来自并不算太远的上世纪70年代。

今天新村的所在之处当时还是一片荒芜之地，因为

蹲点村庄
盘山县
太平街道新村村

蹲点时间
2020年9月28日—29日
10月5日—10日
11月4日—10日

关键词
移民村　旧俗新风　休闲农业　稻蟹种养

村情档案

面积和人口
全村面积8.4平方公里，耕地面积5400亩，辖7个村民组，392户、1485人。

主要产业
水稻种植，河蟹养殖，棚菜生产，休闲旅游，民宿。

收入情况
2019年全村人均纯收入2.5万元，村级集体收入60余万元。

有了国家"开发南大荒"的号召，有了知青建起的青年营以及后来从全国各地招户来的移民，才让这片土地有了人气、有了生机。

新村周边几个村的村名，也可见这段历史的更多端倪——大荒村、甜水村……完全可以想见，让千百年来盛产芦苇的盐碱地成为今天盛产优质水稻和河蟹的富足之地，这里的人们曾经有过怎样的付出！

一个"新"字，是对这个将近400户、1500口人的小村庄文化特质最为精准的描绘。

从无到新

"十一"长假,开车前往新村,导航上搜索"新村",跳出三个地址:新村村委会、新村公交站、新村洪记羊汤馆。

公交通往市区,车票两元钱。

羊汤馆就开在村委会南头整齐的民居之间,两根大原木支起的门脸不大,招牌上暗红的"洪记羊汤"四个字并不醒目,颇有些酒香不怕巷子深的自得。

走进小院才看出热闹,早上10点刚过,灶上的羊汤滚沸,三台电炉轰轰作响,每炉一只烤全羊,也快熟了。东西两间屋子,加上中厅,四张桌子都已经摆好了餐具等客。店老板洪奔正在接听订餐电话,看到我们进来,冲着我们也冲着电话那头的人,抱歉地说:今天都订满了。

整个"十一"长假期间,洪记羊汤馆一直这样火爆,最多的一天卖出了1.5万元。

盘锦最出名的不是河蟹和大米吗,怎么会有羊汤?村党支部书记马龙涛像被记者捅破了一个大秘密似的笑了:"这就是咱新村的与众不同了。咱是个移民村,九省二十七县的人,吃啥的没有?顶数内蒙古那边的人最多,所以有羊汤。"

转头问洪奔,果然,他母亲是阜新蒙古族自治县人,这一手做羊汤的绝活是他大姨教的。出门往两边看:隔壁是"李连鹏大饼",李连鹏会做山东大饼是跟着山东来的丈母娘李振英学的;房后的"王洪仁铁锅炖鱼",靠的是赤峰来的王洪仁家传手艺。

由此,就说到了一段盘锦特殊的历史。

地处辽东湾的盘锦,土壤盐碱含量超高,盛产湿地芦苇和形成红海滩的翅碱蓬草,一般农作物和树木很难生存。所以,在湿地和红海滩尚未形成旅游收益的年代里,这就是一片名副其实的贫瘠之地。

对这方水土所进行的大规模彻底改良是在新中国成立后,伴随着国家"开发南大荒"的号召,国营农场群在盘锦陆续建立起来,一场轰轰烈烈的"脱盐退碱"行动逐渐改变了这里的土质面貌。其后的上山下乡运动,更让知青成为这场生态革命的主力军。

镜头
JING TOU

▲ 骑车在村里遛弯是年龄都超过 75 岁的三个老伙伴
王峰、汪世春、王殿臣每天最大的乐趣

当年的移民都老了，在炕头上打着小牌，在屋外头晒太阳，挺悠闲挺满足，有国有农场职工的身份，基本上 1968 年以前出生的村民都能领到养老金，七八十岁的一个月能领两三千元。他们留下的财富除了村里这 5000 多亩耕地，还有他们的创业精神，一代传一代。

新村最早的土地开发就始于知青组成的青年营。知青们修沟挖渠，筑堤叠坝，以挑筐推车，打下了今日盘锦盛产优质水稻的根基。1978 年，青年营"清点"。人走光了，可地还要有人种。于是，政府做出了"招户"的决定。新村的历史就是从这一年开始的，全国各地应招来了将近一千人，因为是全新组建的村，所以命名为"新村"。

84 岁的田广春，是新村里唯一一位见证过青年营历史的人。"1974 年 7 月 15 日，青年营正式成立，同时'老农进点'教年轻人开荒种地，我就是进点老农当中的一个。头一批来了 20 多人，组成了一连，我是连支部书记，第一年就开了 8 条地。后来陆续又来了四批，最后总共有 7 个连。"

"这些孩子当年可吃了大苦！"田广春从家里的墙上取下几个老式相框，透过放大镜，把泛黄照片里的人一一指给记者看，这是谢学库，当年又高又瘦，梳小辫儿的是段月英，这个是赵士凯，他们都是团干部……都是鞍山来的，当时也就十几岁。

新村成立后，田广春没有回到自己原来的村，反倒把全家都搬了来，还当了多年的村会计。这些年里，新村发展民宿旅游，当年的知青成了旅游队伍的主力，"去看田会计"是他们回村寻梦的重要一站。

在盘锦，招户重建的村子不少，但像新村这样全部由外来户组成的是唯一一个。这段特殊的建村史，让新村的面貌显得尤为独特：不同于自然形成的村落阡陌纵横、房舍交错的样子，整个村庄呈长方形，南北两边是广袤的农田，中间是两趟整齐的村民住宅，三条东西走向的大路与南北向的小路相连，横平竖直。

这让记者在村里的走访很有方向感，从西到东 7 个村民小组依次排列，仍沿用着青年营时的叫法，以"连"称之，去哪一户村民家，只要说住在几连，很容易就找到了。

从旧到新

新村里的人际交往和礼俗颇为独特。

当年招户来的都是一大家子，或是哥兄弟，或是堂表兄弟几家一起来的。

像王洪仁,来的时候只有13岁,父母亲、6个姐弟,加上嫂子、小侄女,10口人;李振英夫妻俩,带着6个孩子过来,大闺女只有18岁,小儿子才5岁。

大多数是因为老家更穷,生活不下去,还有的是奔着爱情来的,比如李连鹏,就是看中了李振英的大闺女,把自己"嫁"到了新村;比如齐艳平,老家在义县孤山套,"山里穷,娶不上媳妇,有儿子的人家都招户走了,我家都是女孩,不愁嫁,所以没去",可后来还是嫁给了搬到新村的"发小"王福财。

外来户之间互相嫁娶,亲戚套亲戚,仍然保持着中国传统乡间以亲缘为中心形成的差序格局,同时也因陌生的土地和新的生产方式形成了新的人际关系。马龙涛和村干部开会,经常会议论一件事儿:7个连,心劲不一样。有的连,当年都是一个屯子出来的,都是亲戚,可遇事心就是不齐,各干各的。一连人最杂,哪来的都有,但不管哪家有事,大伙都一齐上。

还保留着家乡的老礼儿。83岁的李振英来自山东潍坊,前阵子做了换股骨头手术,还不能下地。看到我们进门,一把就把我拉到了炕上。虽然没搞明白我们是干啥的,却像所有好客的山东人一样,一直张罗着给儿子打电话:"快点回来,家里来客(音'且')了。"

大娘的胶东话说得飞快,看到我们听得云里雾里,就把搁在身边的相册拿出来,孙子、外孙、小重孙,人最多的一张照片上有几十口人。老人嘴里的家长里短,年代已经模糊,价值观可一点不模糊,评价媳妇的标准就一条——贤惠。那谁谁家的媳妇真不行,"懒,不干活",可两口子闹到离婚,还是接受不了,老人捏捏我手,用悄悄话的音量说:"说出去不好听。"

也始终传承着孝悌之道与睦邻之风。张英家也许是这个富裕的村子里日子过得最紧巴的一户了。还不到40岁的张英,瘦小憔悴,跟挂在墙上尚未泛黄的结婚照里丰腴幸福的样子形成鲜明对比,那是2002年嫁给孟祥龙时照的。当年,张英看中了小孟长得帅,还会开收割机,"本来心挺盛的",没想到一过门,先是公公脑出血,伺候了好几年,公公去世不久,小孟又出了车祸。七八年了,丈夫死里逃生,智力却像个孩子,上面还有婆婆和太婆婆要照顾。"烦心事就没断过。"张英说,"最难过的是小孟出事头两年。借钱借个遍,村里人都帮忙,没人指望还,都觉得我得走。哪能走?有孩子,上面还有婆婆和太婆婆,做人不能这样。"

镜头
JING TOU

▲ 本报记者与新村村民李振英交流。

新村的第一代移民,还保持着各自家乡的风俗和老礼儿。83岁的李振英来自山东潍坊,评价媳妇的标准就一条——贤惠。那谁谁家的媳妇懒,不干活,可两口子要是闹到离婚,还是接受不了——"说出去不好听"。

今年春上，张英家建起了大棚，村里人帮着凑钱、帮着建棚，"旧账还没还完，又添新账。没人来要账，这么多年看下来，大伙都知道了我的人品，就更想帮我。"

老礼儿与新俗在新村和谐共存着：

举办婚礼已经不在村里摆宴席了，都去了城里的大酒楼，省不少事，可随礼这事还是少不了；

戴上了蓝牙耳机和智能手环的马龙涛，在水稻收割的时候，还得用最笨的办法，每天蹲在田里盯着灭茬的事，防止有人烧荒；

村委会副主任王洪仁是广播员，有事要通知村民，就戴上老花镜，对着大喇叭读自己手写的稿，与此同时，村委会的年轻干部会把这稿发到村里的微信群；

带孙子的大妈们最爱的还是聚在街口聊天，看到记者举着自拍杆走过来，连忙整理好衣服，从容地面对镜头："直播呢，有多少粉丝？"

从新到新

陌生的土地，开荒的辛苦，从来没操弄过的种水田的活计，新来的移民只有一条路，就是硬着头皮上。由此也形成了新村人一个重要的文化基因——对新事物有着强大的接受能力。

头一批来的，住在青年营里，一家一间房，灶台连着炕。继续开荒，修上下水线，修水田，都是靠人挖，18岁以上必须出工。仍然是用肩挑手推的方式，新移民在青年营原有的 3000 亩地外又开出了近 2000 亩耕地。

学会了种水稻，又学会了养河蟹，后来上边号召发展棚菜，没人懂咋弄，也敢尝试。"啥都种过，茄子、辣椒、豆角、葡萄，后来发现最适合的是小柿子，用自行车驮着去镇上卖，都没做过买卖，可也都学会了。"马龙涛说。现在新村的小柿子已经远近闻名，一个大棚一年下来至少要挣个四五万元。

再后来，盘锦提出了全域旅游的发展战略，动员各村建民宿、搞农家乐。把住宅改成民宿，要有独立的卫生间、空调、电视、24 小时热水，那是需要投入的，很多村都在观望。分配给新村 200 张床位的财政补贴名额，报名的人家很多，最后验收合格的有338张。

新鲜事在村里从来就没断过。

耕地论"条"算，一条田，宽25米、长500米，四边以浅沟围之，浅沟既是种水稻的上下水线，也是养河蟹的地方，这是盘锦自有水稻种植以来的"条田化"特色。可张亚如却要把这延续了几十年的办法给改了。

张亚如是邻村人，在家里排行第二，大伙都叫他"二哥"，既透着亲切，也是对他做人地道、亲切热情的赞许。这些年他一直在外面做生意，2016年，他来到新村做休闲农业，创办了盘锦绕阳农业科技发展有限公司，注册了"绕阳湾"商标，新村的大米和河蟹头一回有了自己的品牌，还成功申报了国家级稻渔综合种养示范基地，让新村在"国家现代农业示范区"之外有了第二个国家级项目。

今年春天，二哥把自己承包的稻田拿出300亩进行改造，两三条田合为一体，原来的上下水线被四周更宽更深的环沟取代，环沟水满沟深，不仅可以养更多河蟹，还实现了与经济收益更高的"澳龙"的套养，以后还可以引进更多品种。

二哥的试验田生趣盎然，稻田边上是苹果树，下面是吃苹果长大的"苹果鸡"，果树边上的小动物园里除了各个品种的鸡鸭鹅鸟，还有孔雀，是来村里住民宿、赏稻田画游客的另一个好去处。

入冬了，二哥的稻田刚开始收割。与其他农户下霜前割稻子的传统做法不同，他让自己的水稻经了十场霜。产量肯定要少，但是品质更好。二哥说，不能光把眼睛盯在这一两年的收益上，而是要蹚出一条兼具休闲与生态意义的种田新路，利用新村现有的稻蟹种养、农家乐、民宿基础以及绕阳河生态资源，把新村建成农业公园。

王树国建的阳光温室是另一桩新鲜事。王树国是另一个在外发展得不错又选择了回乡创业的新村人，"2012年从北京回来的，见的世面多了，觉得家乡还是落后，没有真正像样的农业组织，村里人虽然富了，但是单打独斗惯了，年年有人在种苗上受害，加上品种单一、技术落后，销售环节被中间商压价，还是需要有龙头企业来引领"。

现在，王树国带头创办的盘锦瑞农蔬菜种植专业合作社已经有了800多

镜头
JING TOU

▲ 新村村民齐艳平在自家的大棚里忙活。

陌生的土地,开荒的辛苦,从来没操弄过的种水田的活计,新来的移民只有一条路,就是硬着头皮上。由此也形成了新村人一个重要的文化基因——对新事物有着强大的接受能力。学会了修水田,学会了种水稻、养河蟹,后来上边号召发展棚菜,没人懂咋弄,也敢尝试。

户社员，拥有1.1万平方米阳光温室的种苗种植基地，能为周边4个乡镇的菜农提供种苗和农资、技术。下一步，王树国还要利用手机物联网这些新技术，让新村的棚菜种植提档升级。

当年的移民都老了，在炕头上打着小牌，晌午在屋外头晒太阳聊天，挺悠闲挺满足，有国有农场职工的身份，基本上1968年以前出生的村民都能领到养老金，数额年年涨，七八十岁的一个月能领两三千元。

马龙涛就此深情地总结："算是对他们当年付出的补偿了。他们留下的财富除了村里这5000多亩耕地，还有他们的创业精神，一代传一代，这村子里就没懒汉！"

王树国说："新村每一代都出能人，现在就看我们这代人了。"移民新村里的第二代正在让新村更新。

几年的美丽乡村建设，新村家家用上了自来水、天然气，有了太阳能取暖设备、室内卫生间和24小时热水，垃圾有专人清理，所有的街路都铺上了柏油，路面上除了落叶，没有任何杂物。形容村貌，最准确的就是很"俗"又很美的那句话：绿树成荫、鲜花盛开。

入冬了，新村里鲜花和绿色已不多见，但仍有绕阳河两岸的苍苍芦苇、整洁静谧的村路、场院上停止作业的收割设备，在诉说着一个村庄追求幸福的故事。当然，还有一道风景是必须提到的，就是那些白天在大棚里忙活、傍晚在村委会门前欢快地跳着广场舞的女人。

新村的故事似乎不够惊心动魄，但也许这正是小康应该有的样子——稳稳的幸福。

扫码观看本节微纪录片

生态文明

第三个梦

蹲点村庄
彰武县
阿尔乡镇北甸子村

蹲点时间
2020年10月11日—23日
11月3日—5日

关键词
脱贫　生态　合作社　治沙精神

村情档案

面积和人口
三面接壤内蒙古，紧邻科尔沁沙地南缘，总面积66150亩，耕地1.33万亩，共有304户、820人。

主要产业
种植业，肉牛肉羊养殖。

收入情况
村集体年收入近30万元，人均年收入1.5万元。

北甸子村差一点在地图上被抹掉。

摊开辽宁地图，如果要定位北甸子，"西北"二字是最准确的方向指引——阜新位于辽宁西北，彰武县位于阜新西北，阿尔乡镇位于彰武县西北，而北甸子村位于阿尔乡镇西北。

而若要进一步明晰方位，则可以这样表述：北甸子位于辽宁西北与内蒙古自治区交界处，它犹如一根枝杈，直接插进科尔沁沙地。

20多年前，三面环沙的北甸子村似一座孤岛，深陷茫茫荒漠。

疾风骤起，沙粒似刀，"啪啪"击打着老百姓的窗棂，也试图改写着这座普通村庄的命运。

北甸子应该怎么办？

专家几进几出，无奈地摇着头给出建议：不宜居住，全村搬迁。

不！我们要让父母死后埋在这里，让子孙继续生活在这里！

倔强的北甸子人不甘世代生息的村庄被无情荒漠吞噬，也不愿生于斯、长于斯的自己成为失去故乡的心灵孤儿。

我们要留在这里！

几十年来，北甸子人与沙漠作战，和恶劣抗争，硬生生地将北甸子从沙漠里夺了回来。

那个"一碗米、半碗沙，五步不认爹和妈"的北甸子不见了；

那个老百姓每年靠借粮过活的北甸子不见了；

那个人亡于路的北甸子彻底不见了！

治沙之路，也链接着致富之路。

带领全村治沙几十年的村党支部原书记董福财在去世前，心中一直念念不忘三个梦：种树，让老百姓活下来；修路，让老百姓留下来；致富，让老百姓腰包鼓起来。

如今，前两个，梦已成真；我们的采访，从第三个梦开始……

抱团筑梦

北甸子村的养牛大户李万权是"名人"。

我们还没到北甸子村，"李万权"这三个字就快把耳朵灌满了：

"李万权一打眼儿，就知道这头牛能有多沉，上秤，差不了几斤。"

"李万权到底帮了多少老百姓脱贫，他自己都说不清。"

"李万权有自己的合作社、肉牛交易市场，他还养了1000多头母牛，你说他得多富？"

……

李万权从车上走下来的那一瞬，这位"名人"在我们面前真实起来：高个、魁梧，衣着朴素得就像刚从地里干活回来；热情藏在眼睛里，但黝黑面庞上并没有太多的表情；一双伸出的大手宽厚、有力。

李万权是土生土长的北甸子人，他知道北甸子的苦，也亲历了北甸子因沙而衰、因沙而穷的全部过程。

李万权说，那时候全村都快被沙子埋上了，到镇上没有路，要么走，要么骑马，要么赶马车。马车赶得快了就会半路翻车，他没少帮忙抬车。

　　村党支部书记白晓华说，因为沙丘环绕，无路可走，村里过去都是接生婆在家接生。有一户人家的媳妇生孩子大出血，找了好几个壮劳力步行往镇上抬，还没到医院，人就死了。

　　沙，漫无天际的白沙不仅让北甸子因沙致贫，一穷几十年，还让这里构建了独特的人际生态网络。长时间被沙漠阻隔于世，当年的北甸子人较少与外界接触，他们固守田园，累世而居，很少流动。再加之"穷"字当头，外村闺女不爱来，本村小伙娶本村闺女，北甸子亲上套亲，亲上加亲，全村几乎都能攀上亲戚。尽管这个"亲戚村"在甩掉"穷"字的道路上拼尽气力，但是，2016年之前的北甸子一直顶着"省级贫困村"的帽子。

　　与其他贫困村略有不同，北甸子有几十年饲养肉牛的传统。这个传统犹

Complete Victory in the Fight against Poverty

如一条绳索,把北甸子人一个个地从贫困泥淖中拉拽了出来。

然而在"养牛脱贫"面前,全村仍有几十户贫困户望"牛"兴叹。他们也知道养牛赚钱,也羡慕那些肉牛满圈的邻居,但一道道横亘在眼前的门槛让他们难以逾越:

——由于种种原因,这些贫困户都拖欠着信用社的贷款,若要再次贷款,他们必须先把欠款还上,而且还要有抵押物。一句话,贫困户没有养牛钱;

——即使有了贷款,但他们不懂喂养技术。牛病了,咋办?死了,咋办?从哪儿进料?怎么防疫?去哪儿卖牛?一句话,贫困户不会侍弄。

贫困户着急,县里、镇里、村里和省里下派的驻村扶贫工作队更着急。

几番调研后,2016年,一种全新的扶贫模式在北甸子推行开来——贫困户分别加入村里两位养牛大户李万权、王辉的合作社,合作社给贫困户担保贷款,政府对贷款贴息,钱的问题解决了;合作社为贫困户养牛提供技术、饲料、销售全程支持,侍弄的难题也破解了。

紧锁眉头多年的贫困户,乐了。

不止一名记者问过李万权这样一个问题:用自己的信誉给贫困户担保贷款,当初为什么要这么做?

这位思路清晰但并不太乐于表达的汉子只把答案浓缩成几个字:共同致富嘛。

共同致富的目标下,记录着向梦想进发的北甸子村这些年翻天覆地的大变化:

——种树,让老百姓活下来。如今,北甸子村已累计造林3.8万亩,种树300万株,森林覆盖率从10%提升到48%。如今的北甸子已经"无处栽林"。

——修路,让老百姓留下来。自第一条通往阿尔乡镇的村级公路通车后,环屯路、巷道,一条条覆盖着水泥面的道路犹如彩练,串起了北甸子村的每家每户。

——老董书记的第三个梦想"致富",也正在北甸子人勤劳的双手中实现。全村90%以上的农户靠饲养肉牛致富,一年收入能达到几万元,全村不仅摘掉了"省级贫困村"的帽子,村集体经济也由原来的入不敷出,变成了现在年赢利近30万元。

镜头

JING TOU

———

▲ 全国先进工作者、护林员李东魁向本报记者介绍护林经验

北甸子村差一点在地图上被抹掉。专家几进几出，无奈给出建议：不宜居住，全村搬迁。他们要留在这里！倔强的北甸子人不甘世代生息的村庄被无情荒漠吞噬，也不愿生于斯、长于斯的自己成为失去故乡的心灵孤儿。他们与沙漠作战，硬生生地将北甸子从沙漠里夺了回来。

全力逐梦

2019年，38岁土生土长的北甸子人徐红春盖起了新房子。设计图纸的时候，她把瓦匠拽进屋，拍了拍炕上的图纸，"我要安上全村最大的窗户！我喜欢亮堂！"

徐红春憋屈怕了。

"我家过去是全村最穷的。"盘坐在炕上，打量着自己的新房，性格爽朗的徐红春讲起了她的故事。

结婚不久，房东不再续租房子，徐红春和老公抹着眼泪，连借带贷，花了4.5万元买下一个院子和两间小土房，连夜搬了出去。

那是两间低矮、昏暗、憋屈的小土房，窗户狭小得很难挤进阳光。我们侧身走进那两间土房，透风的北墙上，高高悬挂着几年前的一张全家福。那时，徐红春的儿子还活着，照片中的他，笑得一脸纯真。

2016年，儿子意外去世了，一向要强的徐红春躺在炕上哭了好几天，她哭儿子"为什么短命"，哭自己"为什么这么命苦"，哭家里"穷得不敢走亲戚"。

苦尽甘来。就在这一年，徐红春加入合作社开始养牛脱贫。几年下来，外债还上了，新房盖上了，家禽牲畜填满了整个院子，徐红春和老公开始没日没夜地忙。曾经的贫困终于一去不复返了。

护院大狗朝着我们狂吠，徐红春弯腰捡起了一根木棍，用力扔了出去，挨了打的狗"嗷嗷"跑开了，徐红春拍了拍手上的土，爽朗一笑，"现在这日子，有劲儿！"阳光明媚，那扇全村最大的窗户内，花开正盛。

当制约梦想的桎梏被打破，北甸子人脱贫致富的干劲与闯劲极速迸发。这个辽西北的偏僻村庄，在奔向第三个梦想的征途上，用自己创造出来的治沙精神，再一次激励着自己，鼓舞着自己，重新书写着村庄的精气神。

驻村采访的半个多月，我们无时无刻不在感受着北甸子人的淳朴与热情，也无时无刻不在感知着怀揣致富梦想的他们原有生活节奏与生活方式的改变。

清晨5点多，每家每户渐次亮起的灯光就把北甸子唤醒了，5点半刚过，庄稼地里就开始热闹起来。当地人说，以前灯亮得没这么早，也没这么多。

中午11点左右，全村最为热闹。牛群陆续回家了，骑着马的牛倌吆喝着，

镜头
JING TOU

▲ 北甸子村曾经的贫困户徐红春在自家的新房里。

"我家过去是全村最穷的。"2016年,儿子意外去世了,一向要强的徐红春躺在炕上哭了好几天。就在这一年,在村里养牛大户的带动下,徐红春加入合作社开始养牛脱贫。

2019年,徐红春盖起了新房子,设计图纸的时候,她说:"我要安上全村最大的窗户!我喜欢亮堂!"

驱赶着，鞭子清脆作响。每家每户，饭香四溢。当地人说，以前一天只吃两顿饭，中午这个时间段，要么靠墙根晒太阳，要么聚堆闲聊。

晚上9点多，全村渐渐安静下来，人们为明天的忙碌与辛劳积攒着力气。当地人说，以前成宿打扑克、打麻将，为了一毛钱，这个"亲戚村"里的亲戚之间经常翻脸。

致富的梦想，改变着这座村庄的气质，也重塑着每一个人的风貌。

白少军虽然身材矮小，但混在牛群中间的他却威武得像一位将军。他把牛群关进圈，微笑着，搓着手，迎接我们。

他给自己喂养的16头牛每一头都取了名字，"那个犄角大的叫'大犄犄'"。白少军往牛槽里铲进几锹料，撤回身，站在牛栏旁扯起脖子逐个给牛点名。清脆的声音响彻整个院落。在没有脱贫前，白少军自卑得沉默寡言。

作为老董书记的儿子，今年42岁的董伟继承了父亲热情好客的性格。当这份热情与致富梦想交织在一起，他点燃了自己。

宽敞的养殖小区内集齐了牛马羊鸡鸭鹅，一派生机勃勃的景象。在自己的天地里，董伟俨然一位勤劳的国王。

铡完了草，董伟"呼"地一下从机器上蹦下来，大步流星地钻进牛棚里添料、掺盐、搅拌，之后他快步从牛棚折身而出，将手中的鞭子挥得"啪啪"作响，听到命令的牛群像潮水一样涌进棚子。又一顿美好的晚餐开始了。

当我们感叹董伟的快节奏生活堪比一线城市时，这位热情的中年人笑得灿烂，他摇着头，又点着头，"我做得还不够好，全村都这么拼"。

在奔向第三个梦的道路上，今天的北甸子人已经找到了属于自己的正确前行方式。

漫步村中，牛群低沉的"哞哞"声时常越墙而出，此起彼伏。这是最为动人的乐章，它不仅驱赶走了北甸子人过去的唉声叹气，还在悦耳的音乐中迎来了北甸子村的生机与希望。

勇敢追梦

"肉牛第一村"，在养牛大户李万权的心中，他希望北甸子将来能在全国叫响这样的名号。

怀揣梦想的李万权不放过任何一次畅谈梦想的机会。面对近百位蜂拥而至的外地参观者，李万权站在台阶上，手持话筒，滔滔不绝。他向参观者讲着合作社的模式，说着北甸子村的养牛梦。一旁的牛栏里，几百头牛停止了咀嚼，安静聆听。

这位脸色黧黑的中年汉子虽然少有表情，但平静的面庞下却藏着一颗沸腾的心。

裤腿沾上了泥浆，一双褶皱的皮鞋被泥土遮住了原色，站在台阶上的李万权毫不在乎，他在乎是否有参观者能被他的梦想所感染，是否有人愿意加入养牛事业，和他并肩作战。

参观一结束，李万权开着他那几万块钱的车赶到下一个需要他的地方，继续养牛、贩牛、说梦想。就他个人而言，致富已经实现，带领全村一起致富才是他的梦想。

梦想着共同致富的李万权有着自己的困惑。

在半个多月的驻村采访中，李万权不止一次地向我们陈述着他"肉牛第一村"的梦想。然而，实现这个梦，需要实打实雄厚的资金来支持。时至今日，难题待解。

不只李万权，在奔向第三个梦想的征途中，北甸子人在品尝喜悦的同时，也遭遇着"幸福的烦恼"。

1985年，李淑云一家签下了北甸子村第一份植树造林承包合同：造林1000亩。

几十年过去了，曾经的连片沙丘上长满了郁郁葱葱、遮天蔽日的松树，1000亩防护林如一条墨绿色飘带，阻隔了风沙，牢固了沙坨，改善了生态。李淑云一家就住在自己栽植的松林深处，距离她家最近一户村民也有两三公里的路程。

当我们感叹"十年树木"时，李淑云——这位当年夜以继日带头植树的中年妇女，已经变成了华发丛生的老太太。

坐在炕头上，李淑云拢着头发，追忆着30多年前植树造林的一幕幕，"早晨起来觉得胸口发闷，一吐，一大摊血"。

当年的辛劳与如今的成果却衍生了新的困惑。望着1000余亩的"绿色银行",怎样变现改善当下的生活,成了全家想要破解但还一时找不到答案的问题。

李淑云的儿子王继岩面对100多亩沙棘林,也有着自己的烦恼。为了补植树木,李淑云一家2016年在林地补植带上栽了100多亩的沙棘林。沙棘果可以做果汁,叶子可以做茶饮,沙棘全身都是宝……看着树苗深深扎根沙土地,一家人憧憬着美好的未来。

然而,随着去年沙棘成林、果上林梢,上述梦想却遭遇了现实困境:因为沙棘果和叶子产量低,果汁与茶饮企业不肯长途跋涉上门回收;如果自建厂房,食品加工手续、生产技术要求、员工管理等又远非王继岩一个人所能承担,"不知道下一步该怎么办"。

但,不管是李万权,还是李淑云,抑或是我们在北甸子村采访中遇到的每一个人,不论是面对困惑,还是遭遇困难,他们不屈不挠、坚韧积极。

这,就是延续了当年治沙精神的北甸子人!

这,就是奔向乡村振兴新征程的北甸子人!

曾经的大漠孤岛如今绿树成荫,过去的人烟荒漠现在生机勃勃。

如果我们把目光从北甸子村这个点拉回到全省这个面,将时间轴线从当下延展至过去及辽远的未来,我们就会发现,生态文明建设既是关乎一个地方永续发展的关键,也是最普惠的民生福祉。而若要实现生态文明,不仅需要脚踏实地,更需要精神的支撑与引领。

在北甸子村西北的边界林旁,一棵五角枫在空旷的沙土地上默默驻守了百余年。岁月沧桑,四季轮转,这棵百年大树的叶子也随之从无到有、由绿到红,不断变换,因此当地人称它为"大色树"。

就是这棵大色树,见证了北甸子人曾经的艰难竭蹶、种树修路的殚精竭虑,如今,它正在见证着北甸子人实现第三个梦的坚定脚步。

采访快要结束的时候,我们再一次夜访大色树。

冬夜寒凉,万籁俱寂,百年枝杈擎起了繁星苍穹。夜色中,天边的北斗七星清晰可见,它,为梦想指引着方向。

扫码观看本节微纪录片

镜头

JING TOU

———

▲ 北甸子村养牛大户王辉。

老董书记致富的梦想，也正在北甸子人勤劳的双手中实现。全村90%以上的农户靠饲养肉牛致富，一年收入能达几万元，全村不仅摘掉了"省级贫困村"的帽子，村集体经济也由原来的入不敷出，变成了现在年赢利近30万元。

制度改革

花海重生

蹲点村庄
喀喇沁左翼蒙古族自治县
水泉镇水泉村

蹲点时间
2020年9月28日—30日
10月4日—6日
10月9日—17日

关键词
致富带头人　集体经济　产权制度改革

村情档案

面积和人口
全村总面积11平方公里,共有耕地5911亩。14个村民组,1197户、4262人。

主要产业
设施农业,观光旅游,玉米大田。

收入情况
2020年村集体收入50万元,人均年收入1.4万元。

　　王巍掐灭手中的烟头,望着眼前正采摘西红柿的暖棚,长长出了口气。

　　白色雾气瞬间消散在冬日的空气中,一同带走的,还有他脑海中的复杂思绪。

　　每每来到此处,欣慰和沮丧都交织在心头。

　　曾经,这片地因经营不善,被他和自家三哥"撂荒"。他也从老板变成打工者。

　　一年后,烫手山芋"活了",还在规模上扩大数倍,成了水泉村的家底儿。

　　"还是你中!"他看向身边的唐廷波,"给你干,我服!"

　　"这话不对,不是我个人的,是咱全村人的功劳。"唐廷波拍了拍王巍身上的尘土,"你是头功!"

　　寒风袭来,打透了王巍身上的棉服,这个身材纤瘦的男人,不自觉地抱了抱自己,"真冷!"说罢正了正棉帽、戴好棉手套。

　　身着毛呢大衣的唐廷波抗冻许

▼ 记者在水泉村采访。

多,他眯眯双眼,看看脚上的单皮鞋,调侃道:"在家乡待了30多年,还怕冷?想想现在的日子就热乎了!"

似乎被唐廷波的话语所感染,王巍挺直腰板,摘下帽子,摸了一把有些稀疏的头顶,"还真多亏你这个带头的!"

水泉村党委书记、村委会主任唐廷波满脸笑纹,"也靠大伙帮衬不是?"

两个中年男子的笑声,在大地上回响。

辽西,朝阳,喀喇沁左翼蒙古族自治县,水泉镇水泉村,大凌河与牤牛河冲积平原上,一项追溯历史的恢复性工程正在进行中。

润泽花海,她有着神奇的前世今生。明末清初时,那是占地千亩的大花园。从春到秋,花开不断。因蒙古语称大型、多的东西为"海",这个大花园也叫"海"。

前世，这有长达数百年的花草种植历史。如今，生长于斯的水泉人再造花海，让"风景"变成"钱景"。

花落

水泉村，因有个常年出水的"泡子"得名。这是个曾经家底儿殷实的所在，集中连片的棉田，让这方人的生活相对富庶。

村里有过工程队、砖厂，企业有进项，滋养村民的生活和眼界。

后来，村办企业承包给个人，村集体日渐亏空。4000多人的大村，仅靠5000多亩耕地艰难过活，还戴上了市级贫困村的帽子。

本着"能人治村"的原则，水泉镇领导开始物色年轻的致富能手充实村

▼ 记者（右二）在水泉村驻点采访。

班子，26岁的唐廷波就在此时成为重点关注对象。

唐廷波是土生土长的水泉人，高中毕业后自谋生路，依托家乡砂石资源丰富的优势，干起砂石厂和建筑队。

农民出身的他，从来都是得体的正装。衬衫白净、西裤笔挺、外套修身、皮鞋锃亮，如果不是还有一张黝黑的脸，一双实诚的眼，很难让人将他和农民画上等号。

"镇里领导找到我，不是没犹豫，当时自家厂子在爬坡，得花心思经营。"唐廷波回忆，自己干买卖，几年光景就攒下了家底儿，在县城买了楼。说要回村上干，妻子第一个反对。

唐廷波的妻子郭丽敏也是水泉村村民，一头短发，精神干练。"我当时很不愿意。自家厂子刚有起色，他不管，我一个女人怎么维持？"郭丽敏说，他到村上的第一年，家里少干了两个项目，保守估计少收入10万元。

但同恋家乡一抔土的他们，经过一番思想斗争后，决定小家服从大家。

从治保主任开始，熟悉各项村务，2016年，唐廷波走马上任村书记兼村委会主任。

东北的农村，相对缺乏大的经济组织，农村人口难以进入现代生产链条。各家各户单打独斗，分散经营，无凝聚力，也无规模效益。

此时的水泉村即是如此，无产业、有外债，家底儿几乎耗尽，村上基础设施亟待升级，却口袋空空没法干活。村上还欠不少村民饭钱、出租车钱，唐廷波走在路上，经常有人跟他要账。

"村上还差我家4万元饭费，给安排安排呗。"2016年底，在水泉街里开饭店的张广生找到唐廷波。这句话仿佛压垮骆驼的最后一根稻草，让唐廷波暗下决心，必须另辟蹊径，给村集体"充电"。

干事儿，得有本钱。唐廷波表示要把自家150亩地的收入算给村上，作为启动资金，发展壮大村集体经济，并号召村民有力出力。

多数村民并不买账。村民王明海提出质疑："这么多年村上都没变化，祖辈种大田的农家人能翻出什么花样？"

传统思想，在这个传统村落里扎根深远，唐廷波只能先孤军奋战。

朝阳市发展百万亩设施农业之时，王巍和自家三哥建了5栋大棚，但资

镜头

JING TOU

▲ 水泉村的大地上洋溢着幸福的喜悦。

这里曾有让人羡慕的条件,也跌落过谷底,经受了苦难。曾经一盘散沙,软弱涣散,能力不足无法改变。幸好,有不放弃的人,有敢拼搏的精神。无数个偶然,汇聚成一个必然。这里的花,更具生命力,更有价值感。

金链出现问题，项目半路搁置。唐廷波接手了这个项目，建设新大棚。

系列工程摆在眼前：原来的大棚需推倒重建；大棚下是青石板，需回填好土；项目地处山坡，要找平。

每动一下，都需人力、资金。

唐廷波开始"组局"，动员村上思想较为积极的村民一起干。

佟树臣第一个被"忽悠"来了。"唐书记跟我说，刚起步缺人手，让我帮一段。"佟树臣回忆起过往哈哈大笑，"结果我一直干到现在。"

王巍对原来的大棚知根知底，唐廷波到他家软磨硬泡了一个礼拜，终于请到他出山。

就这样组成了最初的铁三角。佟树臣记工、做饭；王巍负责工程质量、进度；唐廷波协调资源、资金。

农村的晚上没有照明。项目所在地远离人烟，四周寂静得可怕。一个雨夜，佟树臣生怕刚建起来的大棚骨架坏掉，检查现场时一跤摔在泥水里。想找帮手，身边只有一条小土狗。

王巍边干边指导工人，忙起来顾不得吃饭，着急上火，嘴上、手上都起了泡，项目完工后，高烧了一场。

唐廷波押上自家买卖置换建筑材料，还从家里挪出10万元存款填补资金缺口。"天天给以前的合作伙伴打电话，借砂石、赊钢筋。最新款华为手机，一天要充两次电。好几次半夜回家，抱着电话就在沙发上睡着了。"

那段时间，生活充满暗色。他们在毫无先例可循的情况下苦苦探索，试图破局。

花开

我认真地问唐廷波，放着老板不当，后悔不？他指着村口的一棵大树说："树木都知道向下扎根，我是农民，向泥土讨生活，家乡就是我的根。再选一次，也这么干。"

拼搏，带来好运。当时，恰逢辽宁发展壮大村集体经济试点项目，寻找合适的乡村落户，这让唐廷波和水泉村有了乘势而上的机会。光是"村书记自己贴钱干事儿"这一条，就成为争取项目时最有说服力的理由。

终于，水泉村成为试点之一，200万元项目资金，分批注入。

2016年，喀左县水泉润泽土地股份种植专业合作社成立，采取"村党支部＋合作社＋产业基地＋农户"模式，整合土地和项目资金入股，并将全村贫困户陆续吸纳入社。

2017年，新建的7栋设施大棚具备了种植条件。随着1号棚里蓝莓定植，2号棚里蔬菜吐绿，越来越多的村民主动加入到了合作社。

每天一早，王明会都骑着电动车，赶到合作社侍弄大棚，放风，施肥，浇水，观察蓝莓和蔬菜长势。60岁的唐芳春，从只会种大田的庄稼汉，成为设施大棚技术能手。建档立卡贫困户李泽祥在合作社里找到了稳定工作，甩掉了穷帽。

众人拾柴，合作社"火种"稳了。

接下来的任务是上规模。

喀左提出全域旅游概念，在水泉镇党委书记王德文的指导下，合作社确定了重建"花海"的方向。围绕已经建好的设施大棚，在周边扩大规模，打造花海观光、鲜果采摘、光伏发电、蔬菜认养四大功能区。

当时，流转土地，迫在眉睫。距离项目区最近的一组土地需要调过来。

一组是山区组，村民以山上种玉米、山下养牛羊为生。一说要调地建项目，全组48户人家，30户投了反对票。

68岁的祝连学第一个站出来说"不"。"我就指望种苞米来喂羊。把地包出去，给我钱我还得买饲料，不干！"

坚定的反对者，引发部分共鸣。世代粘在土地上的庄户人，不仅将黑土地视为生产资料，更将其当成赖以生存的命根儿。毕竟，祖辈传下来的生活方式，不必知之，只要照办，就有保障。

村民对于传统的敬畏，在唐廷波的意料之中。但代代耕作，再能从大田中汲取的报酬，已呈递减之势。

抱残守缺，等于守着金山要饭！

唐廷波挨家挨户上门做工作。先到一组组长家，给他分析形势，一组地多在山上，收成少。流转给村上，一亩地给800元流转金，优先一组村民到

镜头
JING TOU

▲ 水泉村村民在道德银行兑换奖品。

每季度一次的道德银行评选颁奖了。48岁的丛滋梅、40岁的李彦华、30岁的徐艳因孝老爱亲登上领奖台。这种"存美德、挣积分、取实惠"的方式，既是乡间的一场盛宴，也在潜移默化地引导乡风文明。

合作社打工。

一组组长祝连山带动十几户村民签了字,但持反对意见的"祝连学们"仍然不为所动。

第一年,流转卡在了祝连学家那块地上。看着邻居尤彩军拿着土地流转金高高兴兴去合作社打工,祝连学心里不是滋味了。

第二年,他早早有了主意,唐廷波上门时,二话没说就签了字。

"我也改方式了,把家里的羊换成牛,收入只增不减。"祝连学说,"现在希望村上把咱家地都包走,我就搬出大山,去过城里人的日子。"

钉子户的改变意义深远,两三年间,600亩地统一纳入合作社规划范围。

2018年,水泉村开展农村集体产权制度改革,依托合作社,聚焦"产业融合、主体培育、利益联结"三个关键环节,推行"党支部+集体经济组织+农户"模式,继续探索壮大村集体、带动村民增收的新路径。

冬日的一个早上,唐廷波习惯性地擦拭合作社的牌子。

我问他,牌子用天天擦吗?唐廷波说:"这是村子发展的见证,人心凝聚的象征。我不梳头洗脸,也要保证牌子亮亮堂堂。"

今年合作社又添了游客中心,增加了餐饮服务。"还要建民宿和连栋温室大棚,让一日游变成多日游,让花海的冬天也有景。"

寒风中,在已经凋谢了的花海观光区前,唐廷波喃喃自语。

我问他,站在这儿,想当初,什么感觉?他只回答我两个字:高兴。

农民出身的他,没有华丽的语言,说起合作社的成长经历,从来都是白开水式陈述。但我想,正是这种朴实、踏实的干劲儿,才换来真心,收获成功。

花香

今年"十一",自驾到水泉看花海的车辆排到一公里以外。5天时间内,10元一张的门票,积累下6万元收入。加上水果采摘、蔬菜认养等项目的收益,村集体的腰包越来越鼓。

账面上有钱了,首要任务是给村民"分红"。"今年给每个村民报销40元农村合作医疗费用。"村妇联主席唐丽华得意地说。

镜头
JING TOU

▲ 本报记者蹲点期间,住宿在村民崔艳华家,与她建立起深厚感情。

天一亮,家家户户打开院门,烧火做饭,炊烟袅袅,勾勒出一幅乡村美景图。在三组组长崔艳华家前前后后住了半个月,她每天早早起来清扫庭院,洗脸洗头,把家里和自己收拾得干干净净。忙完农活,她会换上时髦的衣服,穿上高跟鞋,给我当采访向导。

▲ 丰收的季节，老百姓笑得真甜！

"才40，也不多啊？"我提出这样的疑问，唐丽华立马摆手，"咱村4000多人呐，一下子就小20万！有这待遇，水泉人到隔壁村都可自豪了"。

荣誉感浸润着水泉人的血脉，他们更爱村爱家。

乡下的早晨，比城里醒得早。天一亮，家家户户打开院门，烧火做饭，炊烟袅袅，勾勒出一幅乡村美景图。亮点，是各家把垃圾打包装好，放在指定地点，等待垃圾清运车集中清理。

没人乱扔垃圾了，大家的生活习惯改变了。

我在三组组长崔艳华家前前后后住了半个月，她每天早早起来清扫庭院，洗脸洗头，把家里和自己收拾得干干净净。

忙完农活，她会换上时髦的衣服，穿上高跟鞋，给我当采访向导。要离开水泉村的前一天，她主动说要带我转转，感受村里的变化。

闻着乡下独有的芬芳，我们走在刚铺好的水泥路上。"全村土路都硬化了，大家出门脚不沾泥，粪堆、垃圾堆、柴草堆清走了，挪腾出来的地方栽花种草。"崔艳华边走边说。

迎面遇到83岁高龄的郭振林，老人要去村民广场上坐坐，我们一路相伴，老人家打开了话匣子。

"以前的水泉，下雨就积水，村民广场那块就是臭水沟、垃圾山。晴天一身土，雨天一身泥，垃圾随风飘，污水遍地流……"郭振林伸出枯树枝般的右手逐一列举，没等问题说完，手指头就不够用了。

移走了垃圾山，围绕出水口打造木栈道观景

台,现在的村民广场成了跳舞者的活动基地。

村民杨桂华一身红装,手中的红扇上下翻飞,正和伙伴们练舞,"以前咱都在土上跳,现在可真幸福!"

改变,让每个人感同身受。越来越多的人主动站出来要做点什么。今年6月,水泉村志愿者服务队成立了,这个纯粹源于民间的"自发组织",从8人起步,发展成60人的固定团队。日常维护村内卫生,旅游旺季时去花海帮忙,村里防汛、防火、疫情防控,随叫随到。

"将来还要发展应急救援队。"队长夏宏达说,"就想为村里出点力。"

众人合力,又成为村集体壮大的原动力。今年,虽然受疫情影响,合作社仍预计实现收入100万元,带动建档立卡贫困户增收3000元,村集体收入50万元。

要返程了,一场活动的举办让我意犹未尽。

每季度一次的道德银行评选颁奖了。

水泉镇党委副书记李堂军给我解释了道德银行的评选标准,"水泉镇制定了道德银行建设实施方案,各村结合实际再细化内容,从脱贫攻坚、孝老爱亲、参与公益、改善环境等方面评比,将村民道德行为量化为积分,再用积分兑换奖品"。

48岁的丛滋梅、40岁的李彦华、30岁的徐艳因孝老爱亲登上领奖台。拿着奖状和奖品,这些常年在家务农的妇女,取得了物质精神双丰收,笑得合不拢嘴。我想,这种"存美德、挣积分、取实惠"的方式,既是乡间的一场盛宴,也在潜移默化地引导乡风文明。

今天的水泉村已经成为面向全喀左县党员的教育培训基地。每年,全县186个行政村的村书记及农业致富带头人都会在这里进行经验交流。"让党建引领壮大村集体经济的做法更广泛地复制、传播。"喀左县委组织部副部长刘志来这样评价。

坐上返程的高铁,我一眼看到了熟悉的花海。花期已过,但核心区鲜红的党旗和"1921—2020"标识,让这儿极具辨识度。

前后三进水泉村,这里的每一个人、每一段故事,不断地在我心头萦绕、脑海循环。

这里曾有让人羡慕的条件，也跌落过谷底，经受了苦难。曾经一盘散沙，软弱涣散，能力不足无法改变。

幸好，有不放弃的人，有敢拼搏的精神。

无数个偶然，汇聚成一个必然。这里的花，更具生命力，更有价值感。

扫码观看本节微纪录片

回访五村，喜见新气象

大梨树村——千树"梨花"

雪后的丹东凤城市大梨树村景区内，冰挂或一排排，或一层层，如帘如柱、如珍似玉。流连于此，不少游客凹造型、摆姿势，用手机定格下这一美好的瞬间。冬日沉寂的大梨树村此刻变成了欢乐的冰雪乐园。

大梨树村冬季游客的欢愉一幕，观照出当地近年来发展冰雪旅游的不懈努力。1月20日，农历腊月初八，第三届大梨树冰雪民俗节拉开帷幕，活动旨在以打造冰雪景观为依托，以传统民俗活动为载体，将冰雪旅游和当地传统民俗文化有机融合，打包形成旅游产品和旅游节庆品牌，以求将"冷资源"变为"热产业"，实现从"一季热"到"四季火"。

"冰天雪地也是金山银山。"向冰雪要效益，就必须花心思、下功夫。

在年货大集里感受农村"赶集文化"的热闹氛围，在大梨树影视城"东北人家"小屋内体验带有烟火气的地域特色，在"童年记忆"竞技场里重温滚铁环、打冰尜的快乐时光……大梨树村通过组织多种形式、不同主题的活动，提升人们对冰雪消费的兴趣。

大梨树村党委书记、村委会主任毛正新说，冰雪民俗节选在腊八开幕，就是要在日渐浓郁的年味儿中与游

我的年度时刻
SHI KE

进入全新的2021年，这些村庄又有哪些新期待呢？

冬日的大梨树村成了欢乐的冰雪乐园，"冰天雪地也是金山银山"；乡村旅游让村民受益，以"玉米村"闻名的东兴村要转型旅游村；新村村每个人的快乐写在脸上，种地的种菜的养蟹的去年都挣到钱了；北甸子村的年味浓了，村民在忙碌中迎接春节的到来；水泉村开始为新一年的发展做规划，还要在集中连片的花海上做大文章。

▲ 大梨树村变成了欢乐的冰雪乐园。

客一起迎接新年,共同感受传统民俗文化的独特魅力。

多年来,如何把旅游产品做出差异性、特色化,是大梨树村一直努力的方向。

"七彩田园要丰富景观,多设些'打卡地',让游客在这儿停留的时间再长一些;挖掘'干'字精神的文创产品要抓紧推出,让大梨树的精神内核活起来、传开去……"刚经历村委会换届选举、再度当选大梨树村"一把手"的毛正新,新一年的工作计划列得满满当当。

新的一年,总是让人们充满期望。

与景区一墙之隔,大梨树村内仁和快捷宾馆的李萍正在为即将到来的游客高峰做着准备。作为大梨树村景区内第一家快捷宾馆的经营者,自从村里大力发展旅游业后,她再也闲不下来了。即便受新冠肺炎疫情影响,她依然对今年的客流量表示乐观。

"你们采访的主题叫'望年',只有奋斗昂扬,旺年才会有望。"李萍说。

东兴村——玉米转型

"祝全市人民生活越来越好,日子越过越红火!"1月21日,铁岭市昌图县亮中桥镇东兴村的村民活动广场红灯高挂,村"两委"班子成员和村民代表站成两队,面对摄像头高声为铁岭市人民送上新春祝福。

为了配合铁岭电视台春晚摄制组的拍摄,东兴村"铲车""旱船"齐上阵。铲车运来玉米,村民以锹为笔写下"小康社会前程似锦"的美好祝福。划旱船、赶毛驴……村里的秧歌队前来助兴,唢呐响起,东北乡村浓浓的年味儿扑面而来。村党总支书记吴艳良说:"过去这一年,玉米值钱,养猪养牛挣钱,村民接待两个旅游团还收入点儿活钱儿,东兴村的日子过得是红红火火。辽宁

日报《一棒玉米》的报道一出来,东兴村更是名气大振。这次拍摄,东兴村将代表昌图县向全市人民送上新春祝福。"

村民董育环是秧歌队的主力,一场表演下来,她对年的期盼马上变得强烈起来:"从今天开始,我就要列单子,等到1月30日村大集,我们全家上阵把年货都办齐。"

"玉米行情太好了,包地的价格也跟着往上涨。我准备再包点儿,但能不能像去年那样包600亩,还得看开春时的地价。"王飞是《一棒玉米》中的主角,因为一直在忙碌着玉米脱粒服务,她甚至还没来得及准备年货,不过,对于种地的事她可一点儿也没马虎。

村民张立艳的心思则在招待游客上。去年12月,村里迎来了两个旅游团,她家作为民宿一共接待了16位客人,共收入1280元,扣除购买床单被褥的支出,纯收入超过700元。"乡村旅游这个事真挺好,村民是真受益。"张立艳说。

实现村民的愿望,自然是村党总支书记吴艳良要做的事。作为"玉米村"的领头人,新一年他既想把村大集提档升级,又想以保护黑土地为抓手提升玉米的产量和质量,但他说得最多的事,还是如何把乡村旅游做起来。吴艳良说:"我希望新一年里,村民都能好好修一修自家的厕所,这是我们村发展乡村旅游急需解决的问题。然后每一家都在园子里多种香瓜之类的经济作物,在院子里多养一些鸡鸭,让游客在东兴村住得好、吃得可口,走的时候还能带上点儿土特产。村里负责把基础服务做好,在水库周边种一些观赏性的植物,把水库下游的沼泽打造成花海,让游客能够深度体验农村生活。"

▼ 东兴村村民以锹为笔写下"小康社会前程似锦"的美好向往。

新村村——新村迎新

元旦过后,盘锦市盘山县太平街道新村村党支部书记马龙涛一直没闲着,最重要的一项工作就是新一轮的土地流转。全村5100多亩耕地,每年流转一次,包地的价格会根据上一年种地的收入上浮或下调。"去年是个丰收年,一亩地,水稻和河蟹的价都挺高,种地的都挣到钱了,所以今年包地的价格涨不少,去年平均一亩地850元,今年最高的达到了1300元。"马龙涛说。

2020年是张亚如经营绕阳湾国家级稻渔综合种养示范基地的第三年,效益比前两年都要好,河蟹和大米都丰收。特别是他们引进的新品种澳洲小龙虾,俗称澳龙,已经在稻田地里试养成功,不仅澳龙的收成不错,水稻的产量也提高了。澳龙比小龙虾个头大、肉多,口感也好,突破了南方品种在北方养殖的技术瓶颈后,市场前景很可观。整个冬天,张亚如的公司都在忙着建澳龙孵化基地,这个种苗供应基地可以为全县乃至全市提供澳龙种苗,让更多农户受益。张亚如始终记得自己的这个示范基地的宗旨,就是探索科学种田的更多可能性:"2021年,我们不仅要推广澳龙的养殖,还要进行水稻品种试验,选择出一种适合稻渔立体种养的水稻品种,已经跟省市科研部门和中国农业大学联系好了,合作开展试验。"

盘锦瑞农蔬菜种植专业合作社负责人王树国在接受记者采访时语气兴奋:"去年的疫情给各行各业都造成了损失,但是我们合作社的农户没受太大影响,这得益于国家采取的措施,让流通渠道一直保持畅通。今年,中央农村工作会议提出了要加强农业品牌竞争力,这正是我们努力的方向。今年,我们要在棚菜的标准化生产上下功夫,实现从量产到质产的转变,靠品质挣钱。国家政策好,我们干事就有劲头!"

像张亚如和王树国一样,新村的每个人都在忙碌着。齐艳平大姐是在大棚里接的记者采访电话,新一茬的小番茄刚刚成熟,早上刚卖出了两箱,临近春节,市场越来越好,她每天从早忙到晚,午饭都是在棚里吃的。去年家里的两个大棚,每个挣了4万元,只不过,其中有一个是租的。齐大姐说,自己的理想就是有两个属于自己的棚。

▲ 新村的每个人都在忙碌着

北甸子村——冬雪洁白

过去几十年，因身陷茫茫荒漠，白色是北甸子村的主题颜色。如今却不同了。临近春节，记者再次采访阜新市彰武县阿尔乡镇北甸子村，虽然仍是满眼铺白，但这是洁白的冬雪颜色，纯净无瑕，令人心旷神怡。

刚进腊月，村里曾经的贫困户徐宏春一家早早就把年猪杀完了。徐宏春能干、豪爽，去年她一共喂了两头猪，年底一过秤，一个150多公斤，一个将近200公斤，"我和对象一商量，卖那头小的，杀那头大的，把亲戚朋友招呼过来，一起吃杀猪菜！"

杀猪那天，徐宏春前年新盖的大房子里人来人往、笑声不断。"亲朋好友都夸我，这几年日子过得越来越好了。"徐宏春也知足，自从加入村里的肉牛养殖合作社，房子盖上了，家电买上了，"四轮子"置上了，院里的肉牛也越来越多了。

虽然传统农村有"猫冬"的习惯，但北甸子村村民董伟早已经把"猫冬"这两个字从他的日程表上抠掉了。他和父亲董福财——这名带领全村百姓植树、修路几十年的北甸子原党支部书记的性格一样，热情、能干，对生活充

▲ 临近春节，北甸子村村民准备过节。

满了希望。

  董伟去年收获颇丰,"种大田赚钱了,养牛养羊也赚钱了,这一年我挺知足的。"趁着忙碌的空当,董伟向记者勾勒新一年的计划,"我的赛马场今年将扩大规模,到时候欢迎你再来采访。"握手告别,董伟热情地发出了邀请。

  虽然临近春节,但北甸子村养牛大户王辉一天也没闲着。从外面推门而入、掸掉身上的灰尘,这名旭辉肉牛养殖合作社的领头人一脸笑容。在带着二十几户村里的贫困户脱贫后,去年,他继续带着大伙儿迈向致富路:"去年我自己养了1000头肉牛,通过合作社帮着大家卖了1万头。今年我打算继续翻番,让大伙儿的日子越过越好!"明媚的阳光透过玻璃窗照进屋子,一片明亮。

水泉村——花海升值

  春节的脚步越来越近,乡间田野上,年味愈浓。在朝阳市喀喇沁左翼蒙古族自治县水泉镇水泉村,村党支部领办的润泽土地股份专业合作社里,冬闲变冬忙,村民们自发开起了碰头会,为新一年的发展做规划。

  "咱们合作社又上了新台阶,花海观光、鲜果采摘、光伏发电、蔬菜认养这些项目彼此支撑,去年虽受疫情影响,仍实现了100万元的收入,今年还得接着干。"水泉村党委书记兼村委会主任唐廷波说,"具体怎么干,大伙儿来议一议。"

  集中连片的花海,是合作社发展的起点,也是吸引游客的根源和招牌。但地处辽西,受自然条件限制,露地花卉的花期仅能从6月末维持到10月初。如何让花开得长久,提升花海的附加值,大家在动脑筋。

  "若是天暖和,花开的时间长就好了,可惜咱这儿天太冷。"合作社元老之一佟树臣自言自语。

  "自然条件不允许,咱们可以自己创造条件。花海本身也是这样从无到有建起来的啊。"村委会副主任夏增喜说,"你看大棚里的蔬菜现在还绿着呢,咱们可以把花海也移到大棚里。"

  "你别说,是个路子,我早计划建连体棚了,那样花期能提早到'五一',

▲ 水泉村花海升值。

延后到元旦，一下子延长4个月，值得干。"唐廷波说，"还有，咱们现在种的花仅有观赏功能，还应该种些可以销售花籽的品种，提高花海的附加值。"

提到"附加值"，水泉村种植大户郭凤刚接过话茬，"同样是那块地，种啥真有讲究，我把老玉米换成设施蔬菜和果树后，地里的产出拔节长。我觉着咱们合作社的鲜果采摘也可以提提档，种点稀罕品种。"

"省农科院果树所给咱们提供了鸡心果苗木，顺利的话，这个项目今年就能上。"唐廷波说，听说鸡心果外观漂亮，卖价还高，旅游、采摘功能都能实现。

"儿童游乐区也可以再丰富内容。"村妇联主席唐丽华建议，"网红桥"和"网红秋千"可以翻新，再增加些项目，留住更多小游客。

你一言，我一语，集众智，水泉村未来的发展思路越发清晰。

"咱们村从一穷二白开始，成立了合作社，发展村集体产业，富了民，强了村，还美化了环境，成绩实属不易。这一切，都是党建引领的成果。我琢磨着，今年是建党100周年，咱可以把花海核心区的党旗标识重新制作一下，改成'1921—2021'，再在观光区里增加一些党建元素，这是红色旅游的思路，肯定更有吸引力。"唐廷波说，"我想，待到春暖花开时，咱们花海核心区会焕然一新，更加升值。"

第八章

界·献

西沟村：
背靠长城吃上"旅游饭"

凌晨3点半，第一缕晨雾刚刚绕上西沟长城，老叶一骨碌爬起来，用粗糙的大手使劲抹了把脸，蹑手蹑脚地走出房门。

客栈里的客人要起早爬长城看日出，老叶欣然应允给他们带路。接上客人，老叶发动家里的皮卡车，载着一车人出发了。

老叶大名叶德岐，自打1981年当兵复员回乡，他就没再离开过这座辽冀边界上的小村庄。在西沟长城脚下住了60多年，一天最多的时候要爬3次长城，每一条通往长城的路，甚至长城上的每一块砖，老叶都再熟悉不过。

西沟长城位于绥中县永安堡乡西沟村小河口屯，是目前保存最为完好的一段明长城，有"辽宁最美野长城"的美誉。2007年，老叶在西沟长城脚下开了全村第一家农家乐，十几年间，在他的

▲ 叶德岐带游客登长城。

▲ 落日下的西沟长城残垣。

带动下，越来越多的村民靠长城吃上了"旅游饭"，全村147户建档立卡贫困户在2019年年底全部脱贫。

把客人送到长城脚下回到客栈，老叶还是闲不下来，打扫院落、准备早饭、开车到乡里买菜……暑假来临，为做好迎接客流高峰的准备，他还特意把女儿从沈阳叫来帮忙。"最忙的时候那不得从村里再雇几个人帮忙咋地，要不客人等不急就跑了。"老叶抬头说道，伴着爽朗的笑声。老叶的笑声很有感染力，客人都喜欢跟他唠嗑，听他讲先人跟随戚继光镇守长城的故事，还有长城之巅美不胜收的四季风景。

从当初的两间房发展到现在的50多间，最多可同时接待120人食宿，十几年间，一个地道农民把长城脚下的农家乐越办越"大发"。"不瞒你说，今年因为疫情生意有点耽误了，往年咋还不赚上十五六万元啊，这我实话实说，一点儿不掺假。"老叶点上一支烟，话匣子就打开了。

别看老叶现在过上了好日子，可40年前他家穷得连锅都揭不开。"一点儿不夸张，家里只有5亩山地，一年的收成吃不上俩月就'断粮'，全家9口人经常连粥都喝不上。我兄弟6个，当时只有我一个人娶上了媳妇。"老

▼ 航拍西沟长城。

叶说，他有过苦日子的记忆，但印记最深的却是奋斗带来的幸福感和对美好生活的向往。

从 2007 年开始，不断有摄影爱好者进入村子拍摄西沟长城，"最多的时候一天来了十几人，有的甚至在村里租房子住，一拍就是几个月。""我从小在长城边长大，没想到小时候认为不起眼的砖墙，现在能吸引这么多游客；祖祖辈辈拼命都想要逃离的西沟村，竟然成了城里人眼中的'世外桃源'。"头脑活络的老叶从与这些摄影爱好者的接触中发现了商机，他贷款买下村中废弃的小学校舍，第一个做起了"长城经济"，还给农家乐起了一个寄寓希望的名字："长城第一家"。

"后来，西沟长城的名声越传越开，慕名而来的人也越来越多，家里的房子不够住了，我就往其他村民家领，慢慢地他们也跟我一起干起了旅游生意。"在老叶的带动下，沉睡的长城资源被激活，成为一道"致富风景"，村里先后建起了近 20 家农家乐，一年四季游客不断。

更大的改变悄然而至。因为背靠长城，2014 年西沟村成功入选中国传统村落名录。也是从那一年起，乡里规划发展全域旅游，通往长城脚下的柏油路越修越宽，一座座农家乐朴实静美，充满韵味的山乡风景吸引着远近游客纷至沓来，为这个在长城脚下蛰伏了数百年的传统村落带来无限生机。

在长城上看完日出的客人返回客栈，临走前总会请求老叶带路去购买一

▲ 记者在叶德岐家的农家院采访。

▲ 老叶在西沟长城脚下开了全村第一家农家乐。

▲ 玉殿山家的荆条蜜总是卖断货。

些当地的土特产。有了游客，各种本地经济也跟着"活"了起来，一些贫困户也借助古长城吃上了"旅游饭"。靠卖"骆家小烧"一年增收十多万元，村民老骆今年终于搬出了住了几十年的老房子，投资40多万元的"前店后厂"拔地而起；建档立卡贫困户王殿山养了40多年蜜蜂，但从来没想过靠卖蜂蜜摘掉贫困的帽子，最近几年他家的荆条蜜总是卖断货，一年稳定收入1万多元；在东戴河打工多年的叶德武两口子回村开起了特产超市，靠卖榛子、杏仁、榛蘑等土特产，一年纯收入七八万元……

"过去西沟村的笨鸡蛋要翻过山岭拿到河北去叫卖，现在就在本村12元一斤都不够卖，旅游旺季时老叶还经常得到外村去收鸡蛋。这些可喜的变化，都是'长城经济'带来的。"自打两年前来到西沟村驻村，"第一书记"常春更加卖力地向外"吆喝"古长城，今年他又开通了抖音、快手等直播软件，开启了新的推介模式。"西沟村人爱长城，也像保护眼睛一样保护着长城。长城是西沟村人的根，也是西沟村人走向小康生活的希望。"

假期来了，游客多了。傍晚，老叶走在村里的柏油路上，看着还不到饭点几家农家乐就都升起了烟火，心里有说不出的欢喜。"守着长城，自己富了，还能带动村民一起致富，再没有什么比这更让人心里美了。"老叶深深地吸了一口烟，笑容爬上眼角眉梢。

王台子村：
"小菌棒"扶贫又扶志

"别看这蘑菇小，可'脾气'却不小，稍不留神就长出'大长腿'，要不就在不该生长的时候给你疯长，没有两下子根本不受你控制！"走进食用菌大棚，吴冰拿起一根菌棒讲起养蘑菇的事儿，眼睛放着光。

2016年，"九〇后"青年吴冰退伍回到村里，通过竞选当上了王台子村党支部书记，25岁的他也成为当时葫芦岛市最年轻的"后浪"村支书。短短4年间，他带领村民扣大棚、种木耳、养蘑菇，王台子村戴了几十年的贫

▶ 吴冰是当时葫芦岛市最年轻的"后浪"村支书。

▼ 葫芦岛市绥中县加碑岩乡王台子村与河北省秦皇岛市相连,地理位置偏僻,山林密布。

困村"帽子"终于在去年摘掉了,全村 105 户建档立卡贫困户也全部实现了脱贫。

汽车爬过几公里长弯弯绕绕的盘山路,才能到达位于绥中县西南山区的加碑岩乡王台子村。这里与河北省秦皇岛市相连,地理位置偏僻,山林密布。常年戴着省级贫困村的"帽子",村里的老人一辈子抬不起头来,年轻人走出去了就再也不愿意回来。

王台子村一直是个穷村,可现如今,这里却是另外一番光景。

一进村,12 座温室大棚整齐地分立路边,这里就是王台子村远近闻名的精准扶贫示范基地——秸秆食用菌种植有限公司。"大棚里的木耳今年已经收获 5000 公斤了,预计全年产量在 7000 公斤左右,保守估计收入 40 万元以上。蘑菇也能收获 7.5 万公斤左右,收入能达到 60 多万元。"算起这些账,吴冰的脸上洋溢着成就感,在一旁干活的村民吴海彪更是乐得合不拢嘴。

"当初真是没想到,以为一个毛头小子当村支书能干出啥名堂?咱们村祖祖辈辈穷了这么多年,他一个

Complete Victory in the Fight against Poverty

▲ 12座温室大棚整齐地分立路边。

年轻人就能带我们翻身？"彼时的吴海彪早就习惯了贫穷，对于脱贫不急切也不上心，"村里山地多、收成少，家家粮食都不够吃，想挣钱更是没路子，咋脱贫？"在王台子村，抱着这种想法的村民很多，大家都在观望着这位年轻的村支书有啥"能耐"。

炎炎夏日，被群山包围的王台子村绿树成荫，晴空舒畅。祖祖辈辈与山林相伴的村民，困羁于此，也勃发于此。

"过去，深山束缚了村里的发展，可这里的生态环境也是绝无仅有的，只要利用好了，也能干出一片新天地。"吴冰好学有头脑，一开始，他就找准了方向。

▼ 吴海彪夫妻俩都在大棚里务工，一个月能赚到4000多元。

"发展产业精准扶贫，吸纳村民和贫困群众务工，探索产业扶贫与就业扶贫相嵌套模式，带领贫困户脱贫！"跟随着国家的政策方针，吴冰定下了自己的"小目标"。随后，他多次组织村干部和村民代表赴外地考察学习，最后综合王台子村地理优势和气候条件，他做出了一个重要决定——扣大棚，种木耳。

一个看似"异想天开"的举动，打破了王台子村多年的消沉。

吴冰先是号召村里党员和敢于尝试的20多位村民入股，并四处筹措资金，将木耳种植合作社建了起来。种植木耳的第一年，吴冰整整瘦了十多斤。

"木耳接菌阶段特别'矫情'，对温度要求很高，不能高于30℃，也不能低于20℃，否则就会'夭折'。"为了照顾好木耳，吴冰住进了大棚旁边的看护房，夜里每隔两个小时就爬起来巡视一圈。"其实我们也聘请了技术工人照看，但我就是不放心。村民信任我，支持我干起了这个项目，我不允许自己失败。"吴冰语气坚定。

那一年，大棚收获木耳27.5万公斤，卖了100多万元。第一次拿到分红的村民把钱数了一遍又一遍，高兴得泪水在眼眶里打转。

木耳大棚让村民尝到了甜头，除了加入合作社的村民外，最受益的还要数村里的贫困户。

吴海彪和媳妇韩志英都在大棚里务工。吴海彪家上有老下有小，老人患有疾病失去劳动能力，夫妻俩没有其他营生，仅靠种几亩薄地，家里常年入不敷出。大棚建成后，夫妻俩进棚务工一个月能赚到4000多元。"在家门口儿就把钱挣了，脱贫后的日子是越过越有奔头！"这份守家待业的工作让他们家里的生活有了保障，加上村里把每周两次清理垃圾池杂物的活儿也交给

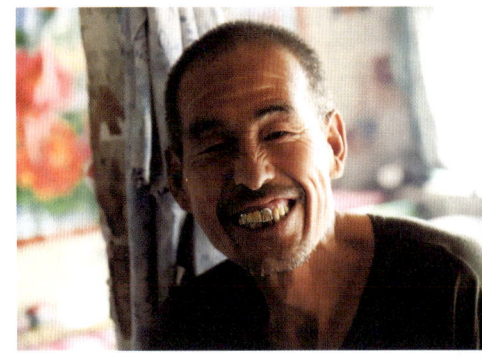

▲ 贫困户张春阳在大棚打工，每天能赚到100元。

▲ 村民贺桂华的丈夫每天骑摩托车接送她上下班。

▲ 王台子村大棚产出的木耳和蘑菇远销黑龙江、河北、山东等地。

了吴海彪，夫妻俩年收入稳稳超过 5 万元。

"木耳大棚用工优先选用本村村民和贫困户，旺季时最多 60 多人在棚里忙活，淡季时至少也有 30 多人。"吴冰的"小目标"一点点变成现实。

2018 年，绥中县公安局民警赵文明来到王台子村，成为驻村"第一书记"。吴冰有了新帮手，两个人绑在一起干劲更大、信心更足了。经过考察，他们又做出了一个决定——增加种植品类，扩建大棚种蘑菇。

2019 年，绥中县扶贫办投资 170 万元专项扶贫资金，将王台子村大棚扩建成 12 个，大规模种植香菇和架子菇。尝到甜头的村民举双手支持。

产业规模扩大了，安置的务工人员也随之增加，其中贫困户就有 22 人。46 岁的贫困户张春阳不善表达，但干起活儿来可是一把好手。"以前干农活儿，干了一辈子也脱不了贫。现在在大棚打工，每天都能赚到100元。"从过去的"熬日子"到如今的"奔日子"，张春阳布满褶皱的脸上露出了久违的笑容，"生活有希望了，更要好好干！"

"我们的木耳、蘑菇长得敦实，胖乎乎可招人稀罕了，根本就不愁卖！"轻抚着一根根菌棒，吴冰爱不释手。王台子村大棚产出的木耳和蘑菇如今远销黑龙江、河北、山东等地，其中架子菇尤其受高档饭店欢迎，订单接到手软。

在木耳、食用菌项目的带动下，王台子村产业进一步壮大，村民依靠自身发展脱贫致富的信心更足了，腰包也更鼓了。看到村子在短短几年间发生的巨变，越来越多的年轻人陆续返乡创业，干起农家乐、跑运输、做直播……他们在实现自己梦想的同时，也为王台子村带来了新的活力。

产业根基日益巩固，但吴冰怀揣的仍旧是那份初心——做得更多一些，更好一些。"我和村干部一直在琢磨，下一步计划把大棚种植品类继续拓宽，再对产品进行深度包装提高档次；同时，咱也与时俱进，开启电商销售模式，聘请网红、大V到大棚里直播带货，把我们的特色农产品卖到更远的地方。"吴冰信心满满地说。

播下希望的种子，就有未来丰硕持久的收获。看着贫困村"摘帽"、贫困户脱贫，吴冰这个"后浪"觉得自己干的是正事儿。"不用出去打工，村民能在家门口儿挣钱了，这就是王台子村村民的小康生活。"浓眉大眼、一脸阳光的吴冰笑着说。

蘑菇沟村：
养肥"金猪" 鼓起腰包

在猪妈妈的肚皮下，一头头皮毛白里透红的小猪崽儿使劲挤着、拱着，哼哧哼哧地奋力吃奶。一只、两只、三只……谭立军隔一会儿就不由自主地数一数，每数一遍，喜悦的笑容就爬上眼角眉梢。

7月22日、23日，谭立军家的两头母猪先后生下两窝猪崽儿，一共25只。仅今年上半年，老谭家已经喜获7窝猪崽儿，忙着伺候这些"心头宝"是他每天最重要的事。

"今年猪崽儿和生猪价格一直居高不下，现在一只猪崽儿市场价能卖到1600元。老谭家这两窝猪崽儿至少值4万元，这是抱上'金猪'啦，搁谁不得乐开了花。"蘑菇沟村驻村"第一书记"王旭到老谭家走访，也由衷地替他感到高兴。而最令王旭欣慰的，是蘑菇沟村村民的生活离小康越来越近。

彰武县满堂红镇蘑菇沟村地处辽西北边界，一条蜿蜒的柳河将其与内蒙古库伦旗隔开，因靠近沙漠，温带半干旱大陆性气候让这里总是闹旱灾，靠天吃饭的农民往往辛苦了一年，却见不到收成。上世纪90年代以前，因地处边界交通不畅，村里的农作物运不出去，外面的人也很少进来，贫穷是这里经久不变的底色。

谭立军和村里106户贫困户的生活发生变化，是从村里来了驻村扶贫工作队开始的。

▲ 彰武县满堂红镇蘑菇沟村地处辽西北边界，一条蜿蜒的柳河将其与内蒙古库伦旗隔开。柳河左面为蘑菇沟村，右边为库伦旗。

"贫困村实现小康,重要前提是产业兴旺,农民不再靠天吃饭,收入来源多样化。"阜新市烟草专卖局驻村扶贫工作队来了之后,第一件事就是研究发展第三产业项目,并从2018年开始扶持蘑菇沟村贫困户搞起了养殖业。

当初,让谭立军养猪,他可并不乐意。

2018年,王旭来到谭立军家,动员他养猪。"当时我心里可不情愿。那年正赶上闹猪瘟,生猪都卖不出去,猪肉价格一落千丈,我养猪不是走死路吗?"老谭回忆说。

一次动员不成,王旭并没甩手不管,一有机会就往老谭家跑。58岁的谭立军18年前被查出患上癌症,经过手术后死里逃生,但不菲的手术费也让家里拉下一笔不小的饥荒。屋漏偏逢连夜雨,老两口住了多年的泥坯房摇摇欲坠,新房盖不起,每年还得省吃俭用拿出一笔钱修修补补。就这样,老

▲ 蘑菇沟村驻村"第一书记"王旭经常到贫困户家走访,帮助老乡出主意、解难题。

▲ 石振环家的母羊前几天刚下了小羊羔,伺候这些"心头宝"是家人每天最重要的事。

两口陷在贫困的旋涡里打转，怎么干也走不出来。

谭立军家的情况在蘑菇沟村很典型，如果不发展副业很难脱贫。"老谭，这猪你养上肯定亏不着。眼前生猪市场行情是不好，可这不正是你入手的好机会吗？猪崽儿价格低，你买入养一年，第二年猪肉价格准能涨起来。这是市场规律，你要往远处看"。在王旭苦口婆心的劝导下，谭立军终于打消了顾虑。

在村里的帮扶下，谭立军买入第一批猪崽儿。他和老伴精心饲养，一年后猪肉价格果然回升了，他把育肥生猪卖了，种猪留下繁育后代，当年就出栏70多头，大赚了一笔。"说实话，这辈子从来没见过这么多钱。多亏了这些村干部，没有他们一遍又一遍地做工作，我差点儿就把到手的'金猪'推出去了。"老谭说，他差一点儿就跟脱贫"失之交臂"。

靠繁育猪崽儿"滚雪球"，到了今年，谭立军家的猪栏里已经养了100多头猪。"今年至少能出栏七八十头肥猪，一头生猪目前市场价格在4000元左右，再加上上半年下的7窝小猪崽儿，今年的收入更稳啦。"谭立军一脸轻松。

贫困虽是个泥潭，但谭立军一家还是靠找对路子走了出来。在政府的帮扶下，老谭家还盖起了一栋红瓦白墙的砖房，坐在宽敞明亮的大房子里，老伴包艳丽感慨着扶贫政策带来的巨大变化："穷日子过了几十年，头一次手里有了余钱，头一次体会到过上好日子的滋味。脱贫了，走路头也敢抬起来了。"

柳河水蜿蜒流过蘑菇沟村，守着祖祖辈辈赖以生存的土地。不再靠天吃饭，产业扶贫让蘑菇沟村村民将命运重新掌握在自己手里。

为了帮助所有贫困户脱贫，王旭和村党支部书记挨家挨户动员搞养殖业。刚开始，很多村民都在观望，王旭就决定先选几户做试点。他把这个想法跟贫困户王国林说了，希望他这个老党员能带头往前冲。

王国林因病致贫，脑血栓后遗症导致他走路一瘸一拐，失去了下田种地的能力。王旭的建议让他一下子看到了脱贫的希望，"行，我乐意做这个'出头的'。只要能脱贫，我就敢试！"王国林和老伴信心满满。

说干就干。王旭到彰武县畜牧局"要"来20多头猪崽儿，放在王国林家由其代为饲养、繁育。村里和老两口签订了协议：他们分批返还给村里

38头猪崽儿,用于分给其他贫困户发展养殖业。

不负众望,王国林夫妇成功把20头猪崽儿养大并繁育出下一代,当年他就给村里送去20头猪崽儿,今年还要送出第二批。除此之外,他家圈里还剩下大大小小30多头猪。

"你们看我这几窝猪崽儿长得多好,皮毛锃亮,一天天可能吃了。照顾它们就像照顾小孩一样,乐趣多,一点也不累。"王国林的老伴周桂茹提着一桶掺了牛奶的饲料,弯腰给一群小猪投食。前几天家里的两头母猪生了19只猪崽儿,她乐得眼睛眯成了一条缝。

"给老伴看病欠下的8万元还上了,今年家里盖了新棚子,老伴买了一辆电瓶车代步,我还换了一部智能手机……"所有这些改变都是搞养殖带来的,周桂茹说,"这要是放在过去想都不敢想,饭都吃不饱,还能想买啥东西呦。"

试点的成功，让驻村工作队欢欣鼓舞。2019年，工作队加大力度，动员所有贫困户都搞起了养殖业。90多户贫困户养上了猪牛羊，个别实在没有劳动能力的，工作队采取建立合作社形式由养殖大户代为养殖，年底以分红利的方式发到贫困户手中。当年，全村106户贫困户全部脱贫。

日落西山，阵阵炊烟温柔地升起在这座省界线上的小村庄上。胖乎乎的小猪在栏舍里撒着欢儿，小羊羔安静地吮吸着乳汁，牛儿悠闲地咀嚼着草料，蘑菇沟村人的"心头宝"成了一道岁月静好的风景。

▲ 靠搞养殖业，蘑菇沟村村民摘掉了贫困的"帽子"，盖起了红瓦白墙的砖房，生活水平逐年提升。

▲ 谭立军家的母猪刚刚下了一窝小猪崽儿，粉白圆润十分讨喜。按当下的市场行情，一只能买到1600元。

▶ 周桂茹在给猪崽儿投喂高营养价值的"牛奶饲料"。

Complete Victory in the Fight against Poverty

北甸子村：
"熊"日子"牛"起来了

蓝天，白云，牛场。

牛栏中，数百头黄牛悠闲地咀嚼着草料，不时甩动长长的尾巴；牛栏外，随着清脆的鞭响，一拨又一拨牛群被赶上货车，销往全国各地。

8月1日，位于彰武县阿尔乡镇北甸子村的阿尔乡黄牛交易市场迎来又一个交易日。周边乡镇近50户养殖户早早把牛拉到市场，准备卖个好价钱。

养牛大户李万权在交易市场一现身，就像一块吸铁石一般，把大伙"嗖"一下吸引到了身边。大家都围着李万权转，希望他能把自己拉来的牛全都收下。黄牛交

▼ 阿尔乡镇北甸子村是辽宁最北的乡村，与内蒙古自治区通辽市科尔沁左翼后旗一林之隔。左为科尔沁左翼后旗，右为北甸子村。

▲ 本报记者在采访致富带头人李万权。

易市场每月1、4、7、9日开集，目前年交易黄牛5万多头，成交额达8亿元。

北甸子村"牛"起来了。可在过去，这里却是另一番光景。

北甸子村是辽宁最北的乡村，与内蒙古自治区通辽市科尔沁左翼后旗一林之隔。这里三面接壤科尔沁沙地，素有"辽宁沙窝子"之称，"一碗米、半碗沙，走一步、退半步，五步不认爹和妈"是对肆虐风沙的最真实写照。

北甸子村曾被宣判"不适合人居住"，村里的年轻人走出去了就不愿意再回来，恶劣的自然条件让这里成为彰武县扶贫攻坚的重点村屯。经过几代治沙人艰苦卓绝的努力，一道长15公里、宽300米的松林将科尔沁沙地与北甸子村隔开，过去那个连大树都看不到的村庄如今绿树成荫。

解决了生存问题，受了几辈子穷的北甸子村人也开始了对小康生活的憧憬。最近几年，常年在外打工的村民陆续回来了，村里一条条道路宽阔硬实起来，摇摇欲坠的土坯房被宽敞的砖瓦房取代——北甸子村富了。

北甸子村的变化离不开"牛人"李万权。在北甸子村，他不仅自己养牛致富，还做起了全县以及周边县区贫困户的"牵牛人"，带他们一起"走牛路"、奔小康。

初见李万权，这个身高1米8多的汉子却略显疲惫。常年奔波在周边乡镇收牛、卖牛，他的脸被日光晒成了古铜色。虽然是大家口中的"大老板"，但他却穿着朴实——一件褪了色的T恤衫，一双千层底黑布鞋，鞋帮总是沾着泥土。

Complete Victory in the Fight against Poverty

▲ 阿尔乡黄牛交易市场建于2019年，每月1、4、7、9日为交易日。交易市场目前年交易黄牛5万多头，成交额达8亿元。

李万权从不避讳贫苦农民的出身。为了养家糊口，他种过地，当过矿工、代课教师，但都没能过上富裕的日子。

"我不想穷！"不甘一辈子受穷的李万权贷款5万元，从10头牛养起，迈出了脱贫的第一步。30年来，他盖起了肉牛养殖场，扩大了养殖规模，并成立了权超肉牛养殖专业合作社，"牛生意"也做到了内蒙古、宁夏、山东、山西等地。

"一人富不算富，大家一起富才算富。"养牛事业做大后，李万权没有抛下乡亲，而是伸手把他们都拉了起来。"做人不能忘本。当初我创业时，乡里乡亲没少帮助我，现在咱过上好日子，可不能忘了大家。"李万权说。

建档立卡贫困户陈桂香坐在刚刚翻修不久的三间大

瓦房前,拿着账本开始算账:"7月22日卖了25头牛,赚了1500元;7月20日卖了30头牛,赚了2500元……"翻看着账本,上半年已经稳稳地赚到10万元,得意的微笑在陈桂香嘴角边绽放。

陈桂香和村里其他23户贫困户跟李万权养牛已经第4年了。夫妻俩因病致贫,背着银行3万多元贷款十几年也还不上,贫困户的"帽子"压得他们喘不过气来,"走路连腰杆子都挺不直"。

"我记得特别清楚,2016年8月28日,李万权给我打电话,问我愿不愿意跟着他一起养牛,我想都没想就答应了——'太乐意了'。"陈桂香做梦都没想到,李万权养牛会带上他们这些怎么扶都扶不起来的贫困户。

那一年,李万权干了一件"牛事"——他拿出自家资产向银行抵押作担保,分批为村上24户贫困户担保贷款485万元,并拨给每户20万作为养牛启动资金。这还不算,他还全程义务扶持贫困户养牛,统一配备饲料、安排卫生防疫、帮助联系销路。

将30头黄牛赶进牛舍,陈桂香的心里充盈着满满的幸福感:"我只管喂牛,买牛犊、卖牛都是李万权管。"陈桂香的"牛财"赚得既舒心又省心,养牛第一年就顺利脱贫,第二年还清了20多万元贷款,现在每年至少有十几万元的收入。

▼ 建档立卡贫困户陈桂香每天都要翻一翻养牛账本。今年上半年,陈桂香家已经稳稳地赚到10万元。

因为黄牛"倒腾"得快,陈桂香的小账本已经记到了最后几页。"有时候养几天就卖,最长养一个月就拉走,最短的时候头天晚上拉来,第二天一早赶上集就卖了。"见利就"走",这是李万权教给他们的挣钱"诀窍"。"一批牛拉走了,下一批第二天就赶进来,买牛、卖牛的价格公开透明、随行就市,李万权从没让我们吃过一次亏。"陈桂香的心里一直念着

Complete Victory in the Fight against Poverty

▲ 随着清脆的鞭响,牛群被赶上货车,销往内蒙古、宁夏、山西等地。

▲ 李万权(左四)在交易市场与养牛户商议交易价格。

李万权的好。

在李万权的带领下,村里97户建档立卡贫困户靠养牛全部脱贫,全村近95%的农户都在从事养殖业,北甸子村成了远近闻名的养牛大村。

带动本村脱贫致富不说,李万权还向外乡的贫困户伸出了手。他在阿尔乡镇周边的两家子乡、五峰镇、大冷、冯家等地发展了数百个养牛户,每年带动他们养牛七八千头。此外,他还在葫芦岛市南票区跨市建起养牛基地,将1600户贫困户拉进来一起发"牛财"。

自打去年阿尔乡黄牛交易市场建成后,每次开集交易量都在几百头,旺季时甚至达到上千头。交易势头越来越好,李万权心里又有了一个"小目标"——"继续扩大黄牛养殖规模,让养牛成为彰武县的特色产业,把阿尔乡镇打造成全国肉牛养殖交易集散地。"李万权目光坚定,胸有成竹。

如今,走进北甸子村,万亩松林挺拔屹立,水泥石板路宽阔平坦,家家户户传出的"哞哞"牛叫声甚是喜人。黄沙肆虐的过去化为图片尘封进了村史馆,这里也因为养牛致富而成了远近闻名的"牛村"。养牛成了北甸子村的新景象,村民手中的"牛算盘"越打越响。

田庄台镇：
"小吃不小"成集群

清晨时分，水天一色的大辽河奔流而下，因河而兴的辽南古镇田庄台开始喧闹起来。

每天天不亮，活蹦乱跳的鱼虾蟹、鲜嫩水灵的蔬菜瓜果，汇聚成田庄台镇独具特色的乡村大集，方圆几十里甚至沈阳、营口等地的市民也专程到这里赶大集。

盘锦市非物质文化遗产传承人、刘家果子铺第四代传人刘成和妻子姚秀君早早就来到位于古城文化街的店铺，开始了一天的忙碌。

夫妻二人原本是地地道道农民，借助当地的区位优势和悠久的文化底蕴，刘家果子铺生产的糕点不但行销省内，还销售到北京、上海等地，成为远近闻名的特色小吃。

"小吃不小"。行走在古色古香的田庄台镇，老胡家烧鸡、栾家切糕、宝发祥等商铺前顾客盈门，作为文化和旅游产业融合的见证者，这些"老字号"正以新的方式走向市场，在新的商业环境中守住品牌，并探索实现商业价值和社会价值的新路径。

田庄台镇位于盘锦市最南端，东依大辽河、西临辽东湾，曾是辽河最重要的码头之一。

刘成儿时常听祖父讲起田庄台的故事，那时的田庄台是"八里河岸，泊船上千；市井繁华，铺户栉比"，有着"商贾辐辏之地"的美誉。

▲ 姚秀君原本是地地道道农民，如今靠传统手艺将老字号生意越做越大。

▲ 田庄台镇位于盘锦市最南端，东依大辽河、西临辽东湾，曾是辽河最重要的码头之一。

沿河右岸，多达20多处的码头时常停泊船只上千艘，因往来客商众多，旅馆、饭店等商铺挤满田庄台的各个角落。

然而，随着辽河水运的衰落，曾经的场景早已成为过眼烟云，经济发展一度遭遇瓶颈。1975年海城地震，更是摧毁了大半个田庄台古镇。

党的十八大以来，田庄台致力于传统文化和旅游产业融合发展，试图打造成为盘锦最具特色、最具活力的文化产业门户，带动当地农民脱贫致富。

这一发展思路与当地文保专家杨洪琦的想法不谋而合——以打造田庄台古城文旅街和恢复传统老字号为突破口，让古镇重新焕发勃勃生机，体面地存续在辽河岸畔。

刘家果子铺的制作技艺，起源于刘成的太爷爷刘喜忠。晚清时候，刘喜忠闯关东来到田庄台，就是靠着这份手艺站稳了脚跟。

"田庄台，人多地少，靠种地根本不能脱贫致富。"无奈之下，夫妻俩分别到造纸厂和供销社工作，直到多年前才把手艺捡起来，开起了一家"君成蛋糕店"。

因为口味独特、货真价实,糕点铺生产的月饼、白皮等老式传统糕点备受消费者喜爱,但"小打小闹"之下的生活还是没有多大起色。

那一年,正好赶上田庄台恢复古镇风貌,又机缘巧合地遇到杨洪琦正在抢救保护老字号,刘成夫妇当即听取建议,把"君成蛋糕店"恢复成"刘家果子铺",并向有关部门申请非物质文化遗产保护。

▲ 盘锦市文物管理办公室原主任杨洪琦在辽河岸边接受本报记者采访。

刘成至今仍对挂牌当天的场景记忆犹新。"挂上'老字号',客人照比往常明显增多,更为重要的是,老祖宗传下来的手艺守住了。"刘成说。

变化很快体现在了刘家果子铺的商品销售量上。光顾店里的客人明显增多,游客回家之后也通过线上下单成了"回头客",生意越做越红火,"小门脸"也换成了"大门店"。

▲ 宝发祥第四代传承人胡春利(左)向记者讲述宝发祥的发展历史。

在田庄台文旅街上,类似刘家果子铺的老字号比比皆是,宝发祥、正兴合、凤桥老酒等老店陆续申报非遗项目,推动田庄台非遗集群化发展的同时,也带动当地农民提前体会到小康生活的幸福感。

"现在田庄台文旅街名声在外,很多游客就是冲着咱这些老字号来的,仅在去年中秋节的前5天,我们就卖出5吨月饼。"宝发祥第四代传人胡春利说。

杨洪琦认为,全国像田庄台这样形成非遗、老字号集群的小镇并不多见,一方面来自于田庄台历史上独特的地理位置和深厚的历史文化底蕴,更重要的是田庄台人始终恪守的"良心做事、诚信做人、诚信经商"信条,他们内心深处就是想把历史文化延续下去,所以更加专注于技艺传承。

盛夏时节,田庄台室外温度接近35℃,刘家果子铺和宝发祥的店铺内,糕点种类略有减少。"天太热了,又赶上三伏天,自然不能制作太多的糕点。这时候要有外地订单的话,如果是省内我们还能正常发货,要是南方的订单我们就婉拒了,路途遥远食品容易变质。"胡春利话音刚落,杨洪琦就接过话茬:"你们看,田庄台人就是这样摸着良心做事,宁可不赚钱,也不能让老主顾吃亏。"

"小吃不小",是田庄台这些"老字号"多年积累下的厚重传统,而如今又成为这些传承人干大事的"新主流"。

▲ 随着生意越做越火、销量越来越大,姚秀君家的老店也为村民提供了很多就业岗位。

▲ 不仅是当地人,盘锦市内甚至省内外的消费者都对这些老字号小吃念念不忘。

这两年,随着田庄台"文化旅游牌"越叫越响,一些在外打拼的年轻人也纷纷回到家乡创业,张记烧锅传承人张朝伟就是其中之一。

"早些年,年轻人觉得最有出息的事就是离开这里。以前家里没有其他营生,只能到外面打工赚钱。现在家乡发展越来越好,咱还有祖传的手艺,回来创业也能奔小康。"张朝伟一边忙活一边说,"现在的田庄台比老人怀念的旧时候还热闹,靠的就是咱政府打造的这张'文化旅游牌'。"

老字号守住了记忆中的味道,也携带着小康生活悄然走近。"在家门口儿就捧上了金饭碗,步行就能上下班,再没有比这更让人心里美的了!"小康生活的形象在刘成和姚秀君心中真实丰满起来。

黄大寨村：
种瓜种出"甜秘密"

辽南八月，瓜果飘香，空气中弥漫着香甜的味道。

凌晨4点，天边刚刚放亮，黄大寨村种瓜大户刘翔禹便开始了一天的忙碌。冷棚里，嫩绿的瓜苗沿着地面肆意蔓延，翠绿滚圆的西瓜布满了瓜棚。

刘翔禹和雇工三五分组，弓着背、猫着腰，脚步轻抬慢放，忙着采摘、分拣、装车，虽然累得满头大汗，但丰收的喜悦洋溢脸庞。

黄大寨村位于辽东半岛西北部的盖州市，距离渤海海岸线驱车只需要10分钟。受季节性海洋气候影响，这里气候宜人、光照充足，是清末"名闻八闽，声达三江"的东北"财货通衢"。

以前的黄大寨村即便土地肥沃，但因人多地少加之没有集体产业，贫困就像一道绳索缠在村民身上，无法自拔。

怎样才能在短期内带领全体村民实现脱贫？如何才能为子孙后代留下致

▼ 黄大寨村位于辽东半岛西北部的盖州市，距离渤海海岸线驱车只需要10分钟。一进村，映入眼帘的是一眼望不到头的瓜棚。

▲ 本报记者（左）在瓜棚中采访黄大寨村"第一书记"陈健，他正在做直播。中午时分，瓜棚里的温度接近 50℃，人在里面就跟蒸了桑拿一样。

富的长效机制？1997 年当选村党支部书记的刘胜法，上任伊始就给自己提出两个难题。

刘胜法在逐家逐户走访时发现，受历史因素影响，黄大寨村以种植水稻和玉米为主，而靠种地每亩收入的三四百元，致富根本没指望。村民"有病乱投医"，跟风放过牛、养过猪、种过花，但始终是小打小闹，没有形成规模产业。

彼时，如何带领村民摆脱贫困，就像巨石一般压在刘胜法的心头。那时的他整天愁眉不展，在村边的稻田地里对着庄稼若有所思，手里攥着泥土，嘴里直犯嘀咕，一待就是半天。

不能坐以待毙。刘胜法请来农科院的专家，经过走访调研和土壤检测发现，黄大寨村的土地特别适合西瓜生产。专家建议，在有限的土地上种植"两瓜一菜"，也就是早春种西瓜、越夏西瓜混搭种豇豆的种植模式，最大限度利用土地，让世代面朝黄土背朝天的村民向土地要收益。

"翻身"的方向找到了，可乡亲们却踟蹰不前了。一听说要推平田地盖瓜棚，村民纷纷摇头摆手。多年的贫困让乡亲再也输不起，面对听都没听过

▲ 黄大寨村的土地特别适合西瓜生产,"营润小黄旗"西瓜具有外形美观、瓜瓤大红、沙甜多汁等特点,深受消费者欢迎。

▲ 在有限的土地上种植"两瓜一菜",种瓜大户刘翔禹依托自家12个瓜棚,种出来的西瓜和豇豆成为市场畅销品。

的新事物，老乡们根本不敢尝试。

刘胜法把想法跟村"两委"班子成员说明后，大家一致决定带头跟他干。"只有干出看得见、摸得着的效益，才能打消乡亲们的疑虑。"脱贫不能等、不能拖了，刘胜法和村干部只能放手一搏。

刚下种的时候，村民像赶集似的围在瓜田"看热闹"，有村里老人直言：这里是清碱地，根本就不可能种出瓜来！

天遂人愿。与刘胜法的预期一样：瓜苗长势喜人，没过几个月就开花结果，成熟后的西瓜更是外形美观、瓜瓤大红、沙甜多汁，农业专家一检测——中心糖度高达14%。

刘胜法乐得当即拎出一把切瓜刀，随手扯过一张塑料布，切开一个个西瓜让围观的村民品尝。这一尝，让曾经观望甚至说闲话的村民信了，也服气了。

"当时周边没有种瓜的，所以我们村的西瓜一上市就被经销商抢购一空。"村民黄德兴回忆说，"卖完瓜一算账，每亩纯利润达到近5000元，相比种水稻和苞米的收益整整翻了十几倍。"

曾经摇头摆手的村民们，越来越多地参与进来。如今，在黄大寨村，九成以上村民种植反季大棚西瓜，去年仅西瓜产业就给全村带来7000万元的收入，瓜农的生活过得"甜蜜蜜"。

靠着12个大棚生产的"两瓜一菜"，刘翔禹推掉了住了十几年的小土房，砌起了新院墙、盖起了大洋房，日子过得红红火火，生活质量一点也不比城市差。

虽然黄大寨村的西瓜品质一流，但依然无法摆脱等待收购的被动局面，销量和价格受市场影响很大。此时，来自营口职业技术学院的陈健被选派到黄大寨村任驻村"第一书记"，在日常工作中与刘胜法成为一对好搭档。

"陈健刚进村时白白胖胖的，连辣椒秧和地瓜秧都分不清楚。可如今，连我们这些老种植户都搞不懂的瓜田病虫害都要去请教他。"西瓜种植户于丽说。

中午时分，盖州的室外温度达35℃，冷棚里的温度更是迫近50℃，人进去待不到一分钟就浑身湿透，就跟蒸了桑拿一样。此时，陈健在大棚里左右穿行，一部手机、一个自拍杆是他的标配——通过手机直播，让网友们更直观地了解西瓜和香瓜的生长情况。

陈健到瓜棚里做直播，不单单是为瓜农卖瓜助力，更重要的是推广"营润小黄旗"这个品牌。

在村里工作期间，陈健不但帮助农户分析市场行情，还通过到周边市、县考察，与村"两委"制定了黄大寨村西瓜种植发展战略和销售方案。

▲ 黄大寨村"第一书记"陈健（右）打算把"营润小黄旗"西瓜品牌推向全国。

2019年，陈健为黄大寨村西瓜注册的"营润小黄旗"商标成功获得国家知识产权局商标局认定，这下更加坚定了村民下好现代农业这盘棋的决心和信心。

为提高"营润小黄旗"西瓜的知名度，陈健还建立微信公众账号，对小黄旗西瓜从育苗、发芽、伸蔓、开花、授粉、结果、摘瓜、销售等全程进行跟踪拍摄，编辑整理成图文信息并定期发布在公众号上；同时，建立农产品追溯机制，消费者用手机扫描二维码即可获知西瓜种植生产过程等信息。

"我们村自己的地已经不够种了！"陈健一脸兴奋。种瓜种出了"甜秘密"。随着西瓜种植产业不断发展壮大，黄大寨村在周边村庄流转土地1500亩，带动了邻近乡村村民共同致富。目前，"营润小黄旗"西瓜不仅畅销省内外，还出口到俄罗斯等国家和地区。

夕阳西下，暑热渐退，青蛙、蟋蟀的鸣叫声交织成一首田园交响曲。刘翔禹躺在场院的摇椅上，望着天空的一轮银月和满天星斗，满心欢喜地盘算着一天的收入。"村民家里有车、城里有房，农闲的时候还会到外地旅游，没想到咱农民也会过上让城里人羡慕的生活。"刘翔禹的目光充满自信和满足。

老达杖子乡：
"卖风景"卖出"好钱景"

盛夏，烈日炎炎，而这里却飞瀑欢歌、凉爽如春——号称"北方小西藏"的建昌龙潭大峡谷迎来一年中最热闹的时候。

龙潭大峡谷地处葫芦岛市建昌县老达杖子乡，界临河北省。从老达杖子乡境内的佛指山村翻过一道山岭——龟石岭，就到了河北省境内。龟石岭在佛指山村的西面，一块老旧的界碑矗立在那里，对面就是河北省青龙满族自治县土门子镇。

建昌县曾是省级贫困县，而老达杖子乡则是县里最偏远、最贫困的地区之一，但这里也是全县乃至辽冀接合部最美丽的地方。

悬崖瀑布、嶙峋怪石、奇岩怪洞，成就了龙潭大峡谷典型的辽西风光，

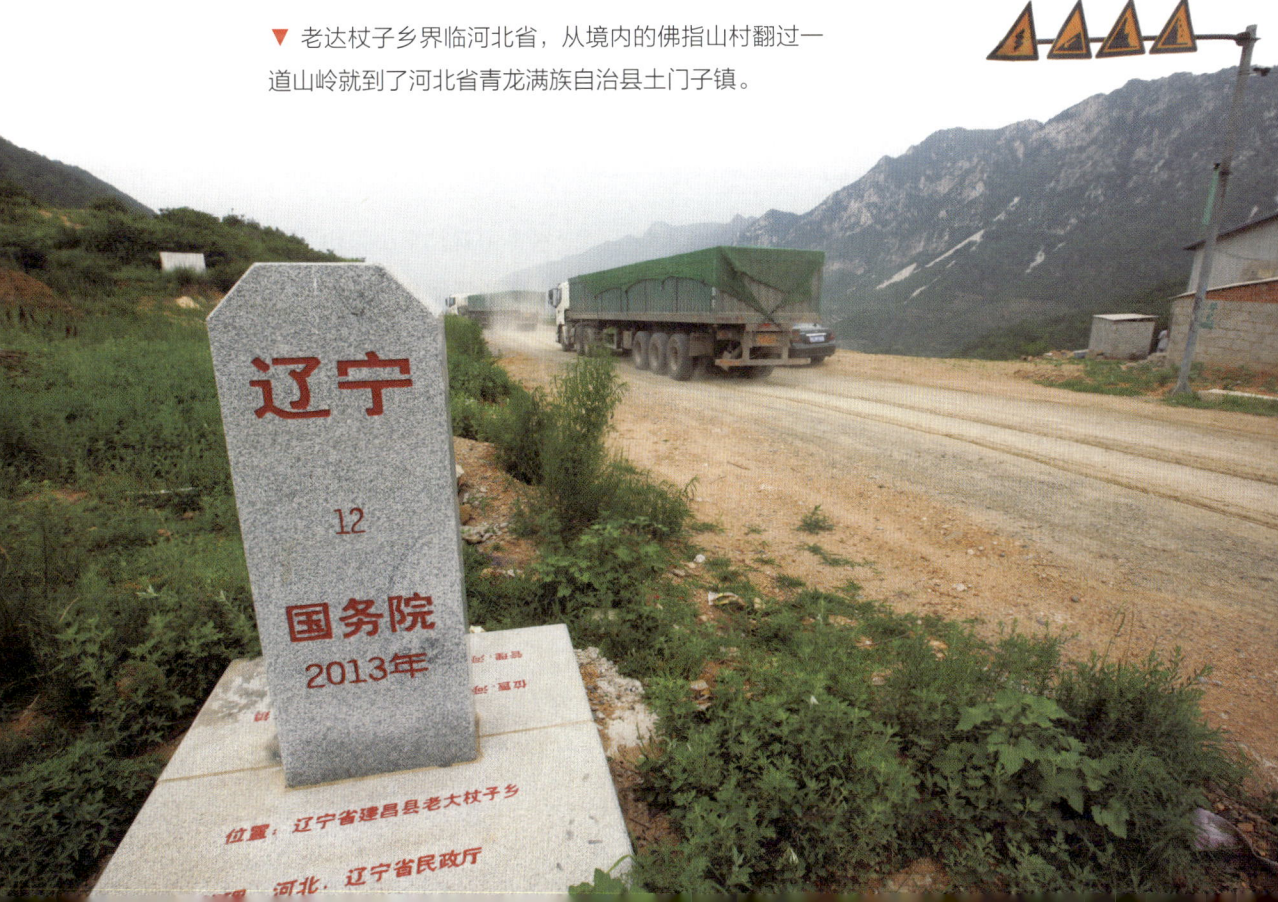

▼ 老达杖子乡界临河北省，从境内的佛指山村翻过一道山岭就到了河北省青龙满族自治县土门子镇。

但"端着金饭碗,过着穷日子"却曾是老达杖子乡村民无奈的现实。2014年5月,老大杖子乡杏花山村还未通公路,村里孩子上学要么翻山,要么蹚河。

党的十八大以来,建昌县牢固树立和践行"绿水青山就是金山银山"发展理念,大力发展文化旅游产业,走出了一条贫困山区依托文化旅游实现脱贫致富的新路子。

龙潭大峡谷是一个很神奇的景区。从大门口进入景区想要观赏景色,首先要沿着石头台阶拾级向下而行。

"这里是东北地区罕见的地下峡谷,因辽西地质断裂带产生落差在河流的冲击、侵蚀下形成的。"乔万新是龙潭大峡谷经理,"跟着我走,咱这跟别的峡谷不一样,游览景区要从谷底开始。"

▲ 龙潭大峡谷地处葫芦岛市建昌县老达杖子乡,界临河北省。

▶ 本报记者踏上渡船进入峡谷采访。

受新冠疫情影响,今年景区游客相对减少,但七八月旺季每天仍会接待数百甚至上千人,这些游客主要来自辽宁周边和北京、河北等地。

进入景区谷底一路走到"水上石林"景点,一排游船停在岸边等待游客上船游览。"经理,客人要坐船吗?坐我的船吧。"一位年轻的船工小哥站在码头热情招呼。张世龙是景区内的一名船工,负责驾船运输游客,顺便充当义务"导游"。

"景区目前有120多名员工,包括船工、保安、导游、服务员等。"乔万新说,"这些员工90%以上来自附近各个乡镇。景区自成立以来就根据政府及扶贫办等相关部门的推荐,优先安置建档立卡户和家庭生活困难的村民在这里工作。"

细看张世龙,这个30来岁的年轻人肌肤呈古铜色,双臂露出青筋,显得健壮有力。"我在这已经干两年船工了,离家近、收入稳,挺好的。"张世龙说。

张世龙家就在附近的要路沟乡张台子村,骑摩托车上下班,十几分钟就能从家到达景区。

曾几何时,这条美丽的峡谷却被贫困"深锁"。那

时候，贫困逼着年轻人到城市里打工赚钱，张世龙也出去过。

"那时候在外面什么活都干，因为没文化，只能在工地搬运、在市场打零工，干了几年力气活也没挣到多少钱。后来听说家乡的景区招船工，就回来参加培训了，专门学游船驾驶，拿到驾驶证后就在这里上班了。"张世龙回来后就没再出去，这份既离家近又能兼顾一家老小的工作令他很是满意。

▲ 张世龙以前在外打工，回乡后在景区干起了船工，这份离家近、收入稳的工作令他很是满意。

张世龙的父母因病致贫而成为建档立卡贫困户，去年政府出资帮老人把住房屋顶进行了维修，老两口才不再发愁"外面下大雨，屋里下小雨"。张世龙做船工一年至少能赚 2.5 万元，这对他们家来说可是一笔不小的收入。

张世龙一边娴熟地驾驶着游船，一边与游客聊天。两岸青山夹峙，中间碧水迂回，清波轻拍船舷，碎成无数碎银，一切美好如画。"要不是县里发展旅游业，我可能现在还在外面打工呢。我算是赶上好时候了，日子过得一天比一天好。"张世龙反复说。

从一段峡谷出来到另一段峡谷之间有一处休闲区，一对夫妇热情地招待走到这里歇脚、乘凉的游客，忙得满头大汗。

▼ 孙丽华在景区摆摊已有 5 年光景，每年至少收入两三万元。

吴忠义和孙丽华是一对夫妻，家就在佛指山村，夫妻俩在景区摆摊已有 5 年光景。"快过来，坐这里凉快。渴了有冰镇饮料，饿了有烤肠。"孙丽华笑容满面。

夫妻俩的小摊分三块，一块

经营烤肠、饮料，一块售卖蜂蜜、蘑菇等土特产，还有一张桌子摆着一些木制工艺品。

"你看这段木头外表很普通，其实它能治病。它是黄柏木，做颈枕能缓解颈椎疼痛。"孙丽华说，黄柏木是附近山上特有的木材，手工做成的颈枕很受游客欢迎。"黄柏木可是我们这的'宝贝'，这些木头都是我爱人从山上捡回来的，有时他还采一些草药、丹参、松花粉回来卖，没有任何成本，稳赚不赔。"孙丽华说。

"以前的日子可不好过啊，就靠种几亩薄田维持生计。"说起以前的穷日子，孙丽华叹了口气，"以前我们两口子也外出打过工，后来年纪大了，身体干不动了只能回家。幸亏经过政府搭桥到景区摆了这个地摊，一年下来怎么也能剩下两三万元。"在景区出摊日晒不着、雨淋不着，因为生意做得舒心、日子过得有奔头，孙丽华满面春光。

为了帮助贫困户脱贫，景区还在出口处设置了专门的"扶贫点"，37个摊位免费提供给附近的贫困户使用。"他们在这里卖农副产品，鸡蛋、葫芦条、小米以及蘑菇等各种山货。"乔万新说，"这也算给贫困户搭建了一个助农销售平台。"

龙潭大峡谷是北方少有的喀斯特地貌景区，花岗岩、火山岩经过大自然鬼斧神工般地"雕琢"，构成了神态各异的自然景观。这里一年四季景色变幻不同，吸引着省内外的游客纷至沓来，也带动了周边乡村经济的发展。

沿龙潭大峡谷方向行驶，沿途独具特色的农家乐吸引了不少游客留宿，品尝当地美食、感受农家风情，这里开启了城里人对乡村生活的向往。

"依托龙潭大峡谷景区，村子周边目前开了24家农家乐。"乔万新说，"你可别小瞧这一家家农家乐，一年收入不菲呢，有的一年能挣四五十万元。"

"这些年，我们景区一直没有停止建设。接下来，我们准备打造红色主题旅游，依托辽西第一个党小组在建昌县诞生的历史，将景区打造成一个学习党史的根据地，让文化旅游产业更好地推动县域经济发展。"乔万新说。

傍晚，景区闭门谢客，张世龙骑上摩托车驶上回家的小路。龙潭大峡谷的秀美风光润养着这片土地，奔向梦寐以求的小康生活，沉寂已久的老达杖子乡沸腾了起来。

北四家乡：
"致富羊"领跑"羊光大道"

夏日的北四家乡，天高云淡、田野碧绿，处处蕴育着生机。

走进大力虎村，村民吴顺提着草料桶在羊圈里穿梭忙碌，一群羊涌过来，头挨着头地抢食吃。看着一只只活泼可爱的小羔羊，吴顺喜上眉梢。

去年，建档立卡户吴顺得到北四家乡扶贫办出资购买的6只母羊，他自己又添了两只。这8只母羊他精心饲养了一年，现在已经繁殖出16只小羊羔。按照当前的市场价，一只羊羔价值900元，一只母羊能卖上1400元，"扶贫羊"眼瞅着就变成了"发财羊"，吴顺的生活也终于顺当了。

北四家乡坐落于北票市西北部的大黑山脚下、二龙台川上游，是辽蒙边界的交汇处。长期以来，由于受地理位置、气候条件等诸多因素制约和影响，北四家乡农业基础设施薄弱，祖祖辈辈在贫瘠的土地里"讨生活"，贫困把乡亲们压得抬不起头、挺不起胸，"小康"对他们来说曾经只是一个美丽而遥远的梦。

"翻过山那边就是内蒙古自治区的敖汉旗，我们这里其实跟内蒙古生态环境更接近，山区多、牧草多，更适合发展畜牧业。"北四家乡副乡长黄东宁说。

"谋发展就要依托现实环境。"近几年，北四家乡党委、政府多次深入调查研究，在征求群众意见后，最终

▲ 北四家乡坐落于北票市西北部的大黑山脚下、二龙台川上游，是辽蒙边界的交汇处，远山背后就是内蒙古自治区境内。

确定了大力发展畜牧养殖业的精准扶贫思路。

目前,北四家乡50只以上规模养羊大户有100多户,批次出栏30万只以上肉鸡的养殖厂两个、在建的批次出栏20万只的养鸡厂一个、大型养猪厂两个,每年全乡471户建档立卡贫困户都能通过畜牧养殖直接或间接受益。

这个辽蒙边界的小乡村在沉寂多年后迎来了新的生机。

见有人来访,吴顺从羊圈里躬身走了出来,黢黑的脸庞挂着自信的微笑,伸出的一双大手满是老茧,一看就是干活人。

"老吴是个地道的'庄户人',以前从没养过羊,但你看人家现在把羊养得多好,短短一年时间就成了养羊大户。"北四家乡扶贫办主任魏景国向吴顺讨教养羊经验,希望能向全乡推广。

提起养羊,吴顺按捺不住内心的喜悦,话也多了起来。

前些年,吴顺身体一直不好,老伴患有一级残疾,一年总要住几次院,老两口治病吃药掏空了家底。种地收入微薄，照顾老伴又不能出去打工，贫困的生活让吴顺常常借酒浇愁。"喝多了倒下就睡，要不上火发愁整宿整宿地睡不着。"在吴顺看来，以前的日子就是"两眼一抹黑，对付过"。

吴顺的难处，乡干部们早就放在了心上，2019年给他送来了6只"扶贫羊"，鼓励他通过羊产业改变现状。

"当时特别高兴，心里想着一定好好照顾这些羊，争取多生几个小羊羔。"吴顺说，"扶贫羊"激发了他脱贫的希望，也见到了生活的光亮。

吴顺以前没养过羊，但他有庄稼人的勤奋和钻劲儿。不分白天晚上，吴顺一天得进羊圈几十趟，

▲ 本报记者在大力虎村村民吴顺家采访。

▲ 去年，建档立卡户吴顺得到北四家乡扶贫办出资购买的6只母羊，他自己又添了两只。这8只母羊他精心饲养了一年，现在已经繁殖出16只小羊羔。

添草、喂水、清扫羊圈、观察生长情况，像照顾孩子一样精心饲养了一年，硬是把一个"门外汉"练成了"土专家"。

一只母羊一年能产两胎，吴顺家的母羊目前有4只正在待产，仅今年上半年就新添了10只小羊羔。"几乎每天都有人上门要收购我的小羊羔，出价900一只呢。"羊群不断壮大，生活也越过越有奔头，吴顺的精气神越来越足。

吴顺家羊圈的斜对面就是草料棚，里面整齐摞着铡好装袋的秸秆，四四方方能有一百多袋。"你家的粮草没少备啊，看来20多头羊不够你养，你这是奔着上千头在努力吧。"魏景国原本说的是一句玩笑话，但吴顺却认真了起来。

"政府有好政策帮助我们，我们自己也得争气，我肯定要把养羊这件事干好，不断扩大规模。"吴顺说现在养羊天时地利人和，现在圈里的这些小羊羔他一直没舍得卖，就是在心里盘算着要继续扩大养殖数量，一年时间就能把"8"变成"24"，将来就能把"24"变成更多的数字。

2019年，北四家乡政府第一批投资50万扶贫资金，发展了100户贫困户养羊，当年养上羊的建档立卡贫困户都已顺利脱贫。今年，乡政府继续推进养殖计划，目前报名养羊的建档立卡户已达100户，上半年45户家庭顺利将母羊牵回了家。

"畜牧养殖带来的收益让大家尝到了甜头，现在村民都铆足了劲儿干，对过上小康生活充满了信心。"从吴顺家走出来，黄东宁兴奋地说，在乡政府的大力扶持和养殖大户的带动下，北四家乡畜牧养殖业已全面发展起来。

北四家乡今年新建的批次出栏20万只规模鸡舍正在建设中。

从大力虎村向南走出一公里，蓝天白云下，5栋标准化鸡舍正在施工建设中。村里十几名建档立卡户挥汗如雨，想到鸡舍建成后收益分红也有自己的一份，大家干得格外卖力。

"再过一个月，鸡舍就能投入使用了，规划批次出栏20万只规模，一年

▼ 北四家乡今年新建的批次出栏20万只规模鸡舍正在建设中。

▲ 北四家乡已培育了两家大型肉鸡养殖场,471户建档立卡户因此受益。

就能出栏六批次。"魏景国说,这个产业扶贫项目是北四家乡辖区内8个行政村利用扶贫贷款共同投资建设的,预计年收入能达到45万元,年底将实现建档立卡贫困户分红全覆盖。

在产业扶贫方面,北四家乡很早就搞起了"1+4"——一个扶贫养鸡厂把政府、企业、银行、贫困户、合作社连在一起,由政府出资担保、银行注入信贷资金、企业自主经营、建档立卡户加入合作社投资入股,形成贫困户在企业家的带领下参与投资、获得分红收益的经营模式。

"北四家乡在2016年就已开始运行'1+4'扶贫模式,目前已培育了两家大型肉鸡养殖场,471户建档立卡户因此受益。"魏景国说。

从早上5点多起床,一直忙到日落西山,看着羊圈里肆意撒欢的羊群,吴顺会心一笑。在北四家乡,越来越多的村民靠"扶贫羊"走上了"羊光大道",吴顺将"'24'变成更多的数字"的愿望正在化为北四家乡未来发展的希望。

三家乡：
没用宣传就成"网红"打卡地

一条条干净的水泥路通往家家户户，一片片茵茵绿草取代了垃圾堆，一排排绿树遮挡住了风沙，一幅幅蒙古风情墙画覆盖了原来的土色。

这里就是朝阳市建平县三家蒙古族乡，浓郁的民族元素与传统村庄浑然一体，让人眼前一亮。

"开车到我们村参观的人一批又一批，举着手机、相机走到哪儿拍到哪儿，都夸我们村咋这么好看呢，既有民族特色又有现代气息。"村民谢文生说，三家乡新爱里村自从打造成蒙古族特色村寨后，来参观旅游的城里人络绎不绝，没用宣传就成了"网红"打卡地。

三家乡地处辽宁西北部，界临内蒙古自治区，新爱里村与内蒙古的天义镇仅隔着一条老哈河。新爱里村共有7个村民组，是典型的蒙汉杂居地区，其中蒙古族人口占总人口的45%。由于历史悠久，民族文化气息浓郁，2017年被评选为第二批"中国少数民族特色村寨"。

▲ 新爱里村的围墙上绘制着以蒙古族文化为元素的墙画。

"牛羊畜牧养殖已成为新爱里村的主导产业，这几年很多村民都靠养殖业脱贫致富了。另外，村民还建起不少家庭农场，腰包更鼓了，生活也越来越有奔头。"村党支部书记吴海峰说。

生活条件变好了，村

▲ 绿色环绕的三家蒙古族乡新爱里村。

民对居住环境的品质也有了更高追求。从 2018 年开始，三家乡政府对新爱里村的主街道——也就是经过村里的一段茶天线公路进行特色改造，将两侧村民家外围墙进行统一修缮，并根据村庄特色在长达 5 公里的围墙上绘制了以蒙古族文化为元素的墙画。

谢文生是村里的一位建档立卡户，从他家出来，沿着门前马路向西走，就是新爱里村最具特色的蒙古族风情画一条街。"这条路我每天都能走上几趟，每次走心情都格外舒畅。你看这墙上的画多好看，画的都是蒙古族人民的幸福生活。"谢文生说。

壮年骑马射箭、儿童踢毽子、青年打马球、一家人围着篝火唱歌跳

舞……沿着街路往下走,一幅幅蒙古族墙画就像放电影一样,展现着游牧民族多姿多彩的生活,也见证着乡亲们的小日子"芝麻开花节节高"。

唠起这几年村子发生的变化,谢文生感慨万千。"我家房子的变化就是最好的见证。过去我家的房子被评定为危房,一下大雨就担心房子要塌。我身体残疾没法外出打工,每年就靠东挪西凑借点钱修修补补。今年政府出资帮我把老房子翻新了,你看看我现在住的房子,既宽敞又结实,我是从心底里感到温暖啊。"

别看现在村里屋舍俨然、道路整洁,新爱里村也曾有过"灰头土脸"的时光。

"以前村里是土路、土房、土墙,现在家家户户都住上了砖瓦房;过去下雨天根本出不去门,一踩一脚泥,过车都费劲,现在这条路不仅修得宽敞了,围墙也弄得这么有特色,我感觉咱村就像一个大公园。"谢文生亲眼见证了村子由破败到焕然一新的过程。

为了一家人的生计,谢文生的老伴不得不去城里打工。"过去老伴给人家看孩子做饭,一年到头也不能回家。现如今也不用外出了,在乡里的帮扶下,我俩在家

▶ 建档立卡户谢文生今年住进了政府出资改建的新房。

Complete Victory in the Fight against Poverty

搞起了家庭农场，养了几头驴，还有130多只鸡、鸭、鹅，家里生活条件得到了很大改善。"谢文生经常对别人说，"啥是小康生活？咱现在过的就是小康生活。"

危房升级、旱厕改造、垃圾清除……从细处着手推动美丽乡村建设，三家乡一系列举措让乡亲们的居住和生活环境在短短几年时间里发生了精彩蝶变。

▲ 每天傍晚到村里新建的广场上跳广场舞、锻炼是王连的"保留项目"。

"来啊，大伙都跳起来！"三家乡小新地村村民王连今年已经80高龄，别看他岁数大，但却是一个广场舞发烧友，到村里的复兴广场跳舞是他每天的"保留项目"。"广场既宽敞又热闹，跳起舞来特别带劲儿！"王连一边说，一边扭了起来。

"以前我到城里的亲戚家串门，特别稀罕他们家附近的大广场。一到晚上大伙都聚集到广场上跳舞、遛弯、锻炼身体，这才是生活啊。"过去，王连想跳广场舞没处去跳，整天只能在家里"转圈圈"，能在宽敞的广场上跳舞，是他朴素但又无法达成的愿望。

物质上富裕了，精神更要富有。就在今年，小新地村也建起了和城里一样气派的休闲娱乐广场，而且面积足足有3000多平方米。

"过去这里是村里的一片空地，每逢赶集，交通拥堵得里面的车出不去、外面的车进不来。今年我们全力打造美丽示范村，经过研究把集市迁到了别处，并根据村民的意愿将这里打造成了复兴广场。"小新地村党支部书记朱成国说，自打广场建成后，这里就成了村民娱乐、休闲的乐园，"打麻将的少了，扯皮的少了，两口子闹别扭的少了，村民的精神面貌大为改观。"

"这广场可老大了，还有一个大舞台，那是年节时大伙表演节目的地方，搞文化节的时候咱还上去进行文艺演出呢。广场那边还有篮球场，网球场也在建设中，为老年人提供锻炼身体的健身器材也都安装上了，跟城里的广场没两样。"王连说,在家门口的广场跳舞,跳出了健康,跳出了和谐,也跳出了新时代农村人的精气神。

三家乡的变化日新月异,三月一小变,一年一大变。进入8月,三家乡在小新地村的小城镇建设项目"中兴国际"已完工大半,施工现场车辆往来繁忙,明年搬迁入住即将成为现实。

"乡村振兴离不开好的环境,三家乡是内外兼修,'面子''里子'都要漂亮。改善人居环境、发展小城镇建设,我们是'乘风破浪'铆足了力气。"乡长白云龙说,目前全乡开发建设新楼盘已达90万平方米,新型农村社区和新型小城镇正在实现高度融合。

小新地村与内蒙古宁城县仅一桥之隔,一座建宁桥横架两岸,宁城县居民走下桥就能听见三家乡集市的人声鼎沸。

好生态带来好生活,好生活也带来了新机遇。三家乡的发展变化吸引了不少内蒙古宁城县的居民在这里安家、置业、生活,为这座边境乡村注入了新的活力。

清晨,小新地村的环卫工人走上街头,开始了一天的忙碌。人居环境越来越好、小城镇建设如火如荼、农业扶贫项目不断扩大……一座承载着三家乡村民摆脱贫困、奔向小康的新型乡镇喷薄欲出,向美而生,向新而行。

▼ 三家乡新爱里村的小城镇建设已颇具规模。

正北沟村：
庭院"方寸地" 致富"增收园"

"大姨，今年你养的大公鸡必须给我留几只，去年朋友托我买都没买着，今儿个我可提前预订了。"正北沟村"第一书记"徐郸一边熟练地掰着菜叶子撒向觅食的大公鸡，一边向建档立卡户赵秀荣再三嘱咐。

北票市龙潭乡正北沟村从去年开始发动36户建档立卡贫困户搞起了"庭院经济"，村民家的院子"变身"小型养鸡场，养起了羽毛鲜亮的大公鸡。小庭院成了脱贫"稳定器"，溜达鸡成了抢手货，让这个藏在小山沟里的村子一下子"火"了起来。

正北沟村——光听名字，就能想到它的地理特征与山沟有关。正北沟村共分7个村组，分别建在不同的山沟里，这里地处辽宁与内蒙古自治区边界，翻过一座山就是内蒙古自治区敖汉旗。

"正北沟村之所以贫困，跟地理因素有很大关系。村组分散，村民居住不集中，交通不便，耕地也少，尤其水资源匮乏，没法儿搞大规模养殖。"自从来到正北沟村担任"第一书记"，徐郸就一直为这个被青山包围的村子寻找脱贫致富的突破口。

"其实我们村对建档立卡贫困户的补贴不少，但是我们认为直接发放到村民手中的救济款与通过劳动赚来的钱'分量'不一样，幸福指数也不一样。"脱贫要扶志，关键是"扶实"，徐郸希望大家伙儿都能动起来，取得实实在在的脱贫效益。"俗话说，扶上马再送一程，扶

▼ 正北沟村地处辽蒙边界，翻过一座山就是内蒙古敖汉旗。

▲ "第一书记"徐郸在贫困户赵秀荣家开心地喂土鸡

贫首先要帮贫困户找到合适的'马',他们才有可能奔向脱贫的目的地。"徐郸说。

合适的"马"在哪里?经过考察调研并结合贫困户家庭劳动能力情况,村"两委"班子与驻村工作队在正北沟村搞起了"庭院经济"。

赵秀荣家的院子不大,四四方方,东南角是一个用砖头垒砌的鸡窝,正南方是一块种满蔬菜的菜园子。在正北沟村,几乎家家都有这样一个前面菜园、后面小院的院落,只是过去并没有人发现它的"价值"。

2019年,北票市新闻中心出资购买了800只"三黄鸡"鸡雏,分送给正北沟村29户建档立卡户每家30只,利用村民家的小院落,实验性地启动了"庭院经济"。

赵秀荣今年67岁,老伴儿年过七旬,老两口因为丧失了劳动能力而成为贫困户。30只鸡苗送到家里时老两口乐得合不拢嘴,鸡雏撒出去,平时寂寞的小院儿立刻欢腾起来。鸡雏为老两口带去了欢乐,也让"方寸地"变成了"增收园"。

就连徐郸自己也没想到，这批鸡雏养到年底竟然成了"抢手货"。2019年底，经过一年的饲养，首批"三黄鸡"长大了，一只足有八九斤重。

"150元一只，有位老板塞给我1500元，一下就拎走了10只。"赵秀荣攥着钱手心儿发热，没想到这个闲置了多年的小院竟有了大用处，养鸡也能带来一笔不菲的收入。

▲ 鸡雏为赵秀荣老两口带去了欢乐，也让"方寸地"变成了"增收园"。

一传十、十传百，村子附近的企业老板、农贸市场商贩、饭店老板都进村收鸡，而且留下话："这样的鸡多养点，有多少收多少。"

徐郸在自己的朋友圈也帮忙推广售卖。第一年养鸡的贫困户有的卖了10只，有的卖了20只。见到活钱的喜悦让他们一下子精神焕发，说话底气足了，走路腰板也直了，而他们的小小成功也像水中激起的波浪，在村子里荡漾开去。

2020年，驻村工作队送来第二批1800只鸡雏。这一次，全村36户建档立卡贫困户全都抢着要养鸡。"今年我们把'庭院经济'向所有贫困户进行覆盖，并且扩大了养殖数量，小院养鸡一样能挣大钱！"徐郸信心十足。

建档立卡户陈武彬是今年新加入庭院养鸡队伍的。45岁的他去年查出患有脑血管瘤，光手术费就花掉近17万元，命是捡回来了，可家里却一贫如洗。

▲ 建档立卡户陈武彬今年也加入到庭院养鸡队伍。

▲ 正北沟村还专为贫困户量身定制开展了"十星放光彩"活动，村民参与村容村貌建设、保持自家庭院环境整洁都能获得相应积分。

"手术后我就不能干重活了，走路一瘸一拐不说，一只胳膊也不听使唤了，干活使不上劲。"陈武彬这一病，家庭生活捉襟见肘，住房又因年久失修而大面积漏雨。坐在小黑屋里，他垂头丧气，陷入了绝望。

然而不到半年的时间，陈武斌就像换了一个人似的。

今年8月15日，当徐郸和村党支部书记祝国明到他家里走访时，陈武斌一瘸一拐走出来，拉住祝国明的手不放："书记快屋里坐，我家搬进新房你俩还是头一回来，快进屋瞧瞧，老好啦！"陈武斌激动得泪花在眼眶里打转。

原来今年年初，政府补贴陈武斌3万元翻新老房子，住了十几年的小黑屋终于扒了，三间大瓦房拔地而起，屋里屋外装饰一新。

"我原本以为自己就是一个'包袱',但是政府却没有把我甩开,而是一直在帮助我、拉扯我。"陈武斌做梦也没想到这辈子还能住上这么好的大房子,而且还能重新"站"起来,靠自己劳动赚钱。

根据陈武斌的家庭情况,今年村里给他家送来50只鸡雏,他当宝贝一样精心饲养着。"这50只鸡雏养到现在每只都有四五斤重,再肥实一点长到八九斤我就卖。今年鸡肉价格还挺高,我怎么也能赚上几千元。"陈武斌算起了经济账。

从陈武斌家出来,走出不远就到了建档立卡户王淑梅家。隔老远看见两位书记来了,王淑梅放下手中的活儿跑进菜园,摘下一把金黄色的小柿子直往他们手里塞:"快尝尝,这就是你们给我的柿子秧结出来的果。"

"'庭院经济'不单是鼓励大家养殖家禽,我们还发放菜苗、树苗给大家种植,不仅让他们有菜吃,同时也美化了环境,村民切实感受到家园的变化,也收获着越来越多的幸福感。"祝国明说。

正北沟村还专为贫困户量身定制开展了"十星放光彩"活动,以打分形式鼓励大家积极响应"庭院经济",参与村容村貌建设、保持自家庭院环境整洁都能获得相应积分。年末村委会将对表现突出的家庭或者个人给予200元至1000元不等的经济奖励。

收入充裕、文明成风,获得感、幸福感满满,正北沟村贫困户走出了贫穷的过往,也找回了对未来美好生活的向往。

院墙内,大公鸡在院子里悠闲地踱步、觅食,小菜园里果实累累、芳香四溢;院墙外,一排排不起眼的小花张着五颜六色的"脸庞"肆意开放。小小的一方庭院盛满了人间烟火,也承载了正北沟村的幸福和希望。

◀ 正北沟村村民切实感受到家园的变化,也收获着越来越多的幸福感。

东江沿村：
让千年"好米"变"名米"

微风伏起，稻浪滚滚，吹来阵阵清香。

凌晨5点，东江沿村党支部副书记马跃虎在自家稻田地里走走停停，细心查看水稻长势，眼神中满是期待。

因为"新宾大米"跻身全国农产品地理标志产品，东江沿村的水稻种植不仅迎来更为广阔的前景，同时也为农民增收开拓出一条新路。

东江沿村位于新宾满族自治县东南方向，紧邻吉林省通化县沿江村，是坐落在省界线上的一座普通山村。

如果用一个字来形容东江沿村过去的模样，村民周连荣想都没想随口而出——穷。

东江沿村境内山丘起伏、群山绵延，"八山半水一分田"的现实让当地村民长期依赖于原始、粗放的农耕方式，深陷贫困的泥潭拔不出来。由于耕地少，地里打出的粮食只够一家人的口粮，再加上道路崎岖、交通不便，村里年轻人大部分都外出务工，走出去就再也不想回来。

"东江沿村由两个自然屯组成，因为集体经济匮乏和农业基础设施薄弱，'脱贫''小康'是村民想都不敢想的事。"马跃虎说。

如何带领村民脱贫致

▲ 东江沿村与吉林省通化县沿江村仅一桥之隔。

▲ 穿村而过的富尔江为种植大米提供源源不断的水源。

富？归根到底，还是要因地制宜发展特色农业。

从那时起，马跃虎和村干部频频到附近乡镇考察学习，尤其是通过与农业专家接触后得知，东江沿村受山区地貌影响，昼夜温差大、雨量集中、雾露较大，土壤的耕性和肥力突出，具有通气、透水、供肥和保肥能力强的特点，尤其是有机质总体含量非常高。

最后，农业专家用通俗易懂的语言告诉马跃虎——东江沿村非常适合种植水稻，产出的大米具有光泽度高、米香扑鼻、细腻爽口、绵软略甜的特点，是营养丰富的高品质大米。

马跃虎通过查阅历史资料还发现，当地大米种植的历史可以追溯到1000多年以前，尤其在清乾隆时期，村里种植的大米还成为每年朝贡所用的贡米。

"新宾县的母亲河富尔江穿村而过，再加上良好的生态保护，为当地大范围种植大米尤其是营造品牌提供了可能。"马跃虎说。

祖祖辈辈都靠种地讨生活，发展"特色农业"能搞出啥名堂？村民们一头雾水。既然村民心里没底，那就党员干部先"试验"。

为此，村"两委"动员党员干部带头种植水稻，并借助"新宾大米"申请国家农产品地理标志商品的契机，带动全村百姓将"小康稻"播撒耕耘在摆脱贫困的希望田野上。

▲ 本报记者在东江沿村刚刚建成的水稻加工厂内采访。

"新宾大米"这块金字招牌在省内外越叫越响，如今还没等播种就有收购商主动上门谈合作。"新宾大米"实现了从"好米"到"名米"的华丽转身。

"以前种水稻收购价格低，再好的品相外人也不认。现在有了品牌可就不一样了，价值翻了几番。"马跃虎给记者算了一笔账，"在亩产不变的情况下，收购价格水涨船高，村民能多收入两三万元。"

现如今，东江沿村村民几乎家家都在从事稻米种植和深加工产业。"以前因为穷，很多老人一辈子都没走出过这个村。如今大家伙儿靠种稻都过上了好日子。这几年我每年都带老母亲去外地旅游，这在以前谁敢想？"周连荣说，"这还不算啥。现在咱村不少村民还在县里买了房，私家车在村里也算不上啥稀罕物了。"

在靠品牌价值带动销售价格上涨的同时，东江沿村还自办稻米加工厂，在降低生产成本的同时让村民的腰包再鼓一鼓。

"这是镇政府投资 60 万元帮我们村建的加工厂。有了这个加工厂，不仅能解决本村的水稻加工，还能帮助吉林那边的邻近村子加工水稻，从而惠及两省农民。"马跃虎说。

走进这个刚建成不久的水稻加工厂，一股浓郁的米香扑鼻而来。"在外人看来，稻谷加工成大米可能只是脱去谷壳那么简单，但其实是要经过清杂、去石、脱壳、碾米、分级、抛光、色选等许多道工序，所以我们的大米才这么受欢迎。"马跃虎补充说。

虽然水稻加工厂刚刚建成,但东江沿村的村民信心满满——等到秋天丰收的时候,一定能加工出国家一等米!

"秋收前,加工厂还会再补充几台设备,为生产出国家一等米再加筹码,这样就能卖出个好价钱,村民的腰包也能再鼓一些。"马跃虎说,"另外,加工厂还针对村里32户建档立卡贫困户制定了'特殊政策',他们来这里加工稻米免收一定额度的加工费,最大限度地减轻贫困户负担。"

水稻加工厂里,紧张忙碌的工人们汗流浃背,却又笑容灿烂。

看着眼前的几台设备脱谷碾米飞转不停,马跃虎又有了一个"小目标":"将来要把这个加工厂的规模继续扩大,再揽一些外村甚至吉林邻村的活儿,这样就能有更多的村民来这里上班,一年四季都有活儿干、有钱赚。"

▼ 马跃虎说,有了这个加工厂,村民就能一年四季都有活儿干、有钱赚。

于杖子村：
"金饽饽"，想买全靠"抢"

▲ 于杖子村地处辽宁西部，与内蒙谷自治区赤峰市毗邻，与敖汉旗相距仅半个多小时车程。

一地的谷子，在天空下浩浩荡荡。风一吹，绿色的波浪在田间荡漾开去，谷穗颔首弯腰，轻吟浅笑。

金秋九月，于杖子村的村民已望穿秋水，等待收获的心情像饱胀的谷穗，藏都藏不住。

"今年我们村的杂粮又能有一个好收成啊。"老支书刘闯用手拂过沉甸甸的谷穗，乐呵呵地说。

建平县罗福沟乡于杖子村地处辽宁西部，与内蒙谷自治区赤峰市毗邻，与敖汉旗相距仅半个多小时车程。这里属于燕山山脉向辽沈平原过渡地带，夏季气候干旱，地下水缺乏，只能靠雨水灌溉农田。

"别看我们村名不见经传，生产的小米可是古往今来都有名，一度被奉作皇家'贡米'。"刘闯在于杖子村当了20多年党支部书记，他告诉我们，关于当地小米一直有一个传说。

传说李世民曾御驾亲征辽东，打完胜仗回城时途经朝阳松岭门一带，午饭时御厨从附近农家求得一些小米，便做成小米粥给李世民吃。李世民吃后赞不绝口，便令人多收了小米带回长安，除了自己享用外还赏赐给东征的有功将士。

于杖子村种的便是这种颜色金黄、颗粒饱满的"黄金苗"谷子，产出的小米也比一般的小米颜色要黄，黄澄澄的像金子一样。近几年，于杖子村正是靠着种谷子、

▼ 于杖子村产出的小米颜色金黄，黄澄澄的像金子一样。

高粱等杂粮，实现了由贫穷到富裕的高光"逆袭"。

虽然于杖子村特产小米，但外人想购买还真有点难。

"我们村的谷子成了'金饽饽'，从种下那一刻起就全都被预订了，现在小米不是不愁卖，而是根本不够卖。"刘闯有些得意。

于杖子村现有耕地1.3万亩，今年光谷子种植就占了70%以上。"现在一亩地能打400多公斤谷子，一公斤谷子市场价在7元左右，产量高、售价高，村民都抢着种。"刘闯说，这几年靠种植杂粮以及其他养殖项目，村里98户建档立卡贫困户中的96户已成功脱贫。

可就在几年前，于杖子村还在跟贫穷抗争不止。

"过去可没人愿意种地，年轻人都跑出去打工赚钱了。"张国喜是村里的建档立卡户，贫穷折磨了他大半辈子，"说出来你可能都不信，过去我连房子都盖不起，东家住一晚、西家蹭一晚，过着四处流浪的生活。"

"过去种地就是赔钱买卖,苦干一年也是白忙活。"回忆起过去的日子,张国喜眉头紧蹙。"以前我种的也是谷子,但当时产量太低了,一亩地只能收100来公斤谷子,有时连种子钱都卖不出来。"张国喜过去种地,越种越穷。

于杖子村过去耕地粮食产量低,是先天地理条件造成的。

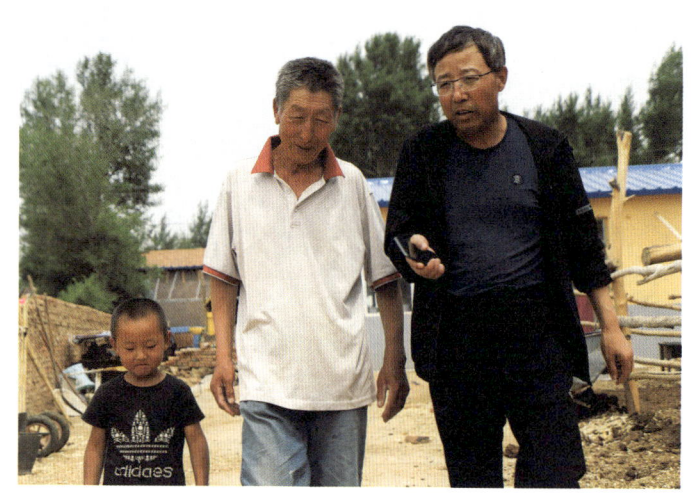

▲ 刘闯(右)经常去看望建档立卡户张国喜(中),帮他解决实际问题。

"咱们村的耕地与别处不同,我们这里都是山坡地,这样的地种粮食成活率太低。土地存不住水,好不容易下一场雨,雨水都顺着山坡流走了,农作物'喝'不着水,只能眼睁睁看着它们死去。"刘闯说,如果坡耕地得不到有效治理,于杖子村就经年不能翻身。

为了改变这一现状,2014年至2018年,政府出资开始对整个罗福沟乡坡耕地进行改造,两次治理共涉及6个村民组,1000多人因此受益。

"这种改造方法治标又治本——把一整块山坡地进行分层,将一面坡地改为横坡垄,再根据坡度定垄距,这样一层一层就形成了梯田。梯田可以很好地保土保肥,下雨后既能存储雨水,又防止雨水流失。"刘闯用"我们村得救了"来形容坡地改造之于于杖子村的重大意义。

▼ 于杖子村的谷子今年普遍获得丰收。

▲ 乡里的杂粮加工企业让村民的谷子产生更高附加值。

从高空俯瞰，一层一层的梯田让于杖子村成为一幅天然的水墨画。

"春天梯田刚刚蓄水还没有耕种的时候最美，重重叠叠的梯田盈满清泉，在阳光的映衬下线条分明，美不胜收。"刘闯说。一道道梯田似行云流水，从坡底盘绕到山顶，蜿蜒曲折地铺嵌开来，北方少有的梯田景观吸引了不少摄影爱好者前来拍摄取景。

地改了，景美了，农民的日子也好过了。

"不相信科学不行，治理后的土地'神奇'得很，粮食产量噌噌涨，亩产达到了400公斤。"土地丰收，张国喜的干劲一下子就上来了，种地不再是赔本买卖，他一口气就种了30亩谷子。

走进张国喜家，大院子里十几头牛在牛栏里吃着草料，后院一群羊咩咩地叫着，长势喜人。张国喜见刘闯来访，放下手中的活计迎了上来，两人一见面就唠上了。

"看你家谷子今年长势不错啊。"刘闯说。张国喜一听书记的话就乐了，高兴地说："俺家今年地里不仅上了牛粪，还上了羊粪，这么猛地'加料'还不使劲长啊。"

"这几年全村建档立卡户基本都搞起了畜牧养殖，再结合杂粮种植，小日子蒸蒸日上。"刘闯甚是欣慰。

通过种谷子和畜牧养殖，张国喜不仅成功脱贫，手里还有了存款。在政府的帮扶下，今年新房子也盖起来了。

村里的日子越过越红火，对外出打工的年轻人也产生了巨大"诱惑"，很多人选择回村种地。尤其是近几年，随着养生观念深入人心，人们越来越认可五谷杂粮，杂粮的身价一路水涨船高，一年下来种地的收入可比打工高出一大截。

▲ 红谷米和黑小米也是于杖子村的特产。

谷子产量上来了，全国各地的订单也纷至沓来。两家杂粮公司落户于杖子村，村里产的杂粮在家门口就直接被收购，销往全国各地。

"很多人都以为小米就是黄色的，其实小米有好几个品种，红谷米和黑小米就是于杖子村的特产，这种小米产量稍低，但是价格更高。"杂粮公司一位负责人说，于杖子村产的小米一直都是"抢手货"，绝大多数订单都被外地客商"抢"走了，辽宁本地几乎没有销售。

两家杂粮公司的生意愈发红火，村民看在眼里也喜在心上。"村里以建档立卡贫困户的名义从银行贷款，并将资金注入两家杂粮公司，到年底村里每户贫困户都会得到一定比例的分红。"刘闯说，"他们领到的是一份红利，也是保障，更是希望。"

距离谷子收割还剩一个多月时间，站在田间地头望向谷子地，刘闯仿佛已经看到秋收时一片繁忙的景象。"那画面可好看了，你们一定要来看。"刘闯发出盛情邀请。

其实，那幅画面早已铺展开来——从春到秋，纵横的梯田、深沉的谷穗、劳作的村民，与蓝天白云融汇成于杖子村最生动的小康画卷。

兴盛村：
套起"三驾马车"奔小康

辽东八月，稻浪滚滚，草木葱绿。

泛出迷人红色的碱蓬草迎风而立，或一簇簇，或一蓬蓬，紧密相拥，成片生长，铺就出一张巨大的"红色地毯"。

匆匆吃过早饭，薛飞和薛松就早早来到由兄弟俩创办的民宿，有条不紊地张罗饭菜、铺床叠被、清扫院落，开门迎接即将前来观光的各地游客。

在薛飞兄弟俩的家乡盘锦市大洼县赵圈河镇兴盛村，依托青山绿水，当地正以旅游服务业为主导产业，把曾经破败老旧的闲置房屋改造成整洁别致的精品民宿，让这里成为了名副其实的"网红"打卡地。

兴盛村地处闻名遐迩的红海滩风景区，这里既被称作"世界红色海岸线"，同时也是"中国最北海岸线"。

▼ 兴盛村地处红海滩风景区，这里既被称作"世界红色海岸线"，同时也是"中国最北海岸线"。

▲ 民宿、水稻、河蟹成为村民致富的"三驾马车"

种水稻、养河蟹、办民宿，如今的兴盛村紧抓生态发展机遇，迈出乡村振兴坚实步伐，家家户户的小日子过得红红火火。可在几年前，这里却是另一番光景。

"以前的兴盛村是'远近闻名'的'三无村'——无资源、无资产、无项目，再加上村民的种粮积极性不高等原因，村民平均收入刚刚越过贫困线。"回忆起以前的场景，兴盛村党支部书记于飞仍感历历在目。彼时，一个个难题像巨石一般压在他的心头。

可短短几年时间，兴盛村便"旧貌"换"新颜"。目前，兴盛村开办民宿和农家乐达80多家，几乎家家户户都在从事旅游服务业，全村2387名村民年均增收万元以上。

让兴盛村村民腰包鼓起来、日子过得甜起来的，是举世罕见的辽河三角洲湿地"红海滩"，而民宿、水稻、河蟹更是成为村民致富的"三驾马车"。

"小时候我们兄弟俩经常到海边玩，但当时人们管碱蓬草叫'救命草'，因为经常有人采来碱蓬草的籽、叶和茎,跟玉米面掺在一起蒸红草馍馍吃。"薛松回忆说。

同样的碱蓬草,现在摇身一变成为"致富草"。

家门口的生态旅游,让乡间村落焕发强劲的生命力。近年来,依托大自然赋予的资源优势,尤其是盘锦市以生态立市发展城市经济,"红海滩"这张名片也是越叫越响。

"景区刚开的时候,常有外地人询问'红海滩'怎么走。后来,随着知名度越来越高,很多外地游客都想在这里住下来,多玩几天。"薛飞说。

"当时村里正愁没有致富门路,游客的要求正好给我们提了个醒!"于飞说。立足村情和民情实际,村"两委"班子首先统一思想认识,厘清借力发展与自我发展相结合的路子,以良好生态推动农业生产与乡村旅游发展。

趁着红海滩景区热度不减,2011年兴盛村开办起第一家民宿,在经营餐饮的同时,把闲置房屋改造为客房,吸引了大量游客慕名前来体验。

中午时分,之前预订房间的游客陆续抵达,除了趁着假期带孩子来游玩的本地游客,北京、河北、内蒙古等外地游客也不少。

碱蓬草从"五一"前后开始泛红,直到"十一"时由红变紫迎来"颜值"高峰,这期间也是民宿生意最好的季节。"多亏了盘锦市大搞乡村旅游,咱农民才能提前过上小康生活。"紧接着,薛松又给记者算了一笔账,"旅游旺季时8间客房天天爆满,即便淡季时,也有摄影爱好者和'驴友'前来小住,开办民宿每年至少赢利20万元。"说起新生活、新收入,薛松的言语间透着高兴的心情。

"现在好多游客都是回头客,节假日时房间都得提前两个月预订。"生意越来越好,为了扩大接

▲ 兴盛村的精品民宿吸引了大量游客慕名前来。

待能力，兄弟俩正在抓紧扩建房间，以期在即将到来的"十一"假期再赚上一笔。"原来是'穷窝窝'，现在吃上了旅游'香饽饽'。"薛飞满脸笑容地说。

在一墙之隔的另一间民宿，同样住满了来自全国各地的游客，欢声笑语此起彼伏，不绝于耳。"兴盛村距红海滩一步之遥，这里环境优美、空气新鲜，非常适合举家来这里避暑度假。"来

▲ 家家户户都忙着改造、装修民宿，希望能在即将到来的"十一"假期有个好生意。

自河北的游客杜菲是兴盛村的常客，"民宿老板人很热情，饭菜给的分量足，河蟹的味道更是鲜美，我年年都会带全家来玩一两次。"

店主张芳也是土生土长的兴盛村人，以前常年没有稳定收入，只能靠和丈夫到县城打零工维持生计。"在外打零工，一年到头也没存下几个钱。为了省钱供孩子上学，那几年几个馒头、一盘咸菜就是一顿饭。"回想起之前的苦日子，张芳不禁皱起眉头。

看到村里许多人家都办起了民宿，张芳也把自家闲置的房屋进行了改造，生意就这样开张了。"借着乡村旅游的东风，咱在家门口就捧上了'金饭碗'，现在靠开民宿每年都能挣上十多万元。"张芳笑容满面地说道。

▼ 兴盛村目前已开办 80 多家民宿和农家乐。

▲ 兴盛村党支部书记于飞在向记者介绍兴盛村民宿发展情况。

靠山吃山、靠海吃海,如今的兴盛村山更绿,水更清,环境更优美,在这样的变化中,村民也见证了"绿水青水就是金山银山"理念带来的实惠。

尝到"生态甜头"的村民开始格外重视生态保护。行走在村路上,走到哪里都看不到垃圾堆,看不到散养的家禽,家家户户屋里屋外都收拾得干净利落。

"'红海滩'给兴盛村带来了好日子,我们当然要好好珍惜,必须做好生态保护。不能为了自己赚钱而破坏了红海滩的生态环境,这已是全体村民的共识了。"于飞说。

以"强富美"为坐标,一幅"生态美"与"百姓富"双赢的绿色发展图景正在兴盛村变成现实。

"接下来,村里还将继续打造精品民宿,同时培养一批民宿运营的专业人员,并运用'旅游+'和'互联网+'思维,借助'红海滩'这张名片,把兴盛村民宿这一品牌推广出去。"民宿生意势头向好,于飞将眼光放得更远。

佛指山村：
过去种地现在种"阳光"

▲ 佛指山村地处葫芦岛市建昌县与河北省青龙满族自治县交界之处。

"这里有块石头没垒实，把它翻个面，重新砌下。那边桥头地势太低，还得填几方土垫高与路齐平。"见到李青春那天，他正在村里一座涵洞桥修建现场，满头大汗地指挥工人干活。

这座桥不大，只有一个过水的涵洞，但它却是佛指山村在一条世世代代相伴的深沟渠上建起的第一座桥。这条两米多深的沟渠将两个村组分割开来，涨水时村民来往需绕行半里地，如今有了这座桥，距离一下子就缩短成几步之遥。

老大杖子乡佛指山村地处葫芦岛市建昌县与河北省青龙满族自治县交界之处，是一个偏僻、贫穷、落后的小山村。李青春是派驻到佛指山村的驻村"第一书记"，在驻村几年光景里，他让这个小村庄有了历史上从未有

◀ 正在修建的小桥只有一个涵洞，但却是村里的第一座桥。

过的多个"第一次"。

走进佛指山村,一片安静、祥和、温润的氛围扑面而来。灰色鱼鳞瓦屋顶的房屋沿街依次坐落,村路清爽干净,路边坐着的几位农妇一边聊天一边做针线活。一位老人挽着发髻,端坐于街角墙根下,笑眯眯、慢悠悠地划着葫芦条。时光在这里悠然美好。

听说记者打听村部的位置要找"第一书记",老人赶忙起身,热情地上前为记者指路。"你们在村部不一定能见到他,李书记一天可忙了,整天为村里建这个修那个,给村里办了不少好事。"

李青春果然没在村部,他正在修桥现场指挥调度。部队转业出身的他,把实干精神也带到了这座小山村。2016 年 5 月,李青春被葫芦岛市委市政府信访局选派到佛指山村担任驻村扶贫工作队队长,2018 年 3 月开始任驻

▲ 佛指山村村民有了满满的获得感和幸福感。

村"第一书记"。

"刚来的时候就是心急。佛指山村没有村集体经济、没有特产，劳动力缺乏，要想改变现状——挺难。"李青春没有退缩，他想的是，"组织派我来就是解难题的，如果连一点困难都克服不了，又怎么能完成脱贫致富的重任？"

进村之后，李青春发现，村子一到晚上就"两眼一抹黑"。村里的老支书说，每到夜幕降临，村路上便"伸手不见五指"，家家户户房门紧闭，有人捐了路灯，但村里连安装费都拿不出来。

"路灯要安，还要建休闲广场，我去筹钱。"李青春放下话就跑出去"化缘"，从自己单位和当过兵的部队拉来十多万元赞助。

166盏路灯在这个小山村亮了起来，小广场也建成了。投用当日，虽然没有隆重的仪式，但村民都自发走出家门，坐在路灯下拉着家常，在健身广场扭起了秧歌。

这个小村庄终于亮了。从此，村里的夜色多了一抹亮丽温暖的色彩，映照着村民脸上幸福的笑容。

在新时代，什么样的人生才有意义？对于李青春来说，他认为把自己融入时代使命，到农村去帮建档立卡贫困户脱贫，共同奔小康，"一个都不能少"，就是人生最大的意义。

刚到佛指山村不久，李青春就四处考察脱贫项目。他看好了养牛产业，并计划引进阜新蒙古族自治县一家养殖生产线。

"村民当即就给我浇了一盆冷水。"讲起自己第一个夭折的扶贫项目，李青春哈哈大笑，"揣着养牛项目信心满满地召开村民代表大会研讨，结果却遭遇一片反对。"

原来，村民认为养牛资金难监管，担心最后只是鼓了个别人腰包。另外，村里过去养牛发生过群体病死情况，风险成本让"受过伤"的村民望而却步。

冷水没有熄灭心中的火。李青春沉下心来，反反复复研究佛指山村的现实条件。经过几番考察，他认为光伏发电项目一次投入永久受益，无须投入劳动力，是个赚钱的好项目。

这次，李青春的提议得到了村民一致支持。然而，"理想很美好，现实却很骨感"。他找光伏公司一打听，村里建一个年发电12万度的光伏发电设备，投资就要40多万元，而村部的扶贫专项资金只有20余万元，缺口太大。

▲ 光伏"造血"让村集体经济每年至少增加5万元，全部用于帮扶贫困户。

正当大家以为这个项目又要"流产"时，李青春又跑出去"化缘"了。

"我去找我原来的部队，部队领导非常支持扶贫工作，给了我很大支持。"李青春在连续奔波十几次后，终于在2018年末，让光伏发电设备落户佛指山村。光伏"造血"让村集体经济每年至少增加5万元，全部用于帮扶贫困户。

在李青春的动员下，全村20户建档立卡户同意国家光伏扶贫项目入户，在自家院子里安装上了光伏设备，连片的光伏板将太阳的光芒转化为源源不断的电能。"这些'板板'不仅能发电，还能给我们增收。"村民王久清就是光伏"造血"的受益者之一，从2018年起，他眼里的"板板"每年都会给他带来至少2000元的收入。"过去种地，现在种'阳光'，这等于在自家院子里种了一棵'发财树'啊，旱涝保收！"王久清笑得合不拢嘴。

危房改造是佛指山村精准脱贫的一项重点工作，李青春和村委会一班人紧紧抓住政策机遇，为符合条件的贫困户及时申请了危房改造项目，改善他们的居住条件。

贫困户王阁申家的危房，一直是李青春的一块"心病"。

▼ 村民在自家院子里安装光伏设备，旱涝保收。

▲ 住进了修缮一新的房子，养上了"扶贫羊"，建档立卡户王阁申的心终于踏实了。

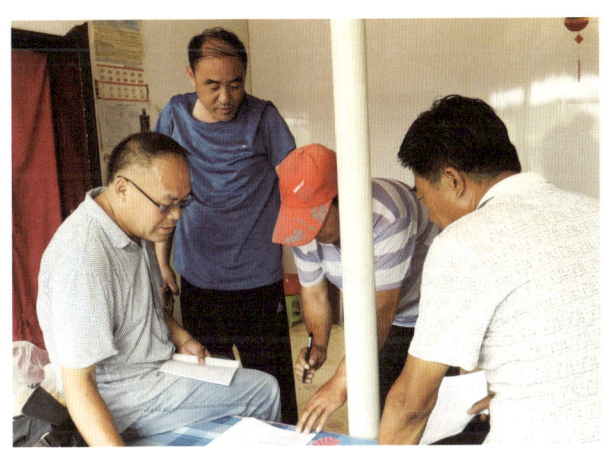

▲ 李青春（左一）在入户调查。

"我家这房子住过4代人，房顶的瓦片早已凌乱不堪，屋外下大雨，屋内下小雨，窗户框也都腐蚀烂了，四处漏风，冬天屋里屋外一样冷。"王阁申很想给家人一个温暖的住所，但他根本拿不出修缮房屋的钱来。2014年他患上了肺癌，后期做手术花了将近4万元，原本就贫困的家庭更是雪上加霜，全靠他媳妇在城里饭店打零工维持一家人的生计。

在走访入户时了解到王阁申家的情况后，李青春立即与村委会协商，跑前跑后地帮王阁申申请危房改造。不久后，王阁申便住进了修缮一新的房子，王阁申的心也终于踏实了。随后，政府又送来"扶贫羊"让他免费养，王阁申见人就说："住上了新房，养上了扶贫羊，我家的生活可有盼头了。"

2020年上半年过半，李青春记录本上的工作事项已划掉大半——建了一座涵洞桥，修了村边角巷路1200米，修完了第二座小广场……

下半年，他的计划还是排得满满当当——夯实党建工作，组织党员干部帮困难户秋收，帮村民销售秋收的农作物，完成第三次入户走访……

佛指山村88户建档立卡贫困户已于去年全部脱贫。村民说："这几年，李书记没少帮我们办实事。"可李青春却说："我没做过什么大事，但村民的事无小事。"

小甸子村：
村民种大棚全有党员帮

金秋九月，稻浪翻滚，生机勃勃。

在东港市小甸子村，一座座大棚布满田野，一垄垄秧苗油绿茂盛，一株株草莓长势喜人。

村民房明家的草莓大棚里满眼浓绿，夫妻俩小心翼翼地侍弄着秧苗，并不时把秧苗中的杂草除去，比呵护自己的孩子还要精细。"秧苗已经有10公分高了，比自己预期的长势还要好，等到成熟期时能产草莓上万斤，给全家老小带来四五十万元的收入不成问题。"房明喜上眉梢。

在房明所在的小甸子村，通过党建引领做大做强草莓产业，曾经的贫困村一跃成为省内乃至全国文明的小康村。

东港，沿江、沿海、临港，是中国海岸线最北端的港口城市。

位于东港市西北部的小甸子村，是半山区半平原的传统农业村。改革开放初期，因地处大小洋河交汇处，小甸子村有着"洋河果菜之乡"的美誉。但因为地处偏僻，小甸子村空有大米、板栗等特产却找不到好的销路，其所在的小甸子镇更是地区贫困人口最多的乡镇。

2007年，村党支

▲ 村民房明在自家大棚里侍弄草莓秧苗。

▲ 小甸子村享有"洋河果菜之乡"的美誉,这里出产的板栗远销欧洲。

部书记孙贵树刚一上任,便组织村"两委"成员远赴山东考察,从那时开始便定下依托草莓种植致富奔小康的决心。

"党支部,既是'战斗堡垒',更应成为'产业先驱'。"孙贵树一脸笃定。起初,村民对种植草莓缺乏信心和热情,孙贵树便号召党员干部"先行先试"。"只有咱给老百姓带好头、打好样,老乡们才能相信咱,才能跟咱一起干。"孙贵树说。

第一次尝试,第一批"吃螃蟹"的人便尝到了甜头。结果正如孙贵树所预期的那样,当地种植的草莓不仅个大、果红而且甜度高,投放到市场立即就受到消费者的追捧。

"你们来的不是时候,等到元旦和春节草莓成熟时,这里满是前来收购草莓的批发商和采摘游客,那场面是相当壮观,到时候欢迎你们来品尝地道的东港草莓。"房明向记者发出盛情邀请。

"当时村里有一位村民,因为困难没钱供孩子上学,全家人眼泪都哭干了。"孙贵树说,"我当时就劝他跟着种草莓,没钱,我们党员给他凑,没技术,我们党员教他、带他干。也就一年光景,他家就成功脱贫了,如今还成为村里的草莓种植大户呢。"

穿梭于各个草莓大棚中，记者发现很多棚上都张贴着"党员示范棚"的标识。"这些大棚的经营者都是党员，他们是建棚的带头人，也是技术的指导者。"房明看记者一脸疑惑，连忙解释道："有些农户缺少种植经验心里没底，从种苗到设施使用经常咨询我们党员，我们随时走访帮忙，这也是一个双向互动。"

▲ 村党支部书记孙贵树向记者介绍无土栽培草莓的特点。

如今，尝到甜头的小甸子村村民开始尝试夏末种草莓。"通过低温预冷促早熟技术，草莓成熟时间和上市时间大大提前，今年预计11月中旬就能上市。"孙贵树说。

除了长势良好的草莓，大棚里还有不少令人眼前一亮的智能化设备。"现在只需要一部手机，村民在家炕头就能监测到大棚里的实时数据，根据具体情况有针对性地采取管理措施。"孙贵树一脸骄傲，"现在咱农民也用上了高科技，这些智能化的摄像头、驱虫设备等帮咱省了不少力，草莓的甜度、硬度都可以通过设备调控来实现。"

这两年，一种立体无土栽培草莓技术开始在小甸子村全面推广。"立体无土栽培的一大优势就是增加产量。一个普通草莓大棚的产量也就七八千斤，采用立体无土栽培至少能翻一倍，这就意味着农民收入又大幅增加了。"孙贵树满脸带笑。

虽说酒香不怕巷子深，但

▲ 党建引领结硕果，小甸子村又迎来一个丰收年。

面对激烈的市场竞争，小甸子村也在不断尝试开拓新的销售渠道，让自家的收入如芝麻开花一样——节节高。

这一新的销售渠道便是电商平台。2016年，小甸子村派出懂电脑的年轻人到浙江学习农村淘宝致富经验，之后便探索确立了"党支部+电商"的发展模式。

要做大做强电商产业，必须打出自己的"拳头产品"，也就是要有稳定的优质货源。2018年，小甸子村在镇政府协调下与其他无经营收益村共同争取各方扶持资金715万元，建成了500亩电商产业供货基地。

电商平台的发展不仅给乡亲们打开了致富的大门，也使草莓等农产品成为东港在全国的一张名片。如今，基地一期18栋大棚已经投产，年赢利46万元，小甸子村获利分红9万元。

与此同时，小甸子村还成立电商服务站，下设4个产业支部，直接对接电商供货基地和专业合作社，在提供技术支持同时还参与日常管理，对生产、筛选、包装进行统一要求，确保产品质量。

为把当地草莓推向全国，小甸子村还申请注册了"莓小姐""甸小子""贵树""景波"等商标，使小甸子村的农产品成为远近闻名的"硬通货"，初步形成了"一个合作社主打一个品牌，一个品牌牵动一条产业链，多条产业链协同推进村集体经济发展"的新格局。

如今，东港草莓早已叫响全国。2019年，东港市草莓生产面积达到14.8万亩，总产量达23万吨，产值高达46亿元，年出口创汇3500万美元左右。据有关专家评估，"东港草莓"品牌价值达到77.5亿元，在国内各草莓产区中位列第一，是名副其实的"中国草莓第一县"。

"早前就预想到种草莓会有发展，但没想到会有这么大的市场。眼看着草莓销量一年比一年好，不少村民都在考虑再多承包几个大棚，让好日子更上一层楼。"孙贵树微笑着，眼里放着光。

姜家村：
河蟹坐上专机"飞"全国

稻子好似海浪一起一伏，田埂边鸭蛋大小的河蟹吐着泡泡，听到人们的脚步声"哧溜"一下躲进稻田深处。

夜晚，在盘锦市市区一幢普通的民宅内，刚过不惑之年的姜占春躺在沙发上摆弄着手机，通过摄像头查看着自家位于盘山县坝墙子镇姜家村90亩稻田的长势。

通过引进新品种、运用新技术，姜占春在原有的土地上种植水稻、养殖河蟹，最大限度向土地要收益，90亩稻田年均创造产值30多万元。

说起姜家村，土生土长的姜占春有说不完的感慨。

姜家村位于盘锦市盘山县坝墙子镇，这里南临营口市、北临台安县，古时商人通过营口码头经此将各地商品源源不断地运往东北。但就是这样一处

▼ 姜家村又迎来一个丰收年。

▲ 在种植水稻、养殖河蟹的同时,姜家村还在垄间种植其他经济作物,增加农民收入。

富饶之地,随着辽河改道再加上粮食收购价格不高,导致自上世纪90年代以来出现大面积弃耕现象。

"以前每亩稻田的产量也就七八百斤,每公斤水稻的收购价才六七毛钱,去掉种子、化肥和人工成本,农民几乎无利可赚。"谈起过往,姜占春记忆犹新。

"当时不少年轻人都选择外出务工,村里出现留守儿童、留守妇女和留守老人增多等突出问题,更令人担忧的是这导致农村发展活力与创造力持续降低。"姜家村党支部书记官亮说。

如何才能赋能农业带动百姓致富?如何才能让出走的年轻人回到农村?在没有村集体经济和支柱产业的情况下,村"两委"不等不靠,最大程度向土地要收益。

在土地上"做文章",姜家村请来农业专家"把脉开方"。

农业专家通过实地走访发现,姜家村地势平坦、光照充足,全年平均无霜期达170天左右,尤其是土壤中所蕴含的氮、磷、钾等矿物质非常适宜水稻种植。此外，姜家村还具有水源资源丰富等优越自然条件，同样适合河蟹的生长。

彼时，城市生活水平逐年提高，人们的饮食习惯也在悄然发生改变，原本连本地村民都看不上的河蟹，成为城里人餐桌上的佐餐佳肴。

▲ 本报记者在姜家村采访。

绿油油的稻田里，稻蟹和谐共生，在昔日的盐碱地上，"稻蟹之乡"呼之欲出。

与此同时，盘锦市也把河蟹养殖作为实施农业结构战略性调整的切入点和突破口，作为增加农民收入的立足点和落脚点，并创造性地提出将"稻田养蟹"变为"蟹田种稻"发展思路。

"天时、地利，姜家村全占了，当时就差人和了！"官亮说。

没人种水稻，那就党员干部带头种；没人养河蟹，那就党员干部带头养。通过两年的试养试种，姜家村的水稻和河蟹成为收购商眼中的"香饽饽"，看到第一批"吃螃蟹的人"赚得盆满钵满，当初观望的村民心动了，种粮、养蟹的积极性被激发出来，以前被弃耕的土地再度成为农民的"金饭碗"。

"根据稻养蟹、蟹养稻，稻蟹共生的原理，可以实现一水两用、一地双收，在提高水稻身价和河蟹产量的同时，也带来了可观的经济收益。"姜占春说。

每年9月份，蟹农驾车进出生产基地、到市场运销螃蟹，成为当地一道独特的"风景"。"仅我承包的稻田每年就能带来10多万元的收入，这个收入水平即便跟城里人比也是相当可观的。"姜占春满面春光地说。

如今，在姜家村村民眼中，河蟹不仅是令人垂涎的餐桌美食，更是一本让人津津乐道、口口相传的"致富经"。在一处处螃蟹养殖基地，辛苦劳作的农民不再面露苦色，而是个个眉开眼笑："现在累，累得有想头、有奔头。"

村民姜尚峰更喜欢人们叫他"新型职业农民"。

"姜家村村民个个都是'新型职业农民',大多数村民都在县城或市里购置了楼房,私家车也是家家户户的'标配',平时种地、养蟹几乎都是机械化,就连查看水稻、河蟹长势也都通过摄像头。"姜尚峰得意地说,"咱们早就不是以前面朝黄土背朝天的传统农民了。"

随着"蟹田种稻"的普及,姜家村种植水稻追求的标准也越来越高。"以前追求的是产量,现在通过网络销售,我们更追求大米的质量。"姜占春说,"利用'稻蟹共生'模式种出的大米全部达到国家绿色标准,市场售价水涨船高,村民的腰包是一年鼓过一年。"

眼看着丰收在望,姜家村村民开始研究今年怎么把河蟹再卖出个好价钱。"最近一段时间,隔三差五就有搞电商的人来村里商谈合作,都想早点收购河蟹,以便抢个先机。"姜占春说。

▲ 在一处电商基地,工人每人每天能捆绑一百多只稻田蟹。

▲ 中秋节前后,盘锦河蟹将大规模上市。

随便登录一家电商网站,很容易就会找到售卖盘锦河蟹的商铺。"以前盘锦河蟹只有一张网——用于捞蟹的蟹网,但这张网捞出来的河蟹只能卖到东北三省。现如今,大家都利用电商平台这张'电网'打天下,口碑喊出去了,盘锦河蟹也轻而易举地卖到了全中国。"盘山县一家运营河蟹电商的企业负责人安寰宇自信满满。

"河蟹销售期通常从9月中上旬开始。到那时,我们村肉肥膏黄的河蟹还将坐上沈阳桃仙机场的飞机,以最短的时间'爬'到全国消费者的餐桌,保你吃上最新鲜的盘锦河蟹。""稻蟹乡"里话丰年,姜占春满面笑容地说。

沙河村：
漫山遍野种上"摇钱树"

秋天来了，金映大地。沙河村特有的丰收季也奔涌而来——不在金色的麦田里，也不在沉甸甸的谷子地，而是翻滚在漫山遍野的果树苗丛林里。

秋天，正是这个小村庄收获的季节，一辆辆拖挂大卡车驶进村子，数十万株果树苗从这里出发，运往全国各地。

距离铁岭市西丰县城39公里处的冰砬山脚下，依偎着一个村庄——位于辽吉边界的沙河村，与吉林省东丰县小四平镇距离不足5公里。以前的沙河村是出了名的贫困村，因为冬季寒冷、夏季干旱，这里土地贫瘠，过去"荒山遍布"是它的代名词，而如今"苗木遍野"是其闪闪发光的"金字招牌"。

沙河村靠栽种果树苗走出了一条致富路，过上了稳稳的小康生活。如今，沙河村果树苗木种植全国闻名，是西丰县振兴镇重点产业，全村种植果树苗

▼ 沙河村与吉林省东丰县小四平镇距离不足5公里。

800多亩、1500多万株，正在向"辽北果树苗木第一村"奋进。

▲ 吴长富是沙河村党支部书记，也是村里果树苗木种植的领头人。

吴长富是沙河村党支部书记，也是村里果树苗木种植的领头人。见到吴长富时他正忙着联系拖挂大卡车，新疆客户订购了3万株鸡心果树苗，这几天就要起树苗装车发走了。

吴长富上任村党支部书记不过4年时间。此前，他是村里的果树种植大户，种了20多年果树，经营着占地40多亩的果园。

"当初让我来当村党支部书记，我可不乐意了，自己一大摊子事儿都忙不过来呢。"但最终在县党委动员下，吴长富还是把这个担子扛在了肩上。

"县里希望我能带领村民一起把沙河村的果树苗木产业发展壮大，这也是我一直以来的'野心'。"看着村民陷在贫困的泥潭里走不出来，吴长富看在眼里急在心上，"我也有信心，通过种植果树苗木让全村人都富起来。"

吴长富口中的果树苗木就是山钉子树苗。山钉子树原本是沙河村最不起眼的一种野生树，但后来却"摇身一变"成为村民的"摇钱树"，这其中还有一段渊源。

沙河村售卖的果树苗其实是"移花接木"嫁接出来的新品种——把杏树、李子树、沙果树嫁接到山钉子树苗上。村民陈宝光第一个发现野山钉子树皮实、耐活，于是开始用于做嫁接果树的母本。

40年前，陈宝光成了村里第一个"万元户"，还第一个买上了黑白电视机，当年全村人都争着上他家去看电视。

山钉子树耐寒、抗旱，嫁接出来的果树可以应付各种恶劣环境。陈宝光采来大量野生山钉子树树籽，种出树苗后再进行嫁接，收成一年比一年好。渐渐地，附近乡镇村民都知道陈宝光家种植的果树易成活，纷纷找他来买树苗，就这样他第一个富了起来。

一传十,十传百,陈宝光的亲戚、朋友也开始跟他学种植树苗、嫁接果树。一个带两个、两个带三个,沙河村果树苗木种植就这样自发地形成了,最后发展到全村70%村民都种上了果树苗木。

吴长富接管沙河村时,县里希望他能把沙河村果树苗木种植业带上一个新台阶。

"刚一接手我脑袋就大了。当时村支部只剩一个空壳,登记的全部财产只有一个小彩钢房和一个大喇叭,账面上仅有108块钱,外债倒是欠了60多万元。"吴长富说自己就像一个准备做饭的妇人,火支上了却发现并没有米下锅。

▲ 沙河村的果树苗木耐寒、抗旱,可应付各种恶劣环境。

没有退路,吴长富琢磨着要尽快把村集体经济发展起来。他深知,产业兴旺才是乡村振兴和脱贫攻坚的物质基础,他的目标是产业兴村、经济富民。

"村里种树的不少,但单打独斗成不了大气候,只有'抱团'成为一个整体,才能实现规模效益。"经验告诉他,必须走出小作坊经营模式,要科学种植打造品牌。

吴长富先后带领村"两委"班子到铁岭市天来村、振兴村进行考察、交流,最后确定了以苗木为主、其他作物为辅的产业定位,并制定了沙河村果树苗木种植3年发展规划。

在吴长富的协调下,2018年省农委投资80万元建设了"沙河村果木设施小区",35座大棚拔地而起,大棚最多可培育50万株果树苗。

"看,这就是我们的果树苗木大棚,水电、灌溉设施齐全,果苗生长比外面快,生长周期还短。"树苗进大棚,这在沙河村历史上还是头一次。"建大棚解决了果树苗只能在春季、秋季起苗销售的季节限制,现在村民一年四季都可以进行树苗交易。"吴长富说。

果树苗木设施小区建成后,直接受益的就是建档立卡户。村里有30多名建档立卡户在这里打工，在家门口稳稳地就把钱赚了。

建档立卡户谭金生一直在大棚里打零工，嫁接苗、除草、养护样样拿手，干一天就能赚100元工钱，一年能收入5000元左右，到年底还能拿到村集体经济的分红钱。

谭金生自家也种了3亩果树苗木，一株树苗能卖到1元左右，种树一年还能剩下2万多元。"这可是种玉米、高粱等农作物没法比的，种植果树苗木让我过上了以前想都不敢想的生活。"谭金生说，"跟着吴书记干可省心了，我们只负责种就行，卖树苗的事全交给他。这些年他的客户特别多，大户带小户，树苗根本不愁卖。"

建档立卡贫困户谭金生住进了宽敞明亮的新瓦房。

靠种植果树苗木和在大棚里打零工，2018年谭金生就成功脱贫了。在政府的帮扶下，谭金生一家还告别了住了十几年的危房，住进了宽敞明亮的

▼ 沙河村的果苗大棚可培育50万株果树苗。

两间大瓦房,日子过得蒸蒸日上。

为了扩大和提高沙河村果树苗木种植的品牌影响力,吴长富四处参加果树苗木展销会,吉林、新疆、内蒙古……哪里办展销会他都跑过去,每次去都拉着树苗、背着宣传单。"我的目标就是吸收新客户,向他们推介我们村的树苗品种,拿下更多订单。"吴长富觉得自己有时候压根不像是村支书,更像这个村的"经纪人"。

▲ 建档立卡户谭金生(后)在大棚里打零工,一年收入5000元左右

沙河村还建起了养鹿场,鹿茸销售风生水起。

沙河村的果树苗木种植名气越来越响,但是吴长富并没有就此满足。在他的带动下,2018年到2020年短短3年时间,村里建起了反季节水果种植大棚5个,专门种植反季节性果树,利用季节差把水果卖上一个好价钱;建起了养鹿场,养了120头鹿,鹿茸销售风生水起;今年又新建起了一座农产品深加工厂,村里产的粮食将在这里酿成美酒……

从一个没有集体产业的空壳村,到"变身"产业兴旺的品牌村,沙河村走上了一条产业兴村之路,村里103户建档立卡贫困户2018年就已实现集体脱贫。

如今,有了产业支撑的沙河村底气十足,清爽的秋风中洋溢着丰收的喜悦,也流淌着村民生活富足的甜蜜。

英杰村：
海洋"牧场"大有作为

　　清晨4点，天色微明。

　　伴随着清脆的马达声，一艘艘渔船鱼贯驶出海港，奔向渔民赖以生存的广阔海洋深处。

　　在自家的养殖区，马春明从船板下拿出铁钩，使出浑身气力把梗绳拉出水面，妻子连忙解开绳结，与丈夫合力顺势把笼子拖上船。

　　在马春明身后的海面上，随处可见用以养殖虾夷扇贝的浮筏，颜色各异的浮筏在水面上随风舞动，煞是好看。每条100米长的梗绳代表着一亩面积，也将与丰收的喜悦与小康的梦想相连。

▼ 英杰村浮筏养殖虾夷扇贝产量占据全国半壁江山。

▲ 英杰村位于长海县最东端。

临近早饭时间，码头上早已车水马龙，等待收购扇贝的货车一字排开。马春明的渔船满载着 50 笼扇贝驶回岸边，新鲜肥美的虾夷扇贝运往市区后将销往国内各地。马春明说，依靠浮筏养殖虾夷扇贝，每年都能给他家带来四五十万元收入，新房子盖了，私家车也买了，日子过得红红火火。

在马春明所在的英杰村，浮筏养殖虾夷扇贝产量占据全国半壁江山，再加上享誉海内外的海参、鲍鱼、海胆、牡蛎等特色海产品，让这个曾经贫穷落后的小渔村成为全国闻名的小康村。

大连市长海县是东北地区唯一的海岛县，也是我国海岸线上唯一的海岛边境县。

位于长海县最东端的英杰村三面环海，辖区内既有风光绝佳的小水口风

▶ 本报记者在海上采访虾夷扇贝浮筏养殖。

景区，同时也是省级海洋珍贵生物保护区所在地。"英杰村四季分明、冬暖夏凉，礁石奇骏、沙滩绵延，近年来每到暑期都会吸引大批游客前来消夏避暑，品尝海鲜、驾船出海。"英杰村党支部副书记王毅说。

然而，在已近古稀之年的村民王传运看来，英杰村有最蓝的天、最清的海和最淳朴的百姓，但是他们始终没搞明白，过去几十年为啥就富不起来。

英杰村现有人口 3000 多人，绝大多数是来自靠海吃饭的渔民家庭。受到海产品价格浮动和季节性捕捞难度加大的影响，村民的生活是"猫一年狗一年"。因为两次失败的集体经济制度改革，英杰村的集体经济发展还长期陷入停滞状态，村内无任何集体经济实体，成为全县垫底的集体经济薄弱村。

与此同时，因为低水平的近海养殖对生态环境造成破坏，导致养殖产品大面积死亡，村民"弃海"现象频发，让本就发展滞后的小渔村更是雪上加霜。

近年来，邻近乡村的快速发展，让王毅是看在眼里急在心里。怎样才能带村民致富？首先要找准"穷根"在哪里。上任后，王毅每天都在村里跟村民拉家常，逐一对村民反映的问题进行记录和整理，并召开党员大会

▲ 渔民在海上进行捕捞作业。

听取大家对渔村发展的建议和意见。

至今,王毅依然对走访村民王岩家时的场景记忆犹新。王岩曾是村里的富裕户,全家靠养殖扇贝年收入10万元以上,但因为2008年左右连续出现扇贝大面积死亡,让这个原本富裕的家庭背上了沉重的债务。

"在当时,村里类似王岩家的情况比比皆是,很多家庭子女考上大学后连学费都交不起。"王毅语气略显沉重。

"拥有得天独厚的自然资源,不把英杰村带富对不起乡亲们啊!"通过到邻近乡村和科技部门学习,王毅坚定了向海洋要效益的思想,村"两委"也确定了"靠海致富"的发展思路。

英杰村位于北纬39度,属暖温带半湿润季风性气候,海域水质优良,海中有着近百种鱼类和20多种贝类,一些海产品甚至被端上过国宴餐桌。

坚定发展思路后,王毅积极对接农科专家,引进经济价值更高的虾夷扇贝进行试养,在同步提高和规范村民养殖技术的同时,将近海养殖变身生态"牧场",让发展与海洋生态和谐共生。

通过引进新品种、运用新技术,英杰村海洋环境持续改善,海水清澈度越来越高,海里的鱼类和天上飞鸟越来越多,以前经常大面积死亡的扇贝如今个大肉肥,曾经贫困落后的小渔村再度焕发出勃勃生机。

如今的海岛渔民一年四季有活儿干。马春明除养殖扇贝外,每到这个季节还出海捕捞海蜇。"以前我们捕捞海蜇都要往远海去,一天也捞不到多少,而现在出海20多分钟就能捞到上百斤的大海蜇。"马春明擦了把汗,黝黑的脸庞绽放着笑容。

"海蜇全身都是宝,海蜇里子、海蜇头炒白菜是最'金贵'的菜,海蜇皮拌黄瓜最开胃。"村民张桂香一边处理海蜇一边对记者说。近年来,原本没人要的海蜇衣也成了抢手货,收购价每件最高时达到40多元,深受南方消费者欢迎。

在收购商程昱看来,最受市场青睐的还是虾夷扇贝,仅他所在的公司每年在英杰村的收购量就达近百吨。分析起个中缘由,程昱抬高了音量说:"主要是因为这里的海水'肥',养出来的虾夷扇贝个大肉厚,吃到嘴里有股甜甜的味道。"

程昱的说法在王毅处也得到了证实。"国内市场半成品蒜蓉粉丝扇贝大多来自英杰村的

▲ 随着生态环境的改善,渔民出海20多分钟就能捞到上百斤海蜇。

▲ 渔民捕捞上来的海货直接通过塔吊装到收货商的货车上。

浮筏养殖，全域经济总量在去年达到7亿元。"王毅说。

在鼓励个体养殖的同时，英杰村还在去年成立了经济合作社，通过加强土地管理、实行集体土地有偿使用等方式发展村集体经济，当年即实现收入40余万元，一举摘掉戴了多年的经济薄弱村"帽子"。

随着英杰村的经济发展越来越好，外来务工人员也越来越多，英杰村便着手成立了"第二故乡党支部"，发挥外乡党员的能动作用，为乡村发展注入新活力。

王毅告诉记者，"第二故乡党支部"的党员大多是年轻人，他们平时聚在一起议发展、谈理想，唠着唠着就能鼓捣出不少好主意。比如他们发现，在养殖虾夷扇贝时，贝笼上经常会附着其他海洋生物，腐烂后要么丢进海洋，要么丢弃到陆地，对生态环境造成很大污染。后来这群年轻人就搞起发明创造，对附着物进行加工后作为饵料重新投入海洋，既降低养殖户的养殖成本，又保护了生态环境，一举两得。

近年来，英杰村还大力推广立体养殖——在海水上层利用浮筏养殖虾夷扇贝，在海底礁石播种海参、海胆和鲍鱼等海产品，既完善了生物链，还起到净化海水的作用。此外，为扩大海产品销路，英杰村在打造自主品牌的同时主动拥抱互联网，与著名电商平台展开合作，从源头直接面向国内外消费者供货。

夕阳西下，新月升起，英杰村逐渐恢复宁静。吃过晚饭，马春明麻利地收拾好渔具，准备第二天早起出海；张桂香和妯娌忙着腌制海蜇，准备明天再卖个好价钱；王毅望着漫天星斗，盘算着将村里的海产品聚拢起来建立同一品牌，让更多的人知晓……

◀ 英杰村还在村里建起了加工厂，加工后的虾夷扇贝半成品远销韩国、日本等国家。

第一书记

第九章

我是来过日子的，
不是来混日子的

记者手记
JIZHE SHOUJI

从处暑到秋分，我不断地跟包德军约采访时间。

"今天村里各个群都在发布暴雨预警。我手电充足电了、雨具准备好了，时刻准备着。""我们村的夏季草莓上市了，马上得做销售宣传包装策划。"……

他一直在忙忙碌碌，终于，9月22日，第三个中国农民丰收节这天，我一大早从沈阳出发，快到中午时来到步达远村，见到包德军。

不过，当天，沈阳建筑大学一位教授也应邀到村里，为村子搞规划。

包德军陪着我们在村里转悠，边介绍这两年村子的变化，边畅想村子未来的规划。

他说话慢悠悠的，好像一直在思考，嗓音也比较低沉。

我用手机给他录视频时，常常是一旁女村支书的嗓门比他还亮。我想让他语速快一点、声音大一点，他说："其实，我这个人一直都挺低调的。今年我才变了。现在，我可想出名了。"顿了顿，他说："我直播卖红提卖草莓，我想，我有多出名，步达远村就有多出名，步达远品牌就有多出名。"

今年56岁的包德军头发花白，说这些时，一双大眼睛闪着光，脸上的皱纹里都是笑。

他想抓住新时代一切机会，把党的好政策种进泥土

包德军

辽宁省人大机关二级巡视员，丹东市宽甸满族自治县步达远镇步达远村党支部"第一书记"。

▲ 包德军查看红提长势。

▲ 水稻新品种试种丰产。

里，生根发芽，开花结果，给步达远村一个美好的未来，给村民稳稳的幸福。

"我是来过日子的，不是来混日子的"

2018年3月，包德军被派到步达远村任驻村"第一书记"。刚到村里时，看到的村集体经济账面是"零"，啥也没有。他跟村民们聊天，听到最多的是：唉！步达远这地方还能干啥？

"村民、村干部当时都没啥信心，我一个外来人、外行人，要说没有犹豫彷徨，那是假的。我晚上翻来覆去睡不着，最后想明白一个问题：要是没有困难，党组织派我来干吗？我就是为解决问题来的啊。坚定信心，干就完了！"

信心比黄金更重要。三个月后，"七一"党的生日这天，包德军做足了功课，给全村党员上了第一堂党课，强信心，鼓勇气。他讲了"农业强、农村美、农民富"的农民梦，讲了"绿水青山就是金山银山"的理念，讲了步达远的"驿站文化"历史。

他告诉全村党员："我是来过日子的，不是来混日子的，也期盼村民都能过上好日子。我会沉下心，与村民心连心，会哈下腰，与村民一道撸起袖子加油干！"

"做梦都不敢想村里会有这么多的钱"

步达远能干啥?为了找到答案,包德军一边走出去,组织镇、村相关负责人到袁家村、郝堂村、莫干山调研考察,一边请进来,落实招商引资项目,争取资金,发展壮大村集体经济,甚至拿出个人的积蓄,借给村里发展村集体经济。

2019年,步达远村争取到村集体产业发展资金153.5万元,彻底改变步达远村近40年来无集体经济产业的历史。

包德军清楚地记得,2019年6月23日,村集体冷库项目施工队进场施工,当年9月中旬建成并投入使用,实现当年建设当年受益。

村党支部书记林玉萍更忘不了,2019年底,自己攥着冷库出租的3.3万元钱高兴地落泪。她对包德军说:"我做梦都不敢想村里会有这么多钱,我代表全村村民谢谢你!"

▼ 包德军向记者介绍稻田养蟹项目。

集体经济壮大的同时，经核算，当年部分村民通过土地出租、劳务服务、参与经营等方式也获得约18万元的收益。

"丹东产的第一粒红提来自步达远"

2019年4月28日，三栋村集体温室大棚开工建设。为赶工期、保质量、保安全，包德军守在工地组织指挥施工。每天5点半到工地，晚上六七点离开现场，他放弃"五一"节、端午节假期，连续47天住在村里。

美国红提葡萄项目引进后，包德军和村民一起学、带头干，修枝剪杈，浇水施肥，掌握技术要领，很快成为红提种植的"内行人"。一开始还有村民对林玉萍说："新来的这个技术员还挺认真。"林玉萍说："那哪是技术员，那是新来的第一书记！"

为了让红提高产，包德军用工业化思维解决农业问题。他要求每棵葡萄藤上28片叶子、三串葡萄，每串葡萄90到120粒。开始农民不适应，说"包书记要求太高，这钱不好挣"。今年葡萄喜获丰收，大家都说"当时包书记说对了，要不没这么好的结果"。

"丹东产第一粒红提出自步达远村。今年亩产值能达到4万元左右，超过了项目预期，还带动周边村产业发展，明年将建8栋红提大棚，预计产值会提高。"

"计划实现草莓育苗2000万棵"

乡村振兴离不开产业兴旺。呼吸着清新的空气，喝着甘甜的山水，包德军盘算着怎么让绿水青山变成金山银山。

在省人大人选委的帮助下，村里请来了省人大代表、丹东市圣野浆果专业合作社理事长马廷东。"丹东东港产草莓，步达远村的气候适合给草莓育苗。"双方敲定了项目。

"今年春天开始试种20万棵，采用了先进育苗技术，目前销售了7万棵，剩余的被预订，一周之内都拉走。我们想通过三年的努力把草莓育苗项目做到 2000 万棵，按目前市场价格产值在 3000 万元左右。"包德军说，未来，这是一个大产业。

"辽宁产的第一份夏季草莓供不应求"

在试验草莓育苗的同时，步达远村还试种了一棚夏季草莓。

包德军介绍，之所以定位在"宽甸"和"夏季草莓"，是为了区别于东港的冬季草莓。夏季草莓填补了辽宁产业项目的空白。"我们的品种叫蒙特瑞，属夏季草莓，源自美国品种，酸甜口，九九草莓偏甜。"

步达远村不仅多渠道开发产业项目，还尝试探索农村新型组织，成立了以"党支部引领+村民自愿出资入股+引入社会资本+村集体参与分红"为模式的股份制公司，村集体以基础设施和技术入股，实现了村集体经济和村民产业协调融合发展的局面。

▲ 夏季草莓填补我省项目空白。

"今年产量 2000 斤左右，亩产收入 3 万元左右，明年准备发展三到四个草莓大棚，目前草莓在线上线下销售，供不应求。"

"稻田养蟹开辟一条新路子"

原本，马廷东与步达远村集体成立的公司合作，流转农民土地 60 亩，计划全部进行草莓育种。突如其来的新冠肺炎疫情改变了市场格局，草莓苗的需求大量减少。

全国人大代表、沈阳农业大学陈温福院士及时为步达远村提供了水稻新品种及种植技术，将其中 42 亩土地转种水稻，并进行稻田养蟹新技术试验。

在稻田里，包德军介绍，今年水稻实现了丰产丰收，河蟹最大的在二两半左右,非常符合市场要求。"步达远的绿水青山养出的河蟹、大米质量非常好。希望在这块土地上出产更优质的农产品,让消费者吃得更健康、更放心。"

"步达远村也要有个'十四五'规划"

决战决胜脱贫攻坚,乡村振兴任重道远。如何巩固好脱贫攻坚成果,发展壮大村集体经济实力,推进乡村振兴战略实施,新的目标、新的挑战又摆在包德军的案头。

常常,村民睡着了,他屋里的灯亮着,半夜村民一觉醒来,他屋里的灯还亮着。有的村民说:"包书记是不是夜里害怕,睡觉得点灯?"包德军说,白天在外边干活,晚上才有时间琢磨村子的未来——

"组织保障上,要培育打造一支过硬的村'两委'干部队伍。明年村'两委'顺利换届选举是大事。得早谋划早准备,保证完成任务。

"经济体制保障上,要建立健全新型农村经济组织,统筹推进村集体经济合作社的建立。以现有的产业项目为依托,促进农民专业合作社、家庭农场等新型农村经济组织的发展。

"农业的强大,农村的美丽,农民的富裕,最终要靠市场来解决问题。要完善'党支部引领+村民自愿出资入股+社会资本参股+村集体参与分红'模式,完全股份制经营、公司化治理结构的新型农村经济组织。

"农村的发展要靠人才,特别是本土人才。今年招了两名本村的应届大学毕业生到股份制公司工作。下一步,一是争取人才政策、资金上的帮助,二是健全用工制度,留下人、留住心。年底前准备再招几名大学生,组织起有知识、有技能、有朝气的现代新型农民团队。

"借助电商发展区域特色农业,我们在'拼多多'成功注册了'步达远特产旗舰店',下一步要打造特色农产品品牌,打造步达远区域品牌影响力。

"化设施农业为智慧农业。我们与北京一家科技企业洽谈招商引资项目,打算在步达远村建设智慧农业装备制造企业。以科技引领产业发展,实现全产业链产业项目服务。"

…………

包德军的体会:"我不是一个人在战斗"

我不是一个人在战斗,身后强大的党组织是坚强后盾。步达远村几个集体经济产业项目的落地,都是在党组织的帮助下实现的。

农村条件苦,基础差,困难多,干一件事挺难,干成一件事非常难。得沉下心、俯下身、哈下腰、打个样、带头干;团结村干部干、带领百姓一起干。只有干了,才会得到百姓的信任和尊重。

▲ 回村大学生对未来充满希望。

民心是最大的政治。农村工作,你的一举一动都在百姓的眼皮底下,你做的一件很不起眼的工作,村民都会记在心上。当百姓认可了你、信任了你,你就赢得了民心,他就和你掏心掏肺:他把一把山野菜、一兜自家的蔬菜送给你;他把煮熟的几棒苞米悄悄挂你门上;为集体荣誉,他不计较个人得失,他替你分忧解愁。你会真切感受到百姓的淳朴可爱。

就在 9 月 21 日,有位村民做好了粥,一大早给我送来,还有两个咸鸭蛋。我锁上门,一边吃一边掉眼泪。不是怕人看见我吃,是怕人看见我哭。外面天那么冷,我这心里是暖的。

"我的心已经扎根在这片热土上"

记者手记
JIZHE SHOUJI

高琳琳

辽宁公安司法管理干部学院调研员，葫芦岛市连山区寺儿堡镇老边村"第一书记"。

我跟高琳琳约好 11 月 19 日去老边村采访，没想到，18 日晚上就变天了。第二天，气温骤降，葫芦岛刮着北风，下起雪来。

辽宁入冬第一场雪，并不能阻止既定的工作。

这天上午，市、区总工会来调研，下午，区人大代表来视察。高琳琳顶风冒雪带着大家在村里看项目、场地等，不停地介绍情况。采访就在这些活动中穿插进行。

我没戴手套举着手机拍图片和视频，手一会儿就冻得痛。她的脸更是变得红彤彤的，她说以前不这样，到农村皮肤有点过敏了，冷风一吹就起疹子似的。

高琳琳大高个子，白白净净，扎着马尾辫，穿着运动鞋和休闲装。她说，从到农村就把高跟鞋和漂亮裙子收起来了，平时都这身打扮。

从小就生活在大城市的高琳琳，今年 51 岁了。到艰苦的农村一干就是三年，她图啥呢？2018 年她报名的时候，单位领导没想到，亲朋好友也没想到。

高琳琳爽快地说：2018 年我入党 30 年了，我就是想干点实事，将来老边村发展得越来越好，我能说，这里也有我的一份贡献。

"咱的事儿,她都记挂在心上!"

2018年5月10日,高琳琳来到老边村这个"空壳村"。首先摆在面前的,是如何融入,成为百姓心中的村里人。

她说:"老百姓只有从情感上接受我这个人,才能接受我的思想,我才能顺利开展工作,把党的方针政策落到实处。"

驻村伊始,村部办公室缺少办公用品,墙上缺少宣传版,防火队员宿舍缺少床单被罩,村里食堂缺柴米油盐……高琳琳利用周末回沈阳的时间,当起了村里的采购员,仅半年就自掏腰包为村里花了一万多元。

高琳琳还利用自身的文艺特长,指导村里的广场舞队伍,花2000元给大伙儿买比赛服装,组织大家参加连山区百姓健康舞大赛,获得农村组三等奖。她说,妇女能顶半边天,融入妇女中,也就融入了每个家庭。

高琳琳走遍老边村,不仅帮助村民解决难题,也把建档立卡的档案工作做到了"有据可依,有据可查,准确无误"。

有村民说:"高书记一点儿也没有城里人架子,拿俺们当亲人,咱的事儿,

▲ 高琳琳要在葫芦农创产业上做文章。

她都记挂在心上！"

村民跟她也不见外。有的人家包饺子了就给她打电话："来家吃几个吧！"有的人周五特意把自家园子的菜送她一把说："明天回沈阳，把这菜带上吃个新鲜。"

"党员一带头，这日子就有了奔头！"

基础不牢，地动山摇。高琳琳深知，要带着大伙儿跟党走，必须把党员组织起来，发挥党支部的战斗堡垒作用。

党建工作迫在眉睫。围绕脱贫抓党建、抓好党建促脱贫。她反复学习《中国共产党农村基层组织工作条例》，着力推进"两学一做"学习教育常态化制度化。

老边村争取资金3万元建起标准化党建活动室，制度全部上墙。根据上级党委要求，她规范党支部建设，结合实际落实"三会一课"，组织开展"学党章党规、学十九大报告、做合格党员"等活动。她精心查阅资料备课，仅2018年上半年，就组织党员和积极分子听党课3次，组织民主生活会3次，并在"七一"重温了入党誓词。同时，对年老体弱的老党员进行入户走访宣讲。村里80岁的老党员岳素芳激动地说："又找回当年入党时候的感觉了！党员一带头，这日子就有了奔头！"

她带领全村40名党员深入开展"不忘初心、牢记使命"主题教育，老边村成为连山区正风肃纪示范村。

"在家门口干活挣钱，多好哇！"

为老边村集体经济的壮大和贫困人口脱贫致富，高琳琳利用节假日多次到外地考察。当她了解到沈阳盛京满绣有限公司的非物质文化遗产扶贫项目时，当时眼前一亮：这个项目适合村里的留守妇女致富。

2019年春节过后上班第一天，高琳琳就到沈阳盛京满绣有限公司实地考察。在区乡两级党委、政府的支持下，项目加快推进。3月9日，老边村选派 3 名巧妇到沈阳学习培训。4 月初,老边村盛京满绣集体经济服务社成立,4 月 15 日盛京满绣项目正式落地开工。这个项目对学员免费培训,包教包会,包料包销,使残女能工作,家妇能赚钱。一个月内就有 26 名妇女各自绣出两幅精美作品,每人收入 1000 元。

高琳琳看到项目给大家带来收入,比自己挣到钱还高兴。2019 年盛夏的一天,气温 30 多度,为了赶绣一批活,绣娘们集中在村委会一楼绣房内赶工。绣品不能有污渍汗渍,绣房内风扇全开。而在村委会二楼高琳琳办公室内,她握着纸扇不停地扇,一边的电扇却成了摆设。外来办事的人迷惑不解,高琳琳说:用电高峰期,村里电力不够,得先保证绣娘们有个好环境。

▲ 每一张表格,每一个项目,高琳琳都心中有数。

满绣项目带动作用从老边村辐射到全镇,帮助带动邻村、邻乡建立 5 个满绣扶贫车间。目前,满绣扶贫车间累计培训妇女 300 余人次,本村留守妇女 36 人(占留守妇女 85% 以上),其中国标贫困户 7 人、贫困户子女 10 人。满绣扶贫车间总从业人数 100 余人,年人均收入上万元。

2020 年 3 月,市、区妇联授予扶贫车间为"巾帼扶贫微工厂"。2020 年 6 月,沈阳盛京满绣总公司授予扶贫车间为"盛京满绣非遗技艺人才培训辽西基地",培训带动周边地区妇女就业。

目前,老边村建成占地约 2 亩的仿清代古建筑厂房车间及满绣非遗文化产品展厅,可以同时容纳 200 名绣娘在厂工作,同期可培训学员 100 名。高琳琳介绍,扶贫车间还可以作为中小学生研学基地、满绣非遗项目展馆、体验馆等,发展农村体验式特色旅游。

这个项目的引进，不仅保证了贫困人口脱贫不返贫，更使留守妇女精神面貌得到改变。采访中，绣娘们七嘴八舌地说："能在家门口干活挣钱，风吹不着雨淋不着的，还不耽误照顾家里老人和孩子，多好哇。""麻将也不打了。""要不，高书记你就别走了。"

"咱明年要种更多的葫芦！"

高琳琳在村里常说的一句话就是"咱不比城里人差"。

高琳琳认为，葫芦岛市是全国唯一的以"葫芦"命名的城市，连山区寺儿堡镇位于葫芦岛市近郊，交通方便，有开发旅游的潜力。应该立足文化自信，促进乡村振兴，弘扬中华传统文化与时代精神，立足乡村，与面向世界的当代中国农村文化创新成果结合。

能不能在"葫芦"文化上做做文章呢？

顺着这个思路，她积极发起并参与策划"中国葫芦文化重要起源地、中国葫芦农创文化起源地"项目。2019年11月30日，在北京大学召开的课题论证会上，专家全票通过项目落地老边村。老边村还成立葫芦印象文旅产业发展有限公司，并对"葫芦印象"做了全方位的知识产权保护。

采访中，高琳琳指着大大小小正在晾晒的葫芦告诉记者，老边村要以葫芦文化重要起源地、葫芦农创文化起源地做依托带动农创产业发展，全面实施乡村振兴。村集体合作社种植的百亩葫芦产业园，不仅壮大了集体经济，还解决了村里留守劳动力就业。未来，要把葫芦农创产业打造成为老边村、寺儿堡镇、连山区乃至葫芦岛市新的经济增长点。

▲ 葫芦文化广场。

一边的村民说:"咱明年要种更多的葫芦,你问我对未来的发展有没有信心?绝对有信心!"

我的心已经扎根在这片热土上

高琳琳坚信:"脚上沾有多少泥土,心中就沉淀多少真情,未来也就会收获多少硕果。"

2018年底,她带领老边村当年摘掉空壳村"帽子"。到2019年底,村集体经济实现零的突破,村集体收入达到10.02万元。2019年她被评为省"扶贫志愿者标兵"。两年来先后被连山区评为"脱贫攻坚先进个人""连山好人""道德模范"。

两年多来高琳琳协调各方资金444.9万元,老边村旧貌换新颜。老百姓幸福感不断提升,村里的年轻人也陆续回村创业,参与到乡村振兴的建设中。

高琳琳说,未来的中心工作是巩固脱贫攻坚成果与乡村振兴无缝衔接。在美丽乡村环境治理不断完善的基础上,依托满绣非遗项目、葫芦农创文化产业,融合传统文化与乡村振兴,发展二三产业融合,打造好乡村旅游新载体,促进农民增收致富。

投入有回报,未来可预期。在高琳琳心里,将来,这里有非遗盛京满绣项目微工厂、盛京满绣及葫芦文化研学基地、团队建设的拓展训练基地、百亩葫芦观光园、水果采摘园、葫芦农创文化特色民宿、各具民族特点的婚宴会所等,有很大的发展前景。

"我的心已经扎根在这片热土上。"高琳琳说。

带领百姓蹚出致富路

记者手记
JIZHE SHOUJI

钱蕊硃

辽宁省疾病预防控制中心环境卫生所主任医师，铁岭县横道河子镇西三岔子村"第一书记"。

身穿迷彩衣裤，脚踩橡胶鞋，鞋帮还糊着湿漉漉的泥巴……9月4日，铁岭县横道河子镇西三岔子村细雨连绵，记者在村部的中药材种植试验田见到驻村"第一书记"钱蕊硃时，她正冒雨蹲在地里查看药材生长情况。

"这是中草药白薇，种下去两年了，你看已经结籽了，到秋天把药材籽分给村民，种这个药材可比种苞米强多了，收益至少是苞米的10倍。"看着地里长势喜人的中草药，钱蕊硃满脸欣慰。

钱蕊硃是辽宁省疾病预防控制中心环境卫生所主任医师，2018年5月14日起任铁岭县横道河子镇西三岔子村"第一书记"。

"我今年57岁，来这已经两年多了，现在这里已经成为我的第二个家，每天想的念的就是带领大家伙把日子过得更好。"钱蕊硃说，"上任第二天，村里开会时，我就坦率地告诉大家，自己这么大岁数来驻村，就是想实实在在地为老百姓干点事。"

钱蕊硃是这样说的，也是这样做的。驻村后，她对村里的自然情况进行了详细走访和了解，着手做的第一件事就是聚民心、抓党建。

"老话说得好，人心齐泰山移。大家必须心往一处

▲ 身穿迷彩衣裤，脚踩橡胶鞋，钱蕊砾查看药材生长情况。

想，劲往一处使，才能形成合力，产生效力。"钱蕊砾说，西三岔子村是合并村，有13个居民小组，5个自然屯，总户数540户，总人口1861人。全村现有党员88名，入党积极分子3人。

为抓好党建，钱蕊砾白天走访调查、了解民情，晚上住在村部，研究制定考核办法和激励措施。"了解情况中我发现，以前村里的党日活动都流于形式，只是大家坐在一起，念念文件就散会了，没有真正将有用的东西传递给村民，我想那就从最基本的事做起，把大家的心拽到一块儿。"随后，每月党日活动钱蕊砾采取点名方式，谁来谁没来都登记在册，提升全村党员自觉性、荣誉感。活动中，为了增强党日活动仪式感，钱蕊砾开会之前和会议结束之后带头领唱国歌，大家的积极性高了，参与性也强了。同时，建立党员微信群，及时发布有关信息，每年为村党员上党课不少于10次。

在每月党日活动时，大家也会聚在一起讨论村里存在的问题和村民的忧虑。有村民反映："钱书记，村里以前就说通自来水，到现在还没通上，赶上春旱咱老百姓吃水是个问题。"

钱蕊砾多方奔走，找相关部门进行协调。去年冬天，村里终于通上了自来水。

针对村里种植结构单一、农民收入有限的情况，钱蕊硃凭借自身学医的基础和对相关政策的了解，推广中草药种植，并利用假期自费去锦州、葫芦岛、抚顺、沈阳等地考察中草药、菌类种植。

几经磋商和研讨，钱蕊硃和村委会的其他成员决定利用村里的1亩空地当作试验田来种中草药，她个人出了1100块钱购买了3600棵白薇幼苗种植。白薇属于三年生的中药材，按照计划白薇第二年结籽可免费分发村民播种。在她的带动下，村民们主动拓宽种植规模，开始种苍术、沙棘、白薇等中草药。

此外，钱蕊硃还鼓励农户养殖黄牛，并帮助村里盖起了7个大棚，发展棚菜种植。

"关键看你能不能吃苦，眼中有没有活，只要肯干，农村处处充满商机。"钱蕊硃说。

眼下，承包大棚的村民已经在大棚里种上了时令蔬菜和水果，过不了多久，新鲜的蔬菜和水果就能上市了，这样村民在农闲时也有了一笔收入。

乡村建设，也不能忽视精神文明。村容村貌是一个村的门面，钱蕊硃经过努力，帮助西三岔子村申请成为"2019年度省级美丽示范村"，获得几十万的民生建设资金。这笔钱不仅用来为村里盖了7个大棚，还改扩建了文化广场，安装了健身器材和太阳能路灯，并将临街住户的围墙修建为文化仿古墙，使得村容村貌焕然一新。

钱蕊硃为村民办的实事、好事不止这些。她自掏腰包800元在春节前看望村中百岁老人，花2400元为村广场舞队购买服装、运动鞋，在庆祝新中国成立70周年"我和我的祖国 劳动筑梦"铁岭市职工全健排舞展演中荣获三等奖，是近年来横道河子镇取得的最好成绩。

在村里，提起钱蕊硃老百姓赞不绝口："钱书记来了，给咱们带来了福气，咱们村变化大了。"看着百姓脸上洋溢着开心笑容，钱蕊硃心里的干劲更足了。她说："驻村工作还剩一年的时间，我会继续做好传帮带工作，让村民的钱包真正鼓起来，小康路上我将不遗余力，带领村民继续前行。"

为乡亲们铺上一条"致富路"

记者手记
JIZHE SHOUJI

一场秋雨后,铁岭市昌图县老城镇安家村拔节而生的高粱乌米迎来了第二茬丰收。辽宁村福食品加工有限公司厂区大院里的高粱乌米长势更好。

8月19日,记者来到这家公司时见村民们忙得欢。有的从高粱梗上掰乌米,有的把刚采摘下来的新鲜乌米打包装袋。加工车间里,种植大户李国友正低头配制乌米面粉。身边有几名妇女用调制好的乌米面粉手工包制黏豆包。

赵忠良

省纪委监委正科级纪检监察员,2018年5月任铁岭市昌图县老城镇安家村"第一书记"。

▼ 赵忠良(左)接受记者采访。

李国友的手机在一旁不停地响，他还没来得及拿起电话，就见门外村党支部"第一书记"赵忠良急匆匆地进来了。"好消息，这个订单大！"赵忠良嗓门大，十几名农户齐刷刷地抬头。

"感谢赵书记，又帮我们找到销路啦。"生产车间顿时欢声笑语，他们不约而同地说，赵书记带大家奔小康。

"我的工作职责就是为安家村的乡亲们铺上一条'致富路'，让他们尽早过上好日子。"

2020年8月19日，昌图县老城镇安家村党支部"第一书记"赵忠良急匆匆地走在通向种植大户李国友家的水泥路面上，一手拎着一袋刚刚磨好的高粱乌米。还没走进人家家门，赵忠良老远便喊，"好消息啊，省城大饭店刚打电话来，要大批量订购咱安家村的高粱乌米了。"

高粱乌米有销路，意味着安家村明年可以继续扩大高粱乌米种植了。"致富路"拓宽了，赵忠良对此高兴得合不拢嘴。

还有一件让赵忠良高兴的事，就是头一天他组织村民组长商量秋季环境整治，会没开完，就有十几个村民来村部送绣锦。"感谢小赵书记，申请来省里资金，把村路铺到了咱家门口，有了村路，心里亮堂多了。"

2018年5月，赵忠良从省纪委监委选派到安家村，担任村党支部"第一书记"。驻村第一天，他翻看"旧账本"。赵忠良问老党员村里有啥没啥，他们答，三没一多——没路、没钱、没项目，贫困户多。

安家村有9个自然屯11个村民组，赵忠良走了个遍，他发现多数村路是坑坑洼洼的土路。"哪个庄稼人不盼下雨？我们不盼。"贫困户李亚民说，因为一到雨季，到处泥水，走路迈不开腿，外地收购车进不来，大葱白菜都能烂在地里。

想致富先修路。赵忠良跑省、市交通部门，申请资金800多万元，铺平15公里村路。

想致富还得有项目。赵忠良组织村民到富裕村去考察，学习人家好经验好做法。村民李国友大胆提出，他想在村里搞高粱乌米食品加工，赵忠良举双手赞成。"咱把高粱乌米销售变成特色产业，带动村民致富。"赵忠良扶持李国友建成我省第一家高粱乌米加工企业。高粱乌米加工企业建成后，除了

▲ 赵忠良向外地客商推荐用高粱乌米面制成的新产品——黏豆包、煎饼和冷面。

让10户贫困户稳定脱贫外,还能让60户农户增收。企业以土地流转承包和农户代种产品回购形式,动员村民改种经济价值高的高粱乌米,鼓励村民成立农业合作社,村集体再以"村企合一"形式为企业投入资金,年底就实现分红。

为增加村集体收入,赵忠良还改造了一块户外宣传牌,说服好几家企业在牌子上做广告。广告牌如一块金字招牌,不仅宣传了安家村,而且让村里有了几十万的收益,乡亲们说,安家村的好日子来啦。

"赵书记来了后,我们村的变化大。"村民们争先恐后告诉记者,赵书记从村民期盼的小事做起。

变化一:过去,这里是一块面积有5000多平米的大水泡子。夏天垃圾成堆、污水横流。

赵忠良协调资金,将陈年污水坑填埋,改建为村民健身广场,并安装了健身器材和太阳能路灯,让村民有地方休闲了。

变化二:改造前的村委会,冬天透风,夏天漏雨。

改造后,村部有图书馆、会议室、卫生所,免费向村民开放。

变化三:过去没有像样的路,村民出门晴天一身土、雨天一身泥,外地客商不爱来,村民们自己都不爱出门。

现在，户户通水泥路，村屯内环境整洁、村路双侧植树种花，还有文化墙。

变化四：过去，基层党建弱。现在，在抓党建中发展民生，在发展民生中夯实党建。赵忠良不定期带领村干部和村民党员上党课、抓学习。

变化五：为群众办实事，从一件件小事做起。

贫困户王晶晶2013年在中国医科大学附属医院住院的病历遗失，不能办理低保手续，赵忠良多次跑到医院，协调院方查找原始病历，并为王晶晶出具了权威的诊断证明，及时办理了低保手续。贫困户李亚民家里顶棚失火，70多岁的老母亲生活没有着落。赵忠良帮助到民政部门申请临时救济金，组织村"两委"干部捐款为李亚民家修缮顶棚和门窗。村民翟秀华上高三的女儿患皮肤病不能住校，赵忠良多次找到教育局和学校领导，为孩子办理了校外住宿手续，保证了其治病上学两不误。

驻村两年多来，赵忠良帮助群众解决身边的难心事闹心事。为安家村7户建档立卡贫困户申请了C级危房翻建和D级危房改造，有效保障了贫困户住房安全。

正是我省广大选派驻村工作干部的好作风带来群众致富好劲头，推动乡村振兴！

二进拉各拉

记者手记
JIZHE SHOUJI

"村部前这条道一直是我的一块心病,河道在这打弯,一发水就冲路基,再这么下去,就把路掏空了。"

站在村委会门口,刘胜伟皱起眉头,想着有什么办法能解决这个问题。

2015年和2017年,刘胜伟分别以驻村工作队队长和村党支部"第一书记"的身份进驻阜新蒙古族自治县招束沟镇拉各拉村,解难一直是他的工作思路,实干一直是他的工作作风。

一进拉各拉

2015年,作为扶贫工作队队长,刘胜伟首次来到拉各拉村驻村一年。

刚到村里,刘胜伟就吃了"闭门羹"。村委会院里的野草没人高,门窗都没了,根本找不到村干部。问村民才知道,村委会已经荒废多年,村干部根本不到村里来办公,村民有事都到干部家里去找。

安顿下来几天了,也没有村干部跟工作队介绍情况、研究工作,也没有村民来反映情况,"这不行",刘胜伟跟两个队员商量,"一家一户走访,就不信摸不出真实的情况。"

刘胜伟

男,汉族,1969年1月出生,1997年8月入党,省就业和人才服务中心失业保险部副部长,阜新蒙古族自治县招束沟镇拉各拉村"第一书记"、驻村工作队队长。相继被评为"最美扶贫人""省定点扶贫先进个人""辽宁省民族团结进步模范个人",原型出演省委组织部策划的《外来书记》电影,先进事迹登载省委组织部《第一书记风采录》。

▲ 刘胜伟（左）

工作队自己准备了照相机、摄像机，自行设计了107项内容的《贫困户信息表》和对村"两委"班子的意见建议，每天早饭后就开始徒步走访。中午遇到村里小卖店就买点面包和水对付一口，买不到吃的就饿着走一天，一天两顿饭是常事。

拉各拉村是由两个村合并的，共有8个自然屯，27个村民组，东西跨度7.3公里，南北狭长12.6公里，工作队用了整整四个月时间，把全村865户村民全都走了一遍。

刚开始，村干部对工作队的走访不感冒，认为这是在做无用功，但刘胜伟把半人多高的调查材料摆在村镇干部面前，村镇干部说，没想到，扶贫工作队的工作做得这么扎实。

走访过程中，工作队收集了150多条意见，帮助422户建立电子档案，精准识别贫困人口108户289人，并与镇村沟通，将应纳未纳入的25户贫困户纳入保障范围。

二进拉各拉

2017年，单位决定向拉各拉村选派新的"第一书记"，心里一直对拉各拉村放心不下的刘胜伟主动请缨，再赴拉各拉村。

2016年离开拉各拉村之前，刘胜伟筹集了10多万资金修缮了村委会，捐赠10多万的办公用品，希望崭新的村委会能成为党员干部为民服务、带民致富的根据地。当他再次返回拉各拉村的时候，眼前的景象让他心里凉凉的，村干部还是不到村委会办公，办公室里积了一层厚厚的尘土。

▲ 拉各拉村的每一寸土地上，都留下了刘胜伟履职担当的脚印和汗水。

刘胜伟自己买来扫帚、抹布，挨个屋打扫卫生，又购买了党旗、党徽，各种规章制度上墙。刘胜伟的行动把村党支部书记感动了，主动过来帮忙，他又把镇党委书记请到村里，在收拾得干干净净的村委会里，给全体党员上了一次党课，过了一次组织生活，重温入党誓词。"不仅村委会无尘，党员干部的心里更要无尘。"

刘胜伟和队员仔细地分析了拉各拉村的情况：基层党组织薄弱，干部作风涣散，群众意见不少，致富项目不多。

有什么问题就解决什么问题，刘胜伟决定从抓党建、抓民心、抓项目入手，从里子到面子，都让拉各拉村焕然一新。

抓党建

建阵地，让党的旗帜飘起来

加强村党组织阵地建设，是刘胜伟驻村的首要任务。

经过几年的努力，整合多方资源，置办办公设备、硬化村部广场、美化村部环境、建设妇女儿童之家、建设扶贫车间、建设红色驿站等设施，通过这几年的强基固稳，把一个软弱涣散村建设成为党建引领示范村，拉各拉村村委会也成了远近闻名的红色驿站。红色驿站分为七个展室和一个长征主题墙，今年 6 月 5 日竣工，7 月 1 日就接待了 20 多个党支部参观。

抓组织，让村级班子强起来

紧抓党建不放松，实施"班子队伍一起抓、思想观念一起带、脱贫攻坚一起干"的"1+1+1"工程，确保了脱贫攻坚和组织建设融合共进，使"两委"班子的精神面貌焕然一新，为老百姓着想的多了，干实事的多了，新"两委"班子赢得了群众的信任和支持。

带队伍，让攻坚能力提起来

"作为第一书记，迟早要离开拉各拉村，培养出一支强有力的干部队伍，就留下一支带不走的工作队。"通过"两学一做"，提高政治素质；落实"三会一课"，提高政治理论；开展主题党日活动，提高政治实践。同时，对标三个《条例》找差距、抓落实，使村干部的战斗力明显增强。

为了展示主题教育成果、脱贫攻坚成果和"三沟实干作风"，刘胜伟协调县委组织部、派出单位投入 13.5 万资金，建设了"实干作风红色驿站"，为拉各拉村党建工作打造了一块新阵地，"红色驿站"倾注了刘胜伟的心血，他风趣地说："我既是设计师，又是施工队，还是解说员。"

抓民心

民心是最大的政治，2015 年和 2017 年两次驻村，刘胜伟都将抓民心作为出发点和落脚点。

走村入户、化解难题已经成为他的常态化工作。"没事多往群众家走走，碰到啥问题就给百姓解决啥问题，这是我的工作常态，老百姓看到我就拽着我说'刘书记，好几天没看到你了，唠一会儿唠一会儿'，我心里特别热乎，咱得给老百姓干点实事，才能对得起群众对咱们的信任。"

刘胜伟自掏腰包给刘本林家安装水泵，给颜炳付家购买御寒设备；协调华润公司，解决杨万军家因建风电而导致的庄稼被冲毁问题，赔偿 2000 元；

解决敖井和家长期无法解决的低保问题；协调铁塔阜新分公司，解决拖欠贫困户何忱家三年的土地占地费用9000元……

每一件事后面都是刘胜伟为群众办实事、解难题的初心，贫困户眼中的泪水变成脸上的笑容的过程中，党员干部与群众的心也离得越来越近。

抓项目

劳务输出活村，光伏产业利村，满绣车间兴村，山里红经济富村，暖棚樱桃惠村，庭院经济绿村，儿童之家美村，红色驿站强村。

几年来，刘胜伟以产业发展为核心，形成了四梁八柱式的发展模式，年拉动经济增长1500多万元。

刘胜伟发挥自己的特长，协调派出单位投入5万元在招束沟镇举办省级劳务输出洽谈会，帮助用工企业与村镇对接，引导村民就业脱贫。几年来，拉各拉村累计输出597人，其中建档立卡贫困户52人。

为了帮助不能外出就业的村民增加收入，2018年初，刘胜伟引进了"盛京满绣"项目，投入22万元在村里建设扶贫车间，采取订单模式，实现就业22人。

为了壮大集体经济，刘胜伟引进辽宁星禾农业科技公司，协调资金100万入股，建设200亩山里红制品特供果园，总投资430多万，今年开始按投入资金的10%给村里分红，连续8年，第8年把100万返给村里，后11年

▲ 村民制作的盛京满绣工艺品。

村里占股25%，按股份占股分红，年平均分红四五十万元，预计累计增加村集体经济600万元左右。

为了让建档立卡贫困户能够有稳定的收入来源，刘胜伟为建设温室大樱桃提供方案，以建档立卡贫困户的扶贫资金入股，每年为建档立卡贫困户分红。利用企业捐赠款3万元，免费为贫困户建山里红庭院经济示范园，增加村民收入同时，也美化了村屯环境。

为了给留守妇女儿童建设一个温暖的"家"，刘胜伟协调省妇联投资17万元，在村部建设了妇女儿童之家，美化了村部面貌。

党建强村，产业富民，拉各拉村的每一寸土地上，都留下了刘胜伟履职担当的脚印和汗水。

为乡亲铺就致富路希望路

记者手记
JIZHE SHOUJI

11月18日,一场冬雨淅淅沥沥地下个不停,气温骤降。南三家子村"第一书记"刘洪添顶着雨来到村里的羊舍。

"最近羊总闹病,我也不知道是怎么回事。这天儿一下子冷啦,我真怕羊感冒,这100多只羊是我们一家的命根子啊!"72岁的养羊人李守宪显得格外焦急。

"羊有什么症状?最近在喂食上有什么变化?别担心,咱们可以找专家咨询一下。"刘洪添走进羊舍,一边说,一边和李守宪一起查看羊的状态。几句话让李守宪心里稍稍安定下来,紧皱的眉头也舒展了不少。

"刘书记就是有办法,他来的这两年多,给我们解决了不少难题。"李守宪说。

南三家子村坐落在朝阳县清凉山深处,从山口到谷底有8个自然村、300多农户、1200多人。刘洪添刚到村时,村里有建档立卡贫困户40多户,集体经济收入为零,到备耕时,有的人家

刘洪添

辽宁大学后勤发展集团党总支秘书,现任朝阳市朝阳县二十家子镇南三家子村驻村"第一书记"。

▼ 刘洪添(右)和村民查看羊的饲养情况。

连种子、化肥都没钱买……了解到这一情况,刘洪添在微信朋友圈中发起捐款活动,仅一天时间,就募集到3万多元,用来购买化肥,分给贫困户,解了农户的燃眉之急。

扶贫更要扶志。如何把村民的精气神调动起来?得从为村民解决难题开始。

经过调研,刘洪添发现,这里村路狭窄而曲折,5段路基多年前就出现了安全隐患,一直不敢通行重型车辆,影响了村里的经济发展和村民出行。修路,修的是一条通往市场的致富之路,也是通往美好生活的希望之路。

有想法还要有行动。刘洪添前后自掏腰包1万多元,同时寻求支持,为村里"化缘"了20吨水泥和100立方米石头。他和村干部一起努力,号召村民出义务工。全村群众先后投入人工200人次,完成了村里5段路基的修建工作。这条路被村民称作"党群同心光明路"。通过这条路,村里的大枣可以运往更远的市场。

刘洪添继续协调资金跑项目、筹资金、找客商,先后为村里投入各种扶贫建设资金500多万元。

打赢脱贫攻坚战,发展产业才是出路。按照"党支部+经济实体+贫困户"模式,村里建设了扶贫羊舍,每年可增加村集体收入8万元,同时带动110人脱贫。

大枣是村里的主导产业,全村人均拥有枣树约70株。但朝阳地区十年九旱,干旱缺水的环境影响了大枣产量。刘洪添与各方联系,争取到7万元资金,为村里打了两眼抗旱机井,彻底解决了枣树和农田的灌溉问题。大枣丰收后,又筹集资金12万元,在村里新建了一座300立方米的冷藏库,解决了大枣的存储和销售问题。

此外,村里还新建了文化广场,对40年前建的塘坝进行清淤,除了满足耕地的灌溉需求外,还可以发展特色旅游。

"我相信,今后,乡亲们的日子一定会一天比一天甜。"刘洪添信心满满地说。

"挑担子的小伙"
带着二道河村闯出生态循环农业新路子

记者手记
JIZHE SHOUJI

"马书记放心,我家好好的,没受大雨影响。"看到马野上门,二道河村72岁的村民苏红旗说。

"腿上的伤疤上山采蘑菇弄的吧?您这年纪,尽量少上山。"马野千叮咛万嘱咐。

当天是星期一,从沈阳赶回来的马野,把东西放在住处后,就立刻赶往村里。

驱车上山,来到村里的养殖业合作社,他与这里的负责人常福奎仔细交流:"饲料够不够,没有受潮吧?"

在合作社的养鸡场,村干部刘佳告诉记者:"都是溜达鸡,产的有机蛋供不应求,还有个响亮的品牌——'挑担小伙'。这也是马书记的网名,他是真能干。"

返回村委会的途中,马野指着路边一片金色稻田说:"这是村里的生态水稻种植基地,采用'古法种植+高科技益生菌发酵+河蟹伴生+可视农业'模式,产品绝对绿色。"

2020年9月14日上午,刚刚从沈阳回来的马野,就立即驱车从清原满族自治县南山城镇赶往二道河村。到72岁的村民苏红旗家转转,"前段时间下大雨,他家住得远,不放心";上山到腾达种养殖合作社的养牛场,看看"饲料够不够,受没受潮";习惯性地走进已经脱

马野

省检察院办公室副主任,2018年5月被选派到清原满族自治县南山城镇二道河村任"第一书记",被评为"辽宁省人民满意政法干警""辽宁向上向善好青年"。

▲ 马野在田间观察水稻长势。

贫的刘庆武家，看老刘身体如何，最近有什么事需要帮助……

2018年5月6日，马野正式成为一名选派乡村工作的干部，告别热爱且熟悉的工作和环境，选择了远方，也选择了挑战。

如今，在二道河村任"第一书记"两年有余，这位年轻的"全省检察业务专家"，已经带领村里的父老乡亲走上了一条生态、绿色、高效现代农业发展新路子。

"马书记的网名是'挑担子的小伙'，的确名副其实。"村干部刘佳说。

"刚上任时，尽管已经做好吃苦受累的准备，但考验来得还是太具体、太现实。不会干，就从调研开始；没有头绪，就从走访做起；不懂业务，就去培训、去学习，多走田间地头。"马野说，"这两年我无数次鼓励自己：坚守初心，才有远方。"

不驰于空想，不骛于虚声。上任不久，这位辽宁省检察院选派的"第一书记"，坚持用心抓好党建，将党建工作作为牵动农村发展和治理的"总开关"。

广泛走访和调研后，马野细心制定出1.2万字的"二道河村三年发展规划"，并协调规划部门制作乡村规划图，以"12345"发展规划及"1+5"的"党建+"（即"党建+团建+精准扶贫+集体经济+精神文明+旅游"）工作思路为基准，通过基层组织建设和集体经济建设一起抓、基础设施建设和精神文明建设"两个一起抓"等措施，全面推进、突出重点、纲举目张，绘就了以党建工作统筹二道河村经济社会全面发展的美好蓝图。

经济基础差、理念滞后是制约农村发展的根本原因，也时时刻刻牵动着马野的心弦。他认识到，发展集体经济需谋划好带领乡亲致富的"金路子"，要解决发展中的资源缺少整合、人才缺乏和资本缺失的要素问题，才能牵住脱贫致富的"牛鼻子"。

经过深思熟虑，马野提出了"区域生态循环农业促进一二三产融合发展"的发展思路，村"两委"经过充分调研论证，决定依托地处长白山余脉、吉林柳河（即"辉发河"）源头的生态优势，因地制宜，整合水源头流域内2个村4个屯一起发展"流域生态循环农业"，采取村集体控股、村"两委"班子带头、村民自愿入股的模式，筹集资金111万元，成立了股份制合作社。该模式把村集体与村务管理分开，解决了原有的集体经济承担无限责任的风险，充分激发了村干部、党员、村民的积极性，通过集体经济发展带动精准扶贫，由"输血"向"造血"转变。

▲ 马野（左）和村"两委"班子研究下一步工作。

▲ 马野（中）入户走访。

合作社下设"生态养殖+生态种植+农机及秸秆回收"三个项目部。生态养殖事业部已经建起了220余亩的山林养殖基地，现在山上养殖跑山溜达鸡2000余只，山下养殖安格斯黑牛50余头，牛粪发酵还田用于生态种植。生态种植事业部建立了近百亩水稻种植基地，采用"古法种植+高科技益生菌发酵+河蟹伴生+可视农业"的现代化管理。农村每年焚烧秸秆是一大污染源，为了解决这个难题并变废为宝，合作社成立了农机及秸秆粉碎事业部，设备到位后，对秸秆粉碎打包，可以自用于生态养牛和外销，并为村民提供农机有偿服务。现在，秸秆粉碎及农机事业部完成场地平整10余亩，设备采购也如期进行，项目建成后将真正实现"循环、绿色"发展。

目前，合作社已经成功申请"挑担小伙"商标3类，增加就业岗位8个，增加用工1000余人次。销售收入30余万，带动贫困户20余户，近40人，有效地增加农民收入，在推动产业扶贫和村级集体经济发展方面取得扎实成效。

在村民刘庆武的心中，马野是自己最可信赖的人和最有力的依靠。

因没有技术和身体原因，刘庆武一度成了全村最贫困的人家。马野上任不久，就主动来找刘庆武拉家常，琢磨挣钱的道儿。2019年，在马野的鼓励支持下，刘庆武养羊20余只，成功脱贫。

脱贫的路上不是一帆风顺。除了妻子患病住院外，老人去世、小腿骨折截肢等意想不到的事也一股脑儿地找上刘庆武。每遇到困难，马野都尽全力帮助他，并筹集6000余元用于他身体康复和恢复生产。

在马野的全力帮助下，老刘已经能下地干活，地里的玉米今年全是自己动手种下的，老刘爱人身体也恢复了，偶尔还能帮他搭把手，家里又充满了生气和希望。

其实不光刘庆武，全村的每一个贫困户在马野心中都是沉甸甸的。上任伊始，他就带领村"两委"班子逐户研究、细化帮扶措施。对村里未完全脱贫的贫困户，马野采取具体措施"帮"和"扶"：对无劳动能力的主要就是"帮"，通过扶贫产业资产的分红、低保兜底、包户干部帮扶为主；对有一定劳动能力的主要是"扶"，其方法是"扶心"。

马野说，精准扶贫工作脱的是"贫"，但聚的是"民心"，也是实践"群众工作"的方法，精准扶贫只有"扶心"才会有"志"和"智"。他坚信，有中央的好政策，大家齐心协力，年底这 8 户 16 人一定能如期脱贫。

"过一段新的生活，交一些新的朋友，长一点新的才干，做一些新的贡献。"精心选育产业，以"党建＋集体经济"带领二道河村闯出一条发展新路，"挑担子的小伙"马野充实而快乐。

到任不到半个月，
村民就送来了锦旗！

记者手记
JIZHE SHOUJI

张剑夷

省公安厅食品药品犯罪侦查总队副总队长，2018年5月任葫芦岛市南票区大兴乡石灰窑村"第一书记"。

▼ 张剑夷在葫芦岛市南票区大兴乡石灰窑村驻村扶贫。

初秋的辽西，天空高远，碧蓝澄澈。穿过一排排玉米地，就到了位于南票区大兴乡石灰窑村的省公安厅香菇扶贫基地。这里，村民刘洪宇正和左邻右舍、邻近村屯的10多名"工友"一起"制棒"，运料、拌料、传送，配合默契。

"在这里打工，计件、日结，一年能挣个5万多元，收入稳定。"说话间，看到村里的"第一书记"张剑夷走了过来，刘洪宇言语间充满感激，"建基地、跑资金，都是张书记的功劳。"

"为村民办好事、办实事，张书记这两年一点没闲着。"村党支部书记王海防告诉记者。

石灰窑村水泉屯村民送锦旗时，张剑夷到村里任"第一书记"还不到半个月！

两年多来，这面锦旗一直静静地挂在石灰窑村村委会的墙壁上。

2018年5月8日，在省公安厅环保总队任职的张剑夷主动请缨，来到葫芦岛市南票区大兴乡石灰窑村驻村扶贫。

没几天,村民很快就喜欢上了这位新来的"第一书记",因为张剑夷一到村里,就自掏腰包帮助水泉屯30多户村民解决了吃水难这一燃眉之急。

当时,听说村里来了个"第一书记",村民就纷纷找他"办事"。

首先找上门来的就是水泉屯的村民。他们反映,屯里自来水水泵坏了两个多月没解决,都自己到邻屯拉水。

调查了解情况后,张剑夷发现这事是因为历史原因造成的,但村民"等不了",于是立即自掏腰包4000元购买了新水泵。水泵有了,但水井年久失修井壁坏损严重,他又二话没说自掏腰包重新

▲ 为村民办好事、办实事,张书记这两年一点没闲着。

▲ 张剑夷到贫困户家走访。

挖井。挖井期间,他协调了一台专用拉水车拉水。

挖井之时,张剑夷在现场6天6夜盯着,井深由110米增加到130米,38户90口人结束了两个多月没水吃的日子。

工程结束一算账,买水泵和挖井总共花了近3万元。

为了感谢张剑夷,水泉屯的党员门给他送了锦旗——"自筹资金引来泉水,不忘初心造福百姓。"全屯百姓也送了锦旗——"干实事,得民心;真拥护,好干部。"

张剑夷在驻村日记中写道:"虽然这几天在工地上很累,但是看见大家雀跃欢呼着'张书记,有水了,有水了'时,我的心里也是非常激动,感觉

到很充实，很有意义。今后的工作中，我依然要多为大家办好事、办实事。"

为村民办好事、办实事，这两年，张剑夷每一天几乎都在为此而忙碌。

他协调资金 7 万元，为三家子屯 36 户村民安装了自来水，协调资金 13920 元，为 19 户贫困户提供春耕复合肥 116 袋，还为村民平整"收秋路" 4.5 公里……

驻村后，他安下心来、扎下根来，从建强堡垒、夯实党建基础开始，协调 1.2 万元经费修缮了村部，带领全村党员开展"两学一做"学习教育和"不忘初心、牢记使命"主题教育，通过党建知识竞赛、开展红色教育等方式，提高全村党员的政治意识和奉献意识。

要打赢脱贫攻坚战，就要兴办产业；要兴办产业，就要因地制宜。张剑夷根据本村材木秸秆多和部分村民有种植经验的实情，经反复商讨，与村"两委"班子达成了"树特色、建基地、创品牌"的发展共识。

思路确定以后，立即行动。这两年，石灰窑村先后引资投入 510 万元，建成食用菌基地项目，采取"基地＋村集体＋农户"经营模式，该项目占地 50 亩，建 7 个高标准化大棚，并建立拌料制棒车间和冷库，实现制棒、介菌、培养、生产、仓储一体化。首批投放 30 万菌棒，2019 年底出菇上市，当年就有收益，村集体实现 3.2 万元收入，还带动了全乡建档立卡贫困户 305 户 613 人增收，同时解决了本村和附近村民 100 余人就业。

不知不觉，在村里工作已过两年时间，张剑夷感到很踏实："最高兴的是，扭转了石灰窑村'村内矛盾重重、财务管理松散、遗留问题积压、经济发展停滞'的局面，村民也有了精气神、凝聚力。"

在村里的百姓看来，张剑夷是他们的贴心人、脱贫的领路人和党建的明白人。这也正如张剑夷在日记中写下的："不忘初心思民富，牢记使命解民忧，投身乡村终不悔，挥洒热血铸警魂。"

让每个村民的生活
更有奔头儿

记者手记

JIZHE SHOUJI

寒冬时节，柳林村的草莓温室大棚却充满生机，草莓秧上挂满草莓，一个个色泽鲜艳，长势喜人。村民们正小心翼翼地将草莓打包装箱。

"张书记，快尝尝我刚摘的草莓，又甜又多汁，这茬肯定能卖个好价钱。"种植大户邱晓国边说边把草莓递给张鹏飞。看见张鹏飞，村民们也放下手里的活儿聚拢过来，七嘴八舌唠起扩大草莓销路的办法。

今年，柳林村引进的草莓新品种"香野"预计产量近1.75万公斤，一箱箱草莓被运往村里的家庭农场进行冷藏、加工、包装，再销售到全国各地。

2018年5月，张鹏飞到柳林村任职。走在破损不堪的路上，他就下定决心，要让村子大变样。

柳林村是前阳镇倒数第一的"空壳村"，村集体多年来没有经济收入，还欠了100多万元外债。村民的日子更是紧紧巴巴，除了种植玉米，再也没有其他收入。

柳林村的草莓好吃在当地是出了名的，但因为种植规模小，难以形成气候。2018年7月，张书记着手建立柳林村第一个合作社，发展壮大冷棚草莓产业。为了筹措资金，他和村干部辗转镇上的几家银行，申请到了足够的贷款。经过艰辛的努力，终于在当年9月成立了

张鹏飞

辽宁省博物馆鉴定部（国家文物进出境审核辽宁管理处）馆员，丹东东港市前阳镇柳林村驻村"第一书记"。

▲ 张鹏飞（左）与农民一起检查草莓质量。

柳林村第一个合作社。

为了进一步增加农业收入，让草莓产业步入发展"快车道"，2018年底，张鹏飞向上级申请了50万元扶持资金，用来推进"党建+合作社+农户+电商"新型产业经营模式，在村里建了两座温室大棚，采用租赁形式，每年为村级集体经济带来6万多元的收入。

现如今，柳林村已经建起124栋草莓温室大棚，扩展到旱地种植九九草莓。全村共成立6个合作社、1个家庭农场，不仅带动70多户温室大棚农户收入翻番，更为村民提供了300多个就业岗位，给柳林村建立了稳定发展的产业。

"着眼未来，我打算再建设两个大棚基地，扩大'香野'草莓的种植面积，让村里的每个人都有活儿干，努力实现村民和村级集体经济双赢的目标，让每个村民都有钱赚，生活更有奔头儿。"张鹏飞信心满满地说。

第十章 战贫微镜头

零投入，当股东

小院干净利落，屋内清新整洁，这是 70 岁的建档立卡贫困户尹贵家。尹大爷说，去年年底他家分了 2 万元红利。一年拿这么多钱，咋有这等好事？

别不信！凌海市新庄子镇共 14 个村，有建档立卡贫困户 77 户、150 口人。去年每人都拿到 2000 元至 4000 元不等的分红。大明村的尹大爷和老伴身体不好，加上儿子、儿媳和孙女，一家 5 口人每人 4000 元。

"这样的分红持续 4 年了。"新庄子镇副镇长刘健说，2016 年，省里给贫困人口每人发放 800 元转移资金，为让贫困户有长久收益，镇里决定将这笔钱"打包"入股凌海市圣田蔬菜专业合作社。"一亩地一人投 3300 元，剩下 2500 元缺口由镇财政补齐，年底一人分红 1000 元。"这家成立于 2006 年的合作社主要种西蓝花，种植面积近 3000 亩，所产西蓝花一半卖到南方，一半出口韩国、马来西亚。

西蓝花，一年两茬，一茬一亩能收两千七八百棵。"今年市场行情好，一棵卖到 3 元钱。"合作社负责财务的赵洪英说，5 月至 7 月是西蓝花采收季，眼下正是地里最繁忙的时候。

6 月 11 日中午，太阳正高，新庄子镇姜木村西蓝花地里，10 多位农民在硕大的叶片间忙着采收。"采完的西蓝花简单加工后就运往各地销售了，下一茬要在 9 月至 11 月采收。"赵洪英告诉记者，多的时候，附近 200 多村民在这打工。

新庄子镇交通便利，产业发达。"除了入股蔬菜合作社，镇里还分别与一家甘薯合作社和一家畜禽合作社合作，年底每人可分红 300 元和 500 元。"刘健介绍，几份分红叠加，贫困户家庭收入节节拔高！"去年咱镇就全部脱贫了，更好的日子还在后头！"

新庄子，产业兴旺，底气十足。

油菜花开"金"满园

6月15日，清晨推门，望着170亩油菜花海，盖州市双台镇黄旗堡村书记巩波拿起手机拍照并发了一条朋友圈："这就是俺村儿！"

一会儿，十几条回复："想去""真美""咱村真好"……巩波满脸骄傲。

3个多月，荒地变景区，村里没花一分钱，贫困户多份分红，还带火了农家游。咋办到的？事情还要从防疫说起。

双台镇是远近闻名的温泉小镇，受新冠肺炎疫情影响，旅游收入大幅下滑，贫困户没地儿务工，分红也受到影响。2月中旬，镇党委书记李贵广带队到黄旗堡村督促防疫，看着村部旁的荒地动起脑筋，"能不能干点室外旅游项目，既弥补损失又能让贫困户有个来钱道儿？"于是，一场"头脑风暴"在村部刮起。最终"花海＋水果采摘"的"精准扶贫观光园方案"出炉。

依托温泉资源，双台镇客源丰富，旺季每日可接待游客超万人次；盖州市是水果之乡，搞采摘既不缺品种也不缺技术；种油菜俩月开花，仨月产籽，见效快又稳妥；花谢后再栽一茬油葵，可两季看花、两季收籽。

说干就干，李贵广马上联系盖州市扶贫办协调扶贫资金，接洽葫芦岛市粮油企业供种收籽。巩波赶紧通知有劳动能力的贫困户"整地"，干一天给100元。一个月后，地平了。又一个月后，花开了。

看着花海边略显突兀的围挡，李贵广拨通周边旅馆、饭店等商户的电话。一周时间，观光园旁立起100多块广告牌，连甬路旁的旗子上都印着电话号码。

"眼下大伙不愿远走，周边城里人都来咱这儿玩。到周末全是外地车，成人票15元，停车费10元，5月25日试营业，半个月光门票收入超过18万元，广告费有六七万元，油菜籽还能卖七八万元。"巩波乐呵呵地算着账。

这几天，李贵广正急着为7月初就得下地的油葵找种子，他还合计着再建个榨油厂，搞旅游加农产品深加工。

"到时，大伙的日子比花香，比蜜甜。"李贵广信心满满地说。

"团团小集"公益助农卖货忙

"我给绿波园捎一袋大米、一袋面。""我给园丁小区送10斤香瓜。"……6月30日,共青团朝阳县委的干部,在结束一天的工作离开单位时,相互如此道别。

"自打'团团小集'上线,咱县团干部就都成了义务配货员和配送员,已经2个多月了。"6月18日,朝阳县文旅大厦外墙下,在共青团吉祥物"团团"的卡通形象前,团县委书记于江涛一边解释,一边掏出手机,为"团团小集"拉粉丝,"别忘了看我们的直播,我们带货也挺专业的。"

"团团小集"是团县委搭建的网上公益助农平台。年初,受新冠肺炎疫情影响,往日销售火爆的朝阳县农副产品,尤其是扶贫企业的产品滞销严重。见此情况,团干部利用午休时间,在通往县机关食堂的路两边摆起了地摊,帮企业推销产品。质优价廉的产品和扶贫助农的理念,让商品十分热销。

初试成功,大家信心倍增。然而,线下卖货,虽帮助部分农户缓解了产品积压,但一些生鲜类产品的出路仍然受限。

搭建线上平台,发挥团组织优势,调动团员青年共同为扶贫助农出力。主意拿定,全县团干部迅速行动,30天完成滞销农产品信息调研、农产品企业对接、平台搭建等工作。4月9日,"团团小集"公益助农平台正式启动,朝阳县农产品线上集中销售成为现实。短短2个多月,"团团小集"平台已集合了朝阳县35家农产品企业的59个品类产品,平台粉丝量突破1万人。

"入驻平台以来,企业完成300多笔订单,有40户贫困户因此直接受益,每户平均增收5000余元。"看着公司出产的"大嘎图"小米被各地消费者追捧,辽宁绿谷农业发展有限公司总经理张志新连呼"没想到"。

让大家没想到的不仅是平台的销售业绩,"在'团团小集'的带动下,越来越多的干部开始了公益服务,帮助企业和农户销售农产品。"朝阳县扶贫办主任钱德志介绍。

昔日"被扶"，今朝"帮扶"

"慢慢都会好起来，过去我家比你家也强不了多少。"6月10日，辽宁省开原市八宝镇大湾村村民宁宝忱的家中，李文聪一边查看墙上的"明白卡"，一边和老两口唠家常。

眼前憨态可掬的小伙子，64岁的宁宝忱看着打心眼儿里稀罕，于是像竹筒倒豆子一样向对方讲述自家的点滴：一家五口人四口有病，这些年看病，不仅掏空了家底，还拉下饥荒，要不是扶贫政策好，都不敢想这辈子还能翻身……

李文聪今年24岁，是开原市扶贫办工作人员，来到老宁家主要是实地查看他家的生活状况，了解脱贫后的日子"稳不稳"。口粮怎么样？家里收入怎么样？低保金是否按时发放？李文聪拿着本一边问一边记。

李文聪来到老宁家的牛圈拍照，圈里的四头"扶贫牛"膘肥体壮。这是老宁家的主要脱贫渠道，也是一家人的宝贝。

"前年扶贫干部鼓励我们利用无息贷款养牛，心里紧张啊，就怕牛没养好欠债更多，没想到当年就脱贫了。"宁宝忱说。

"这就对了，别人伸手帮我们，咱也得往前使劲儿！"李文聪的话说到了宁宝忱的心里，后者连连点头。

原来，李文聪也出生在贫困家庭，爷爷奶奶常年多病，几亩薄田是一家人的主要生活来源。受益于建档立卡贫困家庭大学毕业生就业帮扶政策，2019年8月他考入开原市扶贫办工作。

"因为之前我家也得到过很多帮扶，日子才慢慢好起来，我也想加入扶贫事业尽一切力量帮助他人。"李文聪说，选择部门时自己毫不犹豫地报了扶贫办，这些年经常用自己的经历给其他贫困户打气。

从宁宝忱家拿到"第一手资料"，李文聪又急忙往村里的另一家赶去。

外面烈日当头，汗珠很快就挂满了他的脸颊……

扶智"三剑客"

7月2日,朝阳县二十家镇南三家子村的刘洪添、刘杖子村的宋鹏、南大营子村的杨玉峰相约"碰头",商量为村小学扩建厕所的事。

三人分别来自辽宁大学、鲁迅美术学院和渤海大学,现在各自所在村任职"第一书记"。工作经历相似、脾气秉性相投的三个人携手攻坚,合力战"贫"。

下午4点多,宋鹏和杨玉峰赶到南三家子村,此时村里有的人家炊烟已起。看见三人拿着书本纸张,从村部到小学一路比画交流的样子,在树下乘凉的村民张玉杰和别人打趣道:"三位老师指定又在合计啥呢!"

村民如此断定,根据的是"多年经验"。和其他"第一书记"一样,几年来,为提高村集体和农户收益,三个人做了不少工作,硬化路面、打井筑塘、资助贫困群众、建设产业项目、拓展农产品销路……成果不小。

来自高校的他们,对"扶贫扶智"有特殊的认识。朝阳大枣知名,可在南三家子村推广改良高质品种却无人响应;刘杖子村有畜牧养殖传统,但无先进技术,所以效益低下;南大营子村地下水"古来有名",然而这"名气"只能"窝在十里八村"。

"斩断贫根,必须扶智。"一次次争辩、一轮轮探讨、一个个不眠之夜……三人达成共识:"互相提醒,共用资源,扶知识、扶技术、扶思路、扶本领。"

南三家子村地处偏远,教育力量薄弱,刘洪添扶智先扶教育,助学助教。"自打他来村上,再没有孩子辍学了。"张玉杰说。

宋鹏请来沈阳农业大学原畜牧兽医学院院长何建斌教授到刘杖子村授课。

经渤海大学食品科学与工程学院专业实验室化验,南大营子村地下水富硒标准达 0.02mg/kg。于是,开发矿泉水产业被列入战"贫"规划。

帮扶培训、办知识讲座、入户指导、买书送书……几年下来,在这几个村,加入学习队伍的村民越来越多。

"有学问才能有出息。"如今,"三剑客"成了村民教育孩子的榜样。

"后浪"回村了

"在外打工的小年轻儿开始回村了。"7月15日,在葫芦岛市绥中县加碑岩乡王家店村老马上洼村民组,"九〇后"马洪山和姐姐马洪跃经营的"马家大院"开张"满月"了。看着慕名前来的自驾客在村里进进出出,爬山、拍照、买山货、吃农家饭,村民组长马绍坤感慨地说:"后浪推前浪,咱这老村子发展有新力量了!"

藏在大山里的老马上洼,土地资源极为匮乏,都是散小的"锅盖地"、贫瘠的"望天田"。谈起曾经的贫困,马绍坤并不避讳:"30多户108口人,有1/4是建档立卡贫困户,这样的地方根本留不住年轻人!"

为让老村早日脱贫,去年,乡里抓住老马上洼刚刚入选中国传统村落的契机,把文化旅游产业发展和村里的脱贫工作结合起来:整修村路,修缮古道,让人"能进来";建通信基站,联上网,让人"能招来";把古井"复活",家家通上自来水,卫生条件改观;组织村民饲养家禽,采摘山野菜,卖山货让大伙儿腰包鼓起来;山坡种上玫瑰花,安排有劳动能力的贫困户管理;春日看蚕,夏日赏花,秋日尝蜜,冬日包黏豆包……

随着吃住玩的游客越来越多,老马上洼村组这匹"老马"又奔腾起来。

家乡的变化让远方的游子又惊又喜。今年春天,看着游人在村里流连、赞叹,原本在大连做会计、在沈阳搞设计的马家姐弟俩萌发了留在村里创业的念头。一番调查论证后,他们决定以保护传统村落文化传承为出发点,将家里的5间房子,装修成古居风格的7间民宿,与村里的产业发展思路同步迈进。开业才一个月,马家大院就接待了160多人。

如今,老马上洼贫困人口已全部销号。而随着"传统村落"招牌越擦越亮,大家也更有奔头、有劲头了。"传统村落需要新鲜血液,只有这样,文化才会传承发展。"加碑岩乡党委副书记杨宝林说。"我们也希望通过创业,带动更多的小伙伴回乡,让老村不再'空心'。"马洪跃姐弟信心十足地回应。

放下锄镰拿起笔，大山深处丹青浓

青山叠翠，小河幽幽，道边簇拥的鲜花怒放，1.5公里长的书画作品展示长廊，让人仿佛置身艺术的殿堂，让整个山村不经意间流露出与众不同的文化气息。

很难想象在辽宁本溪一个偏僻的山村里，隐藏着一座农民文化艺术学校，而书画长廊上的这些作品大都是这所艺术学校的老师以及当地农民书画。

这个村叫韩家村，过去是人们口中的穷村，完全没有眼前的这般田园美景。

改变缘于一次偶然。村支书孙祥云在一次笔会上结识了洛阳东方画院的院长叶维莉，听对方提起的"牡丹画第一村"平乐村的故事，并被农民画画走上致富路深深吸引。

不敢相信农民还能靠作画赚钱，孙祥云问："叶老师，你看我们韩家村的村民能行吗？"而叶维莉的回复是："只要有人教，肯定就行。"

最终，叶维莉被韩家村的真诚所打动，答应来村里教村民们画画。

2014年，利用新建村部所开的艺术学校成立了。"开学"当天，村里100多人报名，他们放下镰刀、锄头，拿起画笔的村民从零开始。短短3个月的时间，一双双劳动的手下竟然妙笔生花，村民个人素质和精神面貌也有了质的变化。

2015年夏天，在本溪市小堡体育馆举办的首场农民画展销会上，韩家村的130幅作品销售一空，仅靠卖团扇就收入了近千元，村民们对牡丹画这项文化产业更加充满了信心。

坚持下来的大多是妇女，从此她们不再闲在家里拉家常、打麻将了，有时间就聚在一起研究画画，互相交流学习。为了提高绘画水平，甚至有人练习到深夜；学校后院还栽起了牡丹园，供学员们观摩学习。就这样，韩家村的文化产业从无到有，并形成规模和影响力。

32岁的韩宁宁说，她农忙时做农活，平常没事就到学校练习画画，或到村里的民宿做临时工,非常充实。如今,自己的牡丹画作品,每幅从几百元到几千元不等,去年靠卖画就收入近5万元。

姚园是韩家村儿媳妇,小时曾学过一段工笔画,没想到在韩家村的生活让自己重新拿起画笔,而且作品越来越被认可。作为艺术学校的首批学员,姚园已经可以带徒弟了,在学校既挣基本工资,再加上卖画的收入,"比去城市打工都还好"。

韩家村农民的牡丹画小有名气后,打开了村里对外沟通的桥梁,村民经常到省内外交流学习,一些村民还纷纷收了徒弟。65岁的李凤贤在村民中的绘画水平属于中上等,2018年,大连一位老人还专程来村里住了两个月,跟她学习画牡丹画。

看到村民的牡丹画成型后,叶维莉老师又开始教大家画工笔画,并从景德镇请来老师教村民学习瓷板画,现在村民不仅能在纸上作画,还能制作精美的瓷板画了。

韩家村村民靠画画不仅致了富,还为村子打造起一张与众不同的名片。

一条路解开三村愁

7月中旬的土城子,旱得厉害。

往年这时候,村里人走动最少。唯一的出村路是条土道,车一过就"冒烟",如果不"包裹"一番,就会汗沾土、脖淌泥。所以,大伙都不爱溜达。

可今年变了。这不,刚吃过早饭,村民高德习又到村口转悠去了。

"老高,又来啦!不用天天盯着,咱肯定尽心尽力。"负责施工的刘志刚上前搭话。"别多想,我就是盼着路快点修好、今年秋天,苹果能不能卖个好价钱全指望它了。"高德习看着轧道车一遍又一遍把沥青压实,心也越来越踏实。

不仅高德习,"盯着"这条路的人多着呢。

这条路俗称"老孤线",全长17公里,是彰武县苇子沟镇苇子沟村、腰岭岗子村、土城子村3个曾经的省级贫困村与外界连接的命脉,土城子是其中的"老大",有173户建档立卡贫困户。这里土壤含沙量大,结的果有一股特殊的甘甜,但由于运输成本高,知名度低,水果产业一直没发展起来。

不仅农业,其他行业也都因为"路"被卡住了脖子。

"咱这水好,很多人想建矿泉水厂,可因为运不出去,不敢来。村里还有辽代古村遗址,路不好走,也没几个人来。"高德习说起村里的路直拍大腿。

要想富,先修路,苇子沟人想摘掉穷帽,必须从"脚下"干起。

今年初,镇长罗丽娜上任第一件事,就是向县交通局求助。5月,老孤线施工队正式进场,计划建设宽7米、双车道的4级柏油公路,9月15日前将全线通车。村内的3公里破损路也将顺便一起维修。

"有了路,干啥都托底。今年土城子村果树将发展至6000亩,要与古城遗址联合起来搞'旅游+采摘',咱也打造一个'阜新后花园'。现在正和自来水厂谈扩建,到时候更多人能在家门口打工,保证土城子所有贫困户今年全摘帽。"罗丽娜描绘土城子的未来时,村民的掌声和笑声不断。

老孤线再也不"孤单"了。

"金凤凰"飞回小山村

"小鸡炖蘑菇、江鱼、笨鸡蛋，每桌客人必点，这是咱山村特色，为保地道食材，我们都直接从老乡家里收购。"7月18日，本溪桓仁满族自治县向阳乡和平村枫林度假山庄老板、28岁的王广超在柜台前热情地介绍。

"10间客房，最多放45桌，一年赢利20多万元，比在城里工作强。"2011年考入辽宁装备制造技术学院，学了3年汽车电子技术的王广超，听说老家山村建了4A级旅游景区，一毕业就决定返乡。"咱村和我年龄相仿的人回来不少，眼下村里发展了100多家民宿，17家是省级星级农家乐。"

和平村依山傍水，风景秀丽。但由于交通不便，曾是县里最贫困的村。"就一条盘山路通县里，进趟城得两三个小时。"村支书刘佰红介绍。因为穷，年轻人都想方设法往外跑，全村400多户，留下的基本都是老辈。

一条"逼"出来的路子，使和平村迎来了巨变。

村里的林场，之前靠采伐天然林、销售木材维系生存。2002年，天然林商业性采伐被叫停，林场陷入困境。2012年，县里8家国有林场出资，开发建设枫林谷森林公园，秋日红叶、夏季氧吧，吸引大量游客，实现了"树不倒，钱不少"。2013年，景区营业后陆续建成曼谷小镇、枫林谷房车营地、虎谷峡等景点，带动山村旅游业蓬勃发展。去年，和平村接待游客55万人次，年收入2368万元，人均从旅游业中获得收入1.66万元，成了远近闻名的"网红村"。

"村里原有58户贫困户，2018年底已全部脱贫。"刘佰红介绍，除了发展民宿，村里还统筹资金600多万元，成立了枫林谷果树专业合作社，村民集体土地入股，按照纯利润50%分红，惠及农民52户，其中建档立卡户10户，直接脱贫34人。

"旅游兴村"换来了"人才强村"。如今，一只又一只"金凤凰"开始往回飞。"2013年以后，村民房屋按照满族特色村寨统一改造，鼓励本地大学生和村民发展民宿、农家乐，目前已有近200人返乡创业。"刘佰红说。

一个产业"链"百村

捡料、对齐、码边……仅用几分钟,一个衣袖就在马俊芬的缝纫机下成型。在家门口上班,不耽误农活,不影响照顾家人,一个月2000多元的收入,建昌县小德营子乡贾家屯村58岁的马大姐,日子过得越来越有劲头儿。

在贾家屯村扶贫服装加工车间,和马俊芬一样满足的村民不止一个——整个车间,20多名员工,大多是建档立卡贫困户。

马俊芬是村里有名的"巧妇",人也勤快。几年前,老伴儿得了一场大病,花光了家里的积蓄,家里也成了建档立卡贫困户。为伺候老伴儿,她出不了村,6亩玉米地是家里主要的经济来源。

马俊芬的情况,在小德营子乡并不罕见,大伙都盼着能有个家门口就业的机会。

"留守人口中女性偏多,适合建服装加工类扶贫车间。"省工业和信息化厅在建昌的驻村工作队队长孙立新,发现这里距兴城泳装基地不远,且劳动力成本较低,从那里接单将实现双赢。这一观点,得到了厅领导的支持。

随后,在省工信厅帮助下,建昌县先后建起近200家扶贫工厂,贾屯车间就在其中。

得知能在家门口打工,马俊芬马上报名,一干就是三年多,年收入两万多元。去年,工信厅又为建昌引来光伏入户项目,马俊芬家的屋顶竖起了太阳能电池板,每月初,200多元按时进账。她不仅摘了穷帽,家里还买了几样"大件"。

从泳装加工到服装加工,扶贫车间越干越旺。除了吸纳就业,扶贫车间部分收益还用来给贫困户分红,已成建昌人脱贫路上的重要支撑。

"眼下,大多数车间处于单打独斗状态,未来我们将在规模订单帮扶上再努力,把相近车间聚在一起,形成合力,带动更多人脱贫。"孙立新表示。

修起一条小路，飞来一只"金鸭"

虽已立秋，但日头依旧烤人。凌晨五六点，趁太阳还未全出，北票市泉巨永乡存珠营村建档立卡贫困户王孝荣就已起身，在村里"遛"了半圈，边走边捡垃圾，收拾垃圾箱。等晚上下班回来再把"那半圈"也拾掇完。

"半圈活也就个把小时，啥也不耽误。一个月能挣好几百元。"王孝荣对村里安排的公益岗十分满意。

丈夫双侧股骨头坏死，做了手术，行动不便，王孝荣又患小儿麻痹症，一家因病成了贫困户。"村里帮着在邻村服装厂找份零工，一年收入1万多元，再加上早晚维护卫生，一年又添不少。等明年老头身体好点，村里还说帮我们在院里养鸭，日子越来越有盼头了。"王孝荣对生活充满希望。

其实，她的公益岗工资、庭院经济收益都来自村里"飞"来的好项目——辽宁超润牧业种鸭养殖基地。

话还得从去年夏天说起。"那时全市'飞地经济'干得火热，咱泉巨永乡也想拉个项目。"乡长王辉回忆说，"结果还没等我开口，乡里一家环保公司老总徐斌主动找到我，说有个朋友想来看看。"这个朋友就是山东润超牧业股份有限公司相关负责人孟凡山。"山坡地、离居民区远、环境好，适合养鸭，就是缺条路。"孟凡山初到存珠营村感觉有些美中不足。

"您定了具体位置，我马上铺。"随行的北票市交通局局长胡建龙拍起胸脯。

一个月后，泉巨永乡联合周边3个乡筹集扶贫资金1000多万元，养鸭基地正式开建，路也一直修到了山坡顶。入股利润将作为4个乡贫困户的分红和公益岗资金。

如今养鸭基地已投产鸭棚21栋，存栏鸭7.5万只。

"这只是一期，等到三期全建完，存栏数将达15万只。不仅养鸭产蛋，还搞肉鸭屠宰加工，鸭绒制衣，粪肥还田，届时年产值可达15亿元，将带动2000余人就业。"王辉说。

一样的山，不同的路

丈夫瘫痪，日子一落千丈，缺钱又不能出去挣钱，前些年，朱淑君天天愁、月月愁，不知啥时是个头儿。

如今，朱淑君从"糟心"变成了"舒心"——在村里的度假山庄打工，月收入三四千元，加上侍弄地的进项，去年稳稳地摘掉了贫困户的"帽子"。

朱大姐生活向好，得益于大铁厂村的产业"向上"。

义县瓦子峪镇大铁厂村，像个簸箕一样，三面环山。多年来，村子的发展空间只能集中在没有群山阻隔的那一面，搞养殖、种蔬菜、栽果树，或者走出大山去打工。

村中也有朱淑君这样的家庭，没有成本搞养殖，没有劳力扣大棚，没有技术弄果树。家里的老病号，拖累得她连外出打工都无法实现。

大铁厂村的致富新路，始于10年前。那一年，爱爬山的村民王钢山，与一批户外运动爱好者偶遇、结识。从此，他成了"驴友"的向导。

这之后，专程来爬山的户外运动爱好者越来越多。在他们眼中，大铁厂村完全是另外一个样子：绿植丰富、环境优美，气候温和、春早秋迟。独特的小气候、未被开发的自然景观，让城里人对这里特别痴迷，格外"宠爱"。

大铁厂村抓住了这个机遇。

当向导、接团队、搞民宿，甚至有客商慕名前来投资办起了度假山庄……就这样，那一座座大山逐渐从过去村民眼中的"穷根"变成了"富源"。

8月2日，在大铁厂村村部，几位村民代表争先恐后地讲起旅游业发展给村里带来的变化。

"最多一天来几千人，沟里几乎家家土炕成了客房，厨房成了餐厅，忙得不可开交。"

"村里的'导爷'有几十号，一到周末就带团上山。"

"游客看啥都好，有的走时把特产装满了后备箱。沟里有6户蜂农，以前外边有人定期来收蜜，一斤也就几块钱，现在价格涨到15元还不够卖。"

今年7月，喜讯突至。文化和旅游部公示的第二批全国乡村旅游重点村名单，大铁厂村榜上有名，而且全锦州仅此一家。

小山沟，大荣誉。兴奋的村民摩拳擦掌，立志要干出名堂来。

在大铁厂村，"青山"真成了"金山"。

"杏府"托管，幸福脱贫

望着山坡上那一片片茁壮生长的杏树，谈起自己的脱贫经历，71岁的肖凤林难掩欣喜。

肖凤林居住的北票市东官营镇小巴沟村处在群山之中，不仅交通不便，而且十年九旱。"地不爱收，打工也不方便。大伙儿都穷惯了！"8月3日，肖凤林回忆起自己当年靠5亩玉米地度日的情形无奈地说。

然而，这片贫瘠的土地被从村里走出去的大学毕业生王洁心当成了"宝"。"高温、干旱、坡地、沙土，这里太适合种杏了。"2017年，学成归来的王洁心在这里建起了600亩的果园，取名"杏府山庄"，并注册品牌，主要种植、销售省果树科学研究所的新品"国之鲜"。

"专家说，咱小巴沟的自然条件和'国之鲜'是绝配。"谈起种杏，王洁心打开了话匣子，"这品种，皮硬实，耐运输，口感好，亩产可达1000多公斤。"

好品种、精管理、奇土质，别人每公斤杏卖4元多，杏府山庄每公斤卖16元还供不应求。不仅鲜品价高，深加工后的杏脯每公斤价格超过百元。

自己富了，但乡亲们还不宽裕，王洁心决定拉村里的贫困户一把。2018年，她主动承担了200亩脱贫果园项目。坡地难行，市交通局还为此修了通往扶贫项目的柏油路，收杏车可直达田间。王洁心优先雇贫困户在果园打工，没能力管理的人家还可以把杏林托管给她。肖凤林就是其中之一。

老肖每年在果园打工收入可超过万元，5亩地也都托管给杏府山庄，一年又有千余元收入。"果园收、卖都有人管，自己不操一点心，坐在炕头等分红就行。"肖凤林笑着说。

"眼下，杏的销路很好，特别是杏脯。电商平台也建好了，等产量上来后随时能开。"在王洁心的鼓励下，越来越多的贫困户加入进来。年初至今，山庄共雇用了贫困户20多人，托管杏林130余亩，输出树苗十几万株，成了整个东官营镇的致富领头羊。

从"三无"特困村到致富明星村

初秋时分，新宾满族自治县永陵镇陡岭村刘兆吉家的院子里，细碎的阳光从结满果实的葡萄架、大榆树枝叶的缝隙透过来，照在老式蜂箱的尖塔上。新翻盖的房前、精心拾掇的院后，一群蜜蜂围着圆圆的塔身，进进出出地忙碌着。

"今年我养了18箱中华蜂，估摸能带来五六万元收入。"撩帘进屋，坐上炕沿，老刘唠着收益，也"扯"出遗憾，"早几年就该琢磨致富的事！"

早几年，指的是村子刚成立的时候。

陡岭村是由从陡岭林场分离出来的78户非正式职工组成的行政村。2012年建村时，因一些历史遗留问题暂未解决，许多人的心思都在要钱、要政策上，集体经济发展滞后，全村87户178口人，年人均纯收入不足千元。

"那时候，村里问题太多，工作很难开展。"2014年8月，王瑞作为扶贫工作队的一员，从省财政厅来村里工作，对当时的情景记忆犹新。

"有人说，你们把钱和项目要来就行。"提起当时的事，村党支部书记吴春雷又好气又好笑。省财政拨付的扶持资金到位时，还有村民提议："把钱给我们分了吧，一家几万的直接脱贫。"

战贫，无志咋行！

工作队挨家挨户走访，调查难题，帮助村民达成合理诉求，寻找能调动大伙精气神的项目。

"我清楚记得，那天是2015年的冬至。"老刘回忆，当天大雪纷飞，一壶茶续了20遍水，"王书记在我家炕上睡了4夜，咱俩唠了4宿，心里的疙瘩解开了。"从此，刘兆吉开始带头致富，大步向前。

加大科技扶持，用好扶持资金，弘扬正向能量，尊重百姓选择；小农户、村集体经济、合作社，不同的经营模式同时发展，村民致富的路子越来越宽。

如今的陡岭村，田间地头，威灵仙、五味子、黄精等药材郁郁葱葱，坡上林下，猴头菇、榆黄蘑、白木耳等特色菌类生机勃勃，蜜蜂飞舞，煎饼飘香……曾经的"三无"特困村，成为人均年纯收入达8700余元的明星村，建档立卡户全部脱贫。3年来，60.6万元的财政资金投入，预计带回210.6万元收益。

尝到甜头的陡岭村人，对美好未来充满信心。

蜂箱旁，蜜蜂嗡嗡，仿佛在为陡岭村的变化，唱着赞歌。

酒高粱醉了好日子

每天傍晚，忙碌了一天的秦志伟从村部回住处，路过村头的那片酒高粱田，总要停下来走进去，看看叶子是否有虫，穗子的籽粒是否饱满，再抓起一块土坷垃捏碎查看旱情……那份专注的神情俨然一位经验丰富的老农。

建档立卡贫困户鲍明春和村民们晚饭后也喜欢溜达到这里站一会儿，碰上便会打招呼："秦书记，今年收成肯定差不了，亩产一千六七没问题。"

"明年咱全村人的医保和财保又有着落了。"

"赶明儿咱都种高粱，就不愁儿子娶不上媳妇了。"

仲秋的夕阳下，每一个高粱穗都成了一把火炬，映红了村民们的笑脸，如醉了酒一般。

秦志伟和村民查看酒高粱长势。

喀喇沁左翼蒙古族自治县兴隆庄镇章京营子村，1700口人，人均不足3亩望天田，唯一的农作物是玉米，好年景每亩收入500元，但该地区十年九旱，贫困不言而喻。鲍家兄弟俩，哥哥鲍明春体弱多病，弟弟鲍明君先天智障，兄弟俩饥一顿饱一顿，艰难度日。

而村集体更是多年没有收入，村容村貌破败落后，连村民饮水都有股怪味。

2018年3月，省自然资源厅基础测绘院副院长秦志伟来到章京营子担任"第一书记"，立誓要改变这种状态。他天天省里、市里、县里、镇里奔波找项目，听说种酒高粱供酒厂酿酒，收入是种植玉米的两倍多。2019年初他力排众议，收回承包到期的254亩村集体土地，请来省农科院的专家指导，种植耐旱又高产的辽杂18。

结果，当年丰收的酒高粱卖了30万元，村集体纯收入17.5万元，实现贫困户产业分红，并为全村人购买了新农合医疗保险和财险。

"今年秦书记带咱又承包了邻村300亩地种酒高粱，还和瓦房店一家酒厂合作开发了'扶贫酒',在拼多多、淘宝上销售,每卖一瓶村里得 5 元钱,2 个月就卖出 100 多箱。他还给村里小米注册了商标'亿诚章京',51 亩谷子刚刚播种,2 万多斤小米的订单就被他的朋友圈抢光了,这些加起来年底村集体能收入 40 万元。"村书记付德军如数家珍。

家底厚了,村里建档立卡贫困户的日子也见了亮,鲍明春在村里的公益岗位当上了保洁员,每年 3000 元,他还养了十几只羊,加上各种分红,年底兄弟俩人均收入近万元。

如今,章京营子村修了果园产业路和美丽乡村示范街,建了文化广场和党员活动中心,每到晚上 60 盏太阳能路灯让村街小巷明亮如昼,村里还打了两口深井。"那井水甜得像咱这日子。"鲍明春说。

六村结伴谋富"鹿"

见饲养员手拿奶瓶走过来,一群可爱的小梅花鹿立刻欢快地将头凑到栅栏前。"这些小家伙,都是咱场里自产的。" 8月末,西丰县和隆满族乡达成村刚下了一场雨,但这并未影响施工,随着存栏量的增加,新建一年的养鹿场正在扩建。

达成村位于开原、清源、西丰三县交界处,是全乡最偏远、最贫穷的村子,有285户人家。然而,谁也没想到,就在这个山沟沟里,却平地建起一个上万平方米的养鹿场,而且承载6个村、500多户建档立卡贫困户的希望。

西丰县是全国知名的鹿产品生产、加工、销售基地,养鹿不足为奇。但这项产业投入大、见效慢,风险也大,所以一般人不敢轻易尝试,更别说贫困户了。

"咱村建鹿场一是我懂技术,二是鹿饲料中必不可少的红叶子,也就是柞树叶,满山都是。"村支书苏宝丰直言,为发展村集体产业,以前曾尝试过种烟叶,可虽收成不错,带动农户却十分有限。几番商议,都认为养鹿最合适。

可是,钱从哪来?

"其他村看咱村养鹿,也动了心思,在乡里推动下,5个村要求加入。"苏宝丰说,一村资金有限,也干不了啥,整合起来力量大。

2017年,达成村成立鹿业养殖合作社,通过"合作社+贫困户+村"模式,集合6个村产业扶贫资金和乡村振兴产业发展资金共880万元,建了养殖场。项目2018年建成,去年正式投产,当年就按投入产出比10%分红,每个贫困户增收2000元,成为全县精准扶贫的样板。

"算上刚从吉林买回来的125头,现在大大小小已经超过600头了。"苏宝丰过去自己养鹿,自打村里决定建鹿场,他就把自家的鹿卖了,全部精力放在鹿场建设上。"赶上母鹿下崽,一宿都睡不踏实。"苏宝丰说,一头鹿最金贵的要十几万，刚生下来的也要1万多，大意不得。

"今年，我们又申请产业扶贫资金185万元，加上6个村的入股资金170万元和少数民族资金96.6万元，规模又扩大了一倍。"在村里干了小20年的苏宝丰劲头十足，"到年底可实现利润100万元以上，三年后，鹿场将扩大至2万平方米，鹿存栏3000头，接下来还会发展鹿产品深加工业，形成完整的产业链。到时候，保守算，人均增收5000元！"

"王老汉"富了王老汉

"看,还没全熟呢就这么大个儿了。"蹲在地瓜田边,王宝仁拔掉几棵杂草,顺手扒拉出两个地瓜,拿给王靖文看。"今年产量又差不了,再赶上大集,'王老汉'还得火。"接过地瓜,掂掂分量,王靖文点点头说。

王宝仁是葫芦岛市南票区黄土坎乡上松树沟村村民,王靖文是省公安厅驻村工作队队长兼"第一书记"。两人这番对话的背后"有故事"。

59岁的王宝仁曾对家乡"有点恨":"咱村天旱地沙,以前种啥都长不好,我没少往地里使劲,可还是贫困户。"

2014年,驻村工作队到村后,情况变了。他们请来农科院专家检测土壤。"结果发现,被咱嫌弃的沙碴子地竟然是富硒地。"时任村委会主任李晓东至今还兴奋不已,"专家说,这地特别适合种高附加值的稀有品种地瓜。"

专家指导,鼓励乡亲们种地瓜增收,驻村工作队又帮村里打了十多口井,抗旱保供水。王宝仁和村里几个老哥们儿一商量,成立了合作社,种植紫薯,还为其注册了"王老汉"商标。

"去年春节,仅沈阳的年货大集就'走了'四趟货,2万多斤。"聊起收获,王宝仁话多起来,"'王老汉'在沈阳卖出名气了,一斤三四块钱,大家还抢呢!"

王老汉靠"王老汉"脱贫致富,合作社也扩大了种植面积。去年,30亩紫薯再获丰收。"今年,我们又增种了18亩。"王宝仁说。为啥底气这么足?很简单,"咱村的地瓜已形成产业链,有固定客源了。"李晓东说。

不同地段种不同品种的地瓜,其出路也不同。村里建了地瓜粉合作社、地瓜粉条厂,再加上其他产业项目,村集体、贫困户、村民三位一体的立体式产业扶贫模式让上松树沟村面貌大变。预计今年年底,上松树沟村集体收入将达12万元以上,建档立卡户每人仅分红就达1186元。

"秋收后,我合计再多找几个贫困户入咱的合作社。"举起地瓜,王老汉笑称,"让大家过上甜日子,像这地瓜一样绵甜。"

"沙海"筑路，染绿生金

"眼看就要出伏，再上山给树打一次药，今年的活儿就基本结束了。"彰武县大德镇福巨昌村的建档立卡贫困户陈宝林和老伴只打工俩月就赚了1万多元，心里美滋滋的。

陈宝林夫妇因病致贫，不能外出务工，眼下这份家门口的"高薪职位"，让他和老伴都很满足。不仅如此，原本家中的60亩"坨子地"，也流转给村里加入草原生态恢复项目了，每年又能到手1万多元。

日子宽裕后，老两口偶尔也进城逛逛，村口就有一趟"小客"，出行很方便。从出门满脚沙，到抬脚就上车，变化源自一条17公里的草原路。

"沙漠修路，只能选择冬天，沙子冻得梆梆硬，车才能开进来。"彰武县交投集团副总经理张宝华搓着手指说，"我们是2019年1月进场施工的，连年干旱导致更加寒冷，好多人的手都被冻伤了。冷还不打紧，主要是风大，地面起伏大，土质松，活不好干。"

建设不仅要克难还得提速，不能耽误春季绿化。在一场场现场会、一次次连夜作战下，当年5月，德力格尔路一期全线贯通。一车车草籽、树苗，顺利运进，白沙被绿植逐渐覆盖，10余万亩生态疏林草原跃然眼前。一车车的农产品及时输出，家家户户的农货都卖了比以前更好的价钱。

环境变了，日子也变了。

路通了，乡亲们的钱包跟着就鼓了。陈宝林在院里还养了一趟小花，生活也跟着有了色彩。

截至目前，彰武县沿德力格尔路两侧的生态项目，已经累计与3212户农户签订了土地流转协议近7000份，数百人次的贫困户因务工增收，也吸引了越来越多的人到这里旅游。

汩汩甘泉润人心

9月5日，阜新市彰武县大四家子镇胜利村。村西王永久家。

77岁的王永久和老伴李淑华合上电闸，清澈的水便从一条白色的塑料管里哗哗地流淌出来。

"听听这水流声多好听！活了一辈子都在为水发愁，没想到老了还有这福分，一合电闸水就来了，跟变戏法似的。"李淑华说。

说起今年夏天的干旱，李淑华的声音都变调了："那些天真愁死了，河套干了，井也干了，热得冒烟儿，连口水都喝不上。"

今年入夏以来，彰武地区遭受了自1952年有气象记录以来的前所未有的旱情，6月7月基本无有效降水。大四家子镇胜利村属于丘陵地带，旱情异常严重，地里的玉米、稻谷、红辣椒等作物都旱得干枯打卷，而红辣椒是村里的主要经济作物，也是村民的主要收入。

"有的村民蹲在地头哭得很伤心，让我们看不下去，就赶紧想办法找路子。"省应急厅派驻在胜利村的扶贫工作队队长姜秀宾说。

省应急厅接到扶贫工作队的汇报后，立刻送来了发电机、三相水泵等抗旱物资，扶贫工作队又请阜新、彰武、朝阳三地消防部门紧急增援三批65盘水带，村民们从抗旱方塘拉水，用水带浇地，为辣椒种植户解了燃眉之急。

进入7月，依然无雨。先是井浅的村民家没了水，接着是村里的自来水井也枯了，一天只能抽出两桶水，村民要到好几里远的地方去拉水。扶贫工作队紧急协调彰武县水利部门，紧急勘探，紧急选址，只用一天多时间就打出一口100多米的深水井，保证了村里人畜饮水。

但住在村西头的王永久家却望井兴叹，那井离他家好几百米，接不上管子，老两口都是快80岁的人了，也挑不动水了。可算得上近水也解不了近渴。

就在这时，驻村扶贫工作队找上门来，说联系省慈善总会捐款4万多元，要给住得分散、接不上自来水的村民打4口深水井，解决饮水不便的问题，其中一口就在他家门口。

"可把我高兴完了,一宿都没睡着觉。结果打一天,打了100米也没见水,我就上火了,又一宿没睡着。停了一天又接着打了20米,水哗地一下就蹿出来了,那是打到水线上了。现在井水有60米深,咱给起名叫爱心井。"李淑华讲述着。

住在村子另一头的建档立卡贫困户刘淑清老人,指着自家的红辣椒地,"地里的玉米都旱死了,多亏了这口井我这4亩红辣椒保住了,到年底能收入六七千元,脱贫没问题。"

一双袜子巧解脱贫"方程式"

9月15日，在铁岭市西丰县平岗镇英华村，48岁的段秀丽，把自家曾经面对的难处描述成了一道数学题。

丈夫外出打工，段秀丽在家种地，全部收入加在一起小于家庭支出。虽然可以勉强供两个孩子上学，但有点什么突发的事，她就得找亲戚借钱救急。如果她和丈夫两个人都打工，家里的地还能照种，收入就能大于支出，日子马上就能宽裕起来。

解开这道脱贫数学题需要同时满足三个条件，就是段秀丽既要在家种地、照顾孩子，还要同时打一份工。

最终，2015年落户平岗镇平岗村的铁岭蓝蜻蜓袜业有限公司给出了解题方法。这家年产300万双优质棉袜的袜业企业，为了支持脱贫攻坚工作，专门创建了"扶贫车间"，为段秀丽这样的建档立卡贫困户提供了稳定的就业机会。

"扶贫车间"有拣配工、盲缝工等工种，入职没有太高的技术门槛，工作量上采取计件考核，最重要的是，对员工实行弹性管理，有事可晚来、可早走，春耕秋收的农忙时节还有大段的农忙假。

有了这样一个家门口上班的工作，段秀丽家一年就可以增加2.5万元的工资收入，生活马上有了转变。2018年，她家顺利摘下了贫困户的"帽子"。"我们家现在是两个人打工挣钱，还不耽误种地，虽然供两个孩子上学，但这日子已经有了起色。"说这话时，段秀丽的脸上已经有了一些笑容，一种靠自己努力摆脱贫困的欣喜之情。

与段秀丽一样，近几年先后在蓝蜻蜓袜业工作的建档立卡贫困户达50余人次，公司现有的90名员工中，15人来自建档立卡贫困户。有的从"扶贫车间"起步，熟练掌握技术后已经在单针车间、双针车间等技术要求更高的岗位上找到了自己的位置，也拿到了更高的工资。有的因为这个工作，实现了"收入精神双脱贫",靠自己的双手实现脱贫后,还加入到广场舞的队伍中。

"县镇两级政府对我们企业给予了全方位的支持,我们也要尽全力回报社会,对建档立卡贫困户,蓝蜻蜓袜业的大门永远敞开着。下一步,我们将继续加大'就近工作、赚钱顾家'招聘力度,让更多家有老人、孩子无法外出打工的家庭妇女,都在我们的企业实现年收入三五万。"蓝蜻蜓袜业负责人姚江说。

一只鸡解开两个愁

9月11日一早，57岁的梁树功推着一小车饲料来到鸡舍，刚推开门，就被一大群鸡包围在中间。

看着鸡吃过食喝过水，梁树功一边吆喝一边用棍子敲打铁盆，它们便迅速向周边的草地、山坡散去。"这一天基本不怎么管了，晚上自己就能跑回来。"

梁树功是朝阳北票市五间房镇西牌楼沟村村民，几年前还是吃穿都愁的贫困户，如今已是致富能手。今年，他养了1.16万只鸡，纯收入能有几十万元。最让梁树功得意的是，自己养的不是普通鸡，是肩负治蝗任务的"战斗鸡"。他承包的3000亩草场，因为放养这些牧鸡，蝗虫越来越少。

"我身体不太好，老母亲常年看病吃药，家里靠10来亩地营生，闲时开四轮车拉个脚。家里没有钱，两个闺女先后都辍学了。"忆及往事，梁树功抹了一下眼角。

改变来自针对性帮扶。2013年，省草原监理站和北票市草原工作站将梁树功列为帮扶对象，了解其家庭情况后，认为养殖牧鸡防治蝗虫对他来说是一条致富路。当年，帮扶部门就给梁树功送来2000只牧鸡鸡雏，技术帮助扶更是一条龙服务。"当时还是挺忐忑的，一是怕自己养不好，二是怕卖不出。养和卖的过程，草原站都没少给帮忙。"梁树功说。

结果，第一年他就挣了6万多元。尝到甜头后，梁树功承包了3000亩草场，陆续扩大养殖规模，逐渐打开市场并形成了一定的影响力。

致富不忘他人。梁树功成立牧鸡养殖专业合作社，发展当地农户一同养鸡致富，并为产品注册了"辽西绿野"商标。目前，该合作社养殖牧鸡近3万只，预计年利润超过100万元。

蝗虫灾害是草原地带常见的虫害。省草原监理站相关负责人表示，养殖牧鸡防治蝗虫属于生物防治，且防治率能达到85%以上。通过发展牧鸡养殖，既保护了草原生态，又让农户实现了脱贫致富。

"病根"不再是"穷根"

9月18日,省脱贫攻坚普查抽查工作专员吕占友来到铁岭市昌图县东嘎镇东嘎村建档立卡户杜春家里入户检查。

见来了客人,老伴何淑范忙放下猪圈里的活,到后院的玉米地将杜春唤回来。杜春虽瘦,但看起来还算结实,皮肤晒得黑亮。

"做了四次大手术,现在身体怎么样?日子过得还好吗?对省市场监管局驻村扶贫工作队满意吗?"翻看档案后,吕占友面色凝重地问道。

"好,都好,太满意了,没有他们我早就活不起了!"杜春的激动溢于言表。

因患膀胱癌,杜春于2014年至2017年连续做了四场手术,至今仍每月化疗,老伴何淑范患糖尿病及并发症,疾病给这个家庭带来的不仅是经济上的巨大负担,更可怕的是对生活看不到希望。

"幸亏陈军书记2015年帮我办了低保和新农合,只有第一次手术自掏腰包,后来三次全给报销了,不然哪治得起?哪有现在的日子?"回忆过去,杜春不诉苦、不掉泪,一直笑着。

自2014年起,原省质监局派驻扶贫工作队对东嘎村进行帮扶,时任机关党委副书记的陈军主要负责这里的扶贫工作。2018年,陈军成为驻村"第一书记"。

"其实是国家的政策好,我们只是帮他争取到了他该享受到的政策。以前杜春说话都没底气,这几年身体状态稳定了,养了三头老母猪,生活有了奔头,眼神里都有光了。"陈军目睹了这些年的变化。

秋日阳光正好,白白净净的母猪各自在宽敞的三间猪舍里悠闲地摇着尾巴,另一边,鸡鸭在窝里咯咯呱呱叫个不停。农具间、谷物间、饲料加工间,处处干净整洁。1985年盖的老房子已经翻新,阳光照在外墙和地面白色的瓷砖上,映得老两口一直眯着眼睛。

"看病这个事解决了就是最大的事,作为一名老党员,我很满足、很感激,以后的日子我会勤勤恳恳过好。"2019年,杜春家年纯收入2万元,两个女儿都在铁岭市当上了护士。

"杜春虽然身体不好,共产党员的精气神一点没丢,一次党日活动正赶上他老伴做手术,他写了一份非常正式的请假条,可见他对党组织的尊重,他是我们全村党员学习的榜样。"陈军真挚地说。

拎笤帚上炕

走进康平县张强镇七家子村，打听建档立卡贫困户陈海家，一村民指着一栋掩映在葱郁绿色中的坡顶房屋说："就是那个全村盖得最好的房子。"然后又补了一句："现在咱村的贫困户都住上了这样的好房子。"

这是一栋具有辽北建筑风格的三间新房子，红瓦顶白墙体，宽大通透的铝合金玻璃窗。室内不仅装饰一新，还有农村少见的抽水马桶。

"灶台、暖气、火炕、卫生间，啥啥都是现成的，你们城里人管这叫'拎包入住'，咱农村人叫'拎笤帚上炕'。"女主人王秀范笑吟吟地说。

今年61岁的陈海9年前因脑血栓丧失了劳动能力，家境陷入贫困，住了几十年的土砖房，椽子檩子都烂了，夏天一下大雨，镇上村上干部都来七手八脚地把他们转移到村部。今年春天，他们家被列入危房改造计划，县镇还派人全程监督建设质量，不到一个月，三间钢筋水泥的大瓦房就建成了。

"就我这房子都不能叫脱贫，直接奔小康了。"虽然口齿不太利索，但陈海的表达非常情真意切。

康平县是沈阳市唯一的省级贫困县，农村许多贫困家庭，特别是建档立卡贫困户依然住在四五十年前盖的土房里。

"对农民来说，一辈子最大的两件事就是盖房子、娶媳妇，房子是天大的事，我们要把这天大的事办好。"康平县住建局局长张友杰说。

在陈海家的墙上贴着一张危房改造明白卡，清楚地记录着危房等级和补助标准：D级危房，补助5万元。这也是全省农村危房改造补贴最高标准。

用最高的补贴标准为贫困户建造最高质量的房屋，康平县制定了《农村危房改造最低标准》，连建房的用料材质标准和具体施工方法都做了明确规定，县乡还将农村的能工巧匠召集起来由专家进行指导培训，拿到合格证方能参与危房改造施工。

同时，强化危房改造施工监管，康平县住建局对建档立卡贫困户危房改造实行挂牌管理，采取乡镇全天候、市县随机抽检等方式对改造施工进行全程监管，发现问题立刻停工整改。每一户改造竣工，都由县住建局组成专业技术小组进行严格联合验收，并征求房主意见，房主满意后，将补助资金拨付到房主的"一卡通"账户，由房主对施工队结算工程款。

自 2016 年以来，康平县共计改造农村危房 3221 户，其改造质量在全省首屈一指，不仅让这些贫困家庭有了安全温暖的家，也助推康平县如期摘掉了贫困县的"帽子"。

在"安""营"扎寨,育"安营杂斋"

"选品种时要选这种红粒高粱,植株矮、抗倒伏,也不招鸟。"

"高粱需水比玉米少很多,一个生长季在拔节和灌浆时浇两次水就能有收成。只要苗长起来了,在干旱和盐碱地上打的粮要比玉米多。"

9月15日一大早,国家谷子高粱产业技术体系培训会,在辽宁省朝阳市建平县黑水镇安家楼村召开。在10亩高粱试验田间,项目指导专家、沈阳农业大学农学院副教授周宇飞向村民讲解了高粱新品种和种植技术,并发放了栽培与病虫害防治技术手册。

2017年,"国家谷子高粱产业技术体系"是由原来的"国家谷子糜子产业技术体系"和"国家高粱产业技术体系"经"十三五"调整后合并成立。由33位岗位科学家和29位综合试验站站长组成。沈阳农业大学课题组在体系中负责高粱生理岗位科学家工作,主要承担高粱抗逆生理机制研究、高粱高产高效栽培技术及其理论基础等,促进增产增收。

"这块实验田是高粱生理岗位试验示范基地,包括品种试验、肥料试验和地膜试验。地膜试验主要看可降解膜和渗水膜对高粱产量的影响,另外还有5个密度梯度下的产量分析。"周宇飞说,测产后找到效果最好的,明年将在村里大面积推广种植。

在整个上午的培训和测产中,大营子村"第一书记"韩雷和安家楼村"第一书记"李宏伟一起跟着专家忙活,这是咋回事?

原来,两个村不仅紧邻,驻村"第一书记"也机缘巧合地都来自沈阳农业大学。2018年驻村以来,韩雷和李宏伟借助国家谷子高粱产业技术体系平台,先后在两个村开展高粱、谷子新品种引种和栽培技术试验示范。大营子村是省级贫困村,安家楼村是村集体经济薄弱村,为改变两村面貌,他俩根据当地情况,首先想办法引进杂粮新品种,引入的谷子比当地老品种每亩产量高出75公斤,增收420元。目前在安家楼村已推广100多亩谷子新品种。

两村"第一书记",一起"安营扎寨"。

初级农产品卖价低,农民赚不到钱。为提高两村农产品的知名度和附加值,俩人又合作注册了"安营杂斋"商标,"表达我们安营扎寨的决心"。韩雷说,他了解农业,李宏伟擅长网络,两人合作正好搭成生产到销售的产业链。经过特色包装设计、规范商品条码等一系列工作,"安营杂斋"小米参加了"第十一届辽宁国际农业博览会""首届东北三省青年创新创业成果博览会",并凭借优良品质等登上了"京东""淘宝"等电商平台,其中特别打造的"农心小米""月子小米""黄金小米"等产品深受消费者喜爱。

为巩固产业链条,今年两人又促成沈阳农业大学实验场药材种植场与建平县霍氏祥赫米业加工厂合作。"有了固定的加工企业,就能保证产品质量,以后,两个村生产的杂粮除了线上,还有线下农大的渠道,不愁销路了!"

两套房里看脱贫

39岁的徐宏春快言快语，性格爽朗。

然而，这位要强的农村妇女之前没少缩在自家那套低矮、漏雨的房子里偷偷地哭。

10月20日，记者看到，徐宏春宽阔、敞亮的农村大院里，并排而立两套房：一套是过去的两间破旧小砖房，四处漏风，隔着墙缝能从屋里瞅到屋外；一套是今年新建的三间大瓦房，整洁、亮堂，阳光毫无遮拦地铺满整个屋地。

这两套房见证着曾经的贫困户徐宏春一家生活的变化。

徐宏春是土生土长的北甸子村人。北甸子村位于阜新彰武县阿尔乡镇，地处辽宁省与内蒙古自治区交界。过去的北甸子村白沙漫天，沙丘环抱。村民们睡一宿觉，经常遇到沙土堵门、不得不翻窗而出的情况。恶劣的自然环境，让徐宏春和村民们饱受贫困之苦。

"我是2013年结婚的，当时借了四万五千块钱买了这间旧房子。"推开两间小砖房的门，即见沾满黑漆漆油污的灶台。房顶是秸秆的，墙壁是水泥抹的，狭小的窗户连阳光都很难挤进来。

"那时候我们一家全年收入也就五千多块钱。我家一袋大米能吃好几个月，为啥？舍不得吃，平常就吃苞米面饽饽。"尽管再三节省，但2015年底徐宏春一算账：欠债8万元。

变化始于2016年。这一年，北甸子村启动了"政府+银行+肉牛养殖合作社"的扶贫模式，作为建档立卡户的徐宏春一家成为了重点扶贫对象。

政府做桥梁，合作社做担保，银行发放了20万元贷款，徐宏春只用了11天就建完了牛圈、草料间。很快，首批35头小公牛进了圈。沉寂多年的小院一下子充满了生机。

全家人开始忙碌在田地与牛圈间。

辛劳也伴随着收获，到了去年底一算账，徐宏春用了三年多时间，不仅还掉了陈欠多年的 8 万元债务，而且手里还攒下一些钱。"我俩特别高兴，我和那口商量，盖个大房子！"

今年春天，三间大瓦房在徐宏春的院子里拔地而起。从建房到装修，全都是徐宏春自己设计的，一共花了将近 20 万。

徐宏春喜欢亮堂，她特意要求工匠做一个全村最大尺寸的窗户；她喜欢养花，装修刚一结束，她就从集市上搬回来好几盆鲜绿油润的绿植摆进了房间。

尽管一家人搬进了新房子，但徐宏春没有扒掉那两间破旧的小砖房，"对那儿有感情，舍不得"。

一新一旧、一大一小、一高一矮，徐宏春的这两套房，不仅是她家生活越来越好的见证，也是北甸子村乃至全镇、全县脱贫致富的例证。

因为这只"战斗鸡"，
2000多个家庭脱贫

"以前家里养了10多头牛，为了给俺家那口子治病都卖得差不多了，就剩下这两头。"说起去年癌症去世的丈夫，锦州市义县头道河满族乡黑山村建档立卡贫困户支成元忍不住抹起眼泪。丈夫生病的这几年，她家由富转贫，多亏村里和省科技特派团及时帮助才让她撑过那段艰难的日子。

"今年天旱，家里这10亩玉米地就打了这些粮！"11月4日，记者走进支成元家时，她指着窗台下堆着的一小堆参差不齐的玉米棒说。58岁的支成元双手粗糙，一看就是承担了家里的全部农活，"平时就我一人，儿子在外面打工，我就种点地，喂喂牛，这不还有20多只鸡，是城里的专家们给送来的。"

支成元说的专家们是义县畜禽养殖技术省级特派团。今年7月，特派团给黑山村送来670只"锦医大1号"鸡雏，并派专家现场进行养殖技术指导。

"锦医大1号"土鸡是团队2013年开始对辽宁省特色国家畜禽遗传资源保护品种"庄河大骨鸡"进行选育提高所获得的新品系。"这个品系保留了原有品种的优良特质，提高了产蛋性能，特别适合贫困户在房前屋后山坡林地和庭院养殖，其肉质及蛋质营养价值高、风味独特，卖价也好。"特派团团长、锦州医科大学畜牧兽医学院教授田玉民介绍说。

"除去养殖成本，平均每只公鸡利润65元、母鸡鸡蛋利润120元。按每户25只算，户均收入一年2200元。"特派团成员苏玉虹告诉记者，近几年，特派团已陆续投放5万余只"锦医大鸡雏"到锦州义县、朝阳凌源市和龙城区，帮助2000余户像支成元这样的贫困户。

因为一些农民不懂养殖技术，团队按照农户的实际情况设计了以谷物、豆粕、野草菜为成分的饲料配方，既降低了费用，又保证了鸡的生长速度。鉴于村里养牛的农户较多，特派团决定除了在黑山村建立"锦医大1号"养殖示范基地，无偿为贫困户提供雏鸡外，还要在村里定期开展肉牛养殖技术培训、"锦医大1号"养殖技术培训,及时解决农民遇到的技术难题,纠正不科学的养殖方法,提高农民的养殖收益。

"黑山村一共363户,过去小一半都是贫困户,现在好了,村里相继建了养牛场、大棚和果园,加上特派团的技术帮扶,不仅脱贫稳稳地,以后咱村振兴有望!"第一书记"颜庭云高兴地表示。

目前,"锦医大1号"鸡雏已获得大连和抚顺等辽南地区养殖户的青睐,累计成果转化鸡和鸡雏7万余只、鸡蛋2.6吨,提升了土鸡养殖的品质和效益。去年,"锦州医大1号"还乘坐飞机到达裕民县,踏上了援疆之路。

"莓"好产业　美好未来

2020年11月11日下午,在岫岩满族自治县洋河镇的草莓温室大棚里,肖文邦和姜桂兰老两口正精心侍弄苗儿。"像这样的叶子就不能要了。"老肖嘴快手也利落,轻轻一掐,病叶落地。

肖文邦是洋河镇蔡家堡村人,今年64岁。以前家里一直不宽绰,6年前老伴又突发脑出血,日子越过越紧巴,被村里列为建档立卡贫困户。这两年姜桂兰身体恢复得越来越好,老两口在棚里打工,四季忙三季,日工资120元,再加上公益岗位的补贴,不仅有了稳定的进项,一年下来还能攒下2万多元。"守家在地的就能挣钱,要是没这些大棚,咱哪来的这机会?"肖文邦说。

关于大棚,得从2017年说起。洋河镇一直不富裕,所辖9个村中有4个曾是省级贫困村,321个建档立卡贫困户。咋能带着大家蹚出一条来钱道儿?经过多次考察论证,并结合自身优势,发展温室大棚成了突破口。

搞项目,启动资金咋办?镇里决定将财政、扶贫和驻村帮扶单位等各类资金"打捆儿",当年就建起13栋标准化温室大棚,种植草莓及大樱桃,并将收益用于建档立卡户分红和壮大村级集体经济。

这一干,就干大了!头一年,300万元的投入就带来130万元的收入。看着项目好,邻镇和社会资本也纷纷抛出"橄榄枝"。于是,二期、三期、四期大棚先后拔地而起,共引入6000余万元投资,大棚增加至252栋。

"目前,县内共有7个乡镇的'飞地项目'落户基地,还建设恒温库、包装车间和电商直播间,实现产销一体,并从设施配套、苗木供应、生产种植、技术管理、经营销售等方面提供一条龙服务。"镇党委书记曹巍说,"我们的草莓品牌'洋河一品'还在全国草莓争霸赛中,两次摘得金奖!如今,镇里每个村的集体收入都达到30万元,带动周边500余人就业。"

随着产业规模不断扩大,洋河镇已实现全部脱贫。如今,肖文邦已搬进新房,指着白墙红瓦,老肖说:"今年分红到账后,得添置点好家当。"

"公害"成了财源

11月18日,北票市凉水河蒙古族乡高台村生态中草药北仓术种植基地。随着一棵棵饱满的北仓术根茎被挖出来,村民们喜悦的欢呼声回荡在田间地头。

68岁的建档立卡贫困户李学民忙里偷闲地从养殖场跑到收获现场,捧起一大把北仓术,对村书记王凤江说:"瞧这药材长得多好,都是因为肥有劲啊!"

"是啊,好农肥种出好药材。今年咱村的水果、蔬菜、药材和养殖场能收入80多万呢,明年就会突破100万,再也不用担心你们返贫了。"王凤江说。

二人所说的好肥曾是村里的一大公害。

高台村是个贫困的小山村,全村246户、642人中,曾有1/8戴着穷帽子。人均不到两亩山坡地,本就贫瘠再加十年九旱,所以,村民多以养殖畜禽贴补家用。但因为是散养,粪便随处堆放,一到夏天顶风臭出好几里,令人掩鼻遮口。

2018年5月,省教育厅驻村扶贫工作队与村"两委"探索"党支部+集体经济+贫困户"的帮扶模式,在高台村成立了双益农业综合开发有限公司,村集体和村民共同入股,流转了包括大部分贫困户在内的村民土地600亩,并将坡地改成梯田,将旱田变成水浇地。同时,协调引导辽宁农业技术职业学院、辽宁生态职业学院等高校将中药种植、水果栽植、畜牧饲养等科研成果在高台村实施转化。

"但是,种植的中草药不能用化肥,否则影响药效,大棚里的水果用了化肥口感和质量也大打折扣。"驻村工作队队长张宁说。

省教育厅驻村扶贫工作队队长张宁与村书记王凤江查看大棚里葡萄的长势。

大家不约而同地将目光投向村里的"公害"。于是,结合农村垃圾分类,在市住建部门的指导下，高台村买来垃圾收集专用车，请来农业大学的专家将从村民家里收集来的畜禽粪便进行堆肥发酵，将其变成高效有机肥。

"用了这有机肥，8座温室大棚的葡萄和黄桃色香味俱佳，每到春天来采摘的人都爆棚，今年收入11万元，150亩黄精、100亩北仓术，也长势喜人，春天时仅8亩黄精就收入25万元。此外，村里还建起了养殖场，山羊、驴、兔子、大骨鸡啥都有。"王凤江如数家珍。

如今，村里的23名建档立卡人口在双益公司务工，平均年收入6000余元。因妻子和儿子患病致贫的李学民在养羊场每年收入3.4万元。

更让人高兴的是，村里铺了柏油路，修了文化广场，建起了三座水冲公厕，曾经污染严重的高台村，如今干净漂亮、果蔬飘香，成为省级美丽乡村示范村。

车厢里的集市

12月4日,丹东凤城市石城镇母猪沟村的刘恩德,带着山货登上了4319次列车。刚上车,他就看见荣家村的曲正云正在3号车厢里"摆摊"。

打量着堆在座位旁的大包小裹,他很是佩服,"这些得有60多斤吧,背得动?"

"多带点儿,就能多卖点儿。政策好,劲头足。"曲正云嘿嘿一笑,接着反问,"刘大哥今年又挣不少吧?"

"还行,还行。"搭着话,老刘把蘑菇、山里红干、山核桃仁等,一样样摆上小桌板,喜色爬上眼角眉梢。

石城镇不少村"藏"在大山里。由于交通不便,这里经济欠发达,人们的日子过得并不富裕。农闲时节,许多村民采摘、加工应季山货,再乘这列火车到城里售卖,补贴家用。

4319次列车,是通灌线上唯一的旅客列车,全程321公里。谁也没想到,它不但成为沿线村民外出最为便捷的交通工具,还与村民脱贫致富紧紧相连。

近年来,山里的景色和纯天然物产逐渐被"外人"知晓。很多乘客随着这趟列车进山,品笨鸡、吃河鱼、赏美景,让村民有了致富新路。

"坐车的外地人多了,有时候还没等到站进城,咱的货就卖光了。"刘恩德家里地不多,售卖山货成了他最大的副业,"早上坐车,晚上回家,每次能赚200多元。去年光卖山核桃仁和猴头菇就挣了1万多元。"说话间,老刘就卖出了一公斤花生、一袋小豆。

"在沈阳局管内,这样的公益慢火车有12.5对。"看着老刘今天生意不错,列车长李祥君高兴地说:"能打破常规,用铁路运输的优势,为改善地区贫困状况出力,我们都很自豪。"

打破常规,就是曲正云口中的好政策。为使慢火车真正成为沿线百姓的

"致富车"，中国铁路沈阳局集团公司出台了许多新办法：允许村民上车卖货；开辟专用车厢，作为"列车集市"；安设农副产品、土特产品信息展示板，供乘客参考；乘务员可以为沿线群众代购、捎带物品；有大宗货物"出山"，可免费加载行李车等。

"可把咱们都帮衬上了。"曲正云指了指窗外说，"要没这火车，天寒地冻的，就算咱能走出那一座座山，也挣不到钱啊！"

车厢外寒风依旧，车厢里的"集市"越来越热闹，伴着欢声笑语，列车一路向前……